TEMPO DE DESPERTAR

Tempo de Despertar

Copyright by © Petit Editora e Distribuidora Ltda., 2018

1-9-18-10.200

Coordenação editorial: **Ronaldo A. Sperdutti**
Projeto gráfico e editoração: **Juliana Mollinari**
Capa: **Juliana Mollinari**
Imagens da capa: **Shutterstock**
Assistente editorial: **Ana Maria Rael Gambarini**
Revisão: **Isabel Ferrazoli**

```
Dados Internacionais de Catalogação na Publicação (CIP)
       (Câmara Brasileira do Livro, SP, Brasil)


   Daniel (Espírito)
      Tempo de despertar / pelo espírito Daniel ;
   [psicografado por] Cristina Censon. -- São Paulo :
   Petit Editora, 2018.

      ISBN 978-85-7253-336-2

      1. Espiritismo 2. Psicografia 3. Romance espírita
   I. Censon, Cristina. II. Título.

18-18855                                       CDD-133.93
```

Índices para catálogo sistemático:

1. Romances psicografados : Espiritismo 133.93

Maria Paula C. Riyuzo - Bibliotecária - CRB-8/7639

Direitos autorais reservados. É proibida a reprodução total ou parcial, de qualquer forma ou por qualquer meio, salvo com autorização da Editora.
(Lei nº 9.610, de 19 de fevereiro de 1998)
Traduções somente com autorização por escrito da Editora.
Impresso no Brasil, no inverno de 2018.

Prezado(a) leitor(a),
Caso encontre neste livro alguma parte que acredita que vai interessar ou mesmo ajudar outras pessoas e decida distribuí-la por meio da internet ou outro meio, nunca deixe de mencionar a fonte, pois assim estará preservando os direitos do autor e, consequentemente, contribuindo para uma ótima divulgação do livro.

TEMPO DE DESPERTAR

CRISTINA CENSON PELO ESPÍRITO DANIEL

Rua dos Ingleses, 150 – Morro dos Ingleses
CEP 01329-000 – São Paulo – SP
Fone: (0xx11) 2684-6000
www.petit.com.br | petit@petit.com.br

SUMÁRIO

Prefácio..7

Capítulo 1: Entre sombras 11

Capítulo 2: Fatalidade..22

Capítulo 3: Vida que segue..33

Capítulo 4: Explicações necessárias.....................................44

Capítulo 5: Refazer caminhos 55

Capítulo 6: Recomeçar 66

Capítulo 7: A vida continua 77

Capítulo 8: Caminho sombrio..88

Capítulo 9: Em busca de respostas......................................99

Capítulo 10: Um passo de cada vez 111

Capítulo 11: Presença indesejável......................................122

Capítulo 12: Um fato novo 133

Capítulo 13: Auxílio inesperado...144

Capítulo 14: Um novo olhar 155

Capítulo 15: Novos caminhos..167

Capítulo 16: Reflexão necessária.......................................178

Capítulo 17: Investida infeliz...189

Capítulo 18: Opiniões infelizes 200

Capítulo 19: Reparando erros..211

Capítulo 20: Novas diretrizes...223

Capítulo 21: Uma nova experiência.......................................234

Capítulo 22: Conhecendo o passado.....................................246

Capítulo 23: Novas providências..257

Capítulo 24: Tragédia anunciada...268

Capítulo 25: Reflexões necessárias..279

Capítulo 26: Revelações...290

Capítulo 27: Perseguição implacável.....................................301

Capítulo 28: Orientação necessária.......................................313

Capítulo 29: Medidas extremas..324

Capítulo 30: Sonho revelador...335

Capítulo 31: Encontro revelador...346

Capítulo 32: Tempo de despertar...357

Capítulo 33: Derradeira ofensiva..369

Capítulo 34: Seguir em frente..381

PREFÁCIO

Sublime é a oportunidade que Deus oferece a cada um de seus filhos, incentivando-os ao trabalho incessante de eliminar suas imperfeições.

Quão poucos, porém, estão atentos a isso, desprezando a bênção da encarnação!

É notório o fato de que somos ainda seres imperfeitos, mesmo que tenhamos grande dificuldade de assim nos aceitar, o que dificulta nossa jornada encarnatória rumo à evolução. Ainda cremos que as deficiências estão no outro e não em nós, e, portanto, por que efetuar mudanças significativas em nossas condutas?

Ninguém foge à regra! A verdade é que cada um se enxerga com suas próprias lentes, mesmo que foscas e que não reflitam a real essência. Mas com que verdade cada um se defronta?

O fato é que aqui estamos e deveríamos aproveitar a bendita oportunidade de refazer os caminhos que já trilhamos de maneira displicente e irresponsável. Mas como admitir que sou eu o único capaz de tornar minha vida um lugar de paz ou de perturbação? Isso significaria admitir que não sei realizar escolhas produtivas e, nesse caminhar, que ainda tenho uma distorção de valores, uma infinidade de defeitos e outros tantos vícios que não consegui eliminar!

É o mesmo que afirmar que ainda sou desprovido de recursos para prosseguir minha jornada evolutiva! Este é um fato real: sou incapaz de acertar em minhas escolhas, pois minha visão é diminuta acerca da existência. E por isso ainda sofro!

A pergunta que mais nos aflige, quando aqui estamos, é: o que fazer para ser feliz? Ou então: por que ainda não consigo encontrar a felicidade?

Simplesmente porque ela não se encontra em prateleiras ou balcões de loja, para ser vendida conforme a solicitação do cliente. A felicidade é um tesouro que necessita ser conquistado a todo instante com nossas ações! E qual deve ser o teor de nossas ações? Respondendo a essa questão, entendemos que precisamos agir em conformidade com as regras vigentes determinadas por nossa consciência, que aprova ou desaprova os comportamentos que oferecemos ao outro. Simples assim!

Porém, na prática, é recurso de extrema complexidade! Vale ressaltar que desejamos a vida conforme nossos sonhos idealizaram, e, quando isso não acontece, deixamos de acreditar na viabilidade desses projetos. Nos revoltamos contra tudo e todos ao não recebermos da vida tudo o que sempre ansiamos. Culpamos a vida, a Deus, ao outro, e nos esquecemos de que o único responsável somos nós próprios, que não fizemos um bom trabalho, desprezando lições preciosas que estavam em nosso caminho!

Até que tudo retorne ao seu ritmo natural, muito sofrimento ocorrerá. Muitas lágrimas irão advir, até o momento em que nos deparamos com a essência de quem somos, numa visão real e objetiva, observando, mesmo a contragosto, que somos autores de nossos próprios infortúnios, assim como de nossas alegrias. Muitas vezes esse descortinar não ocorre numa mesma existência, e solicitamos outra oportunidade de aqui estar! Entretanto, seremos merecedores de uma nova chance? O que precisamos fazer para não desperdiçar nossa bendita encarnação?

Alguém tem a resposta? Já questionamos nossa consciência sobre isso? Talvez sim, ou quem sabe ainda não estamos prontos para esse embate! Cada um somente poderá responder por si mesmo! E terá de arcar com o ônus ou com o bônus das ações que ofertou à vida! "A cada um as suas obras", um fato que ninguém poderá rebater!

Cada ser tem sua própria história e busca sua forma de expressão. Cada indivíduo aqui se encontra em tarefa de aprendizado, necessitando se deparar com as mais variadas formas de problemas e entraves para despertar o potencial adormecido que habita seu íntimo. E prosseguir!

Porém, em alguns momentos, as dificuldades se avolumam, as perdas emocionais e materiais se encontram em seu limite máximo, e cada ser reage como sabe e como pode!

Vemos companheiros que, ao sabor de uma tempestade avassaladora, resistem bravamente e seguem em frente! Outros, uma simples chuva consegue colocar abaixo todas as defesas que os mantinham em pé! Tudo dependerá da fibra espiritual do viajante! Somente ele é capaz de determinar seu potencial criador e transformador, vencendo barreiras e superando obstáculos aparentemente intransponíveis!

Mas não se trata de uma condição absoluta. Todos podem almejar trabalhar para sair do lamaçal das dificuldades e seguir confiantes de que o sol brilhará novamente! É um trabalho individual e constante! A isso chamamos "evolução", e, como o progresso é uma lei natural, evoluir é a meta de todos!

Sublime oportunidade! Sublime lição! Sublime aprendizado!

Quando nos conscientizarmos de que o amor – entendam bem isso, e somente ele – , quando irradia de nossos corações, é combustível para prosseguirmos, independentemente da paisagem sombria que se defronta à nossa frente, tudo ficará mais simples!

Por amor, com amor, só assim conseguiremos prosseguir!

É o que veremos acontecer com os personagens desta nova história! Entre dores, perdas, tragédias pessoais e tentações de toda ordem, eles terão que se transmutar, eliminar todo empecilho que os impeça de visualizar a vida com as lentes coloridas do amor!

Que possamos, assim como eles, refletir sobre nossa existência e promover as mudanças necessárias para uma vida plena de paz, de luz, de equilíbrio e de amor!

Daniel
Fev/17

CAPÍTULO 1
ENTRE SOMBRAS

A noite ainda não findara, e Rafael já se encontrava completamente embriagado. Cadu, seu melhor amigo, já desistira de impedi-lo de beber. Sabia que ele estava passando por um momento delicado e estava sensibilizado com seu problema. Não o deixaria só num momento como aquele.

Os dois eram amigos de infância e tinham forte ligação, mais parecendo irmãos. Os pais de ambos se conheciam de longa data e sempre mantiveram um relacionamento próximo. Rafael era o caçula de dois irmãos e costumava dar trabalho aos pais pelo seu gênio difícil e contestador. O irmão mais velho, Lucas, sempre havia sido o filho exemplar, em todos os aspectos, o que irritava Rafael, que adorava uma confusão seja em qualquer âmbito.

Cadu era o filho do meio. Tinha uma irmã caçula, Luiza, e um irmão mais velho, Rogério, com o qual tinha pouca intimidade.

A irmã era bem mais nova que ele e objeto de cuidados e intensa preocupação.

Rafael e Cadu estavam no quinto ano da faculdade de medicina. Até as carreiras ambos escolheram juntos, tamanha a afinidade existente entre eles. Rafael, até então não se destacara nos estudos, mas por incentivo do amigo, decidira dar novo rumo à vida, dedicando-se exaustivamente à carreira escolhida. Quando entrou na faculdade, para grande surpresa dos pais, Rafael passou de aluno problema para um patamar distante do que sempre se esmerara em permanecer. Os pais vibraram de alegria com a mudança ocorrida e acreditaram que aquilo era definitivo. Mas essa palavra não estava nas premissas do jovem, e, vez por outra, ele voltava a se envolver em pequenos conflitos, grandes e homéricas bebedeiras, para preocupação de Cadu, que o acompanhava feito seu guarda-costas. Ou seria anjo da guarda? Numa dessas ocasiões, o amigo sensato disse que o deixaria por conta própria, pois não tolerava mais esse papel. Os dois se entreolharam e caíram na gargalhada, pois Rafael disse que ele não conseguiria outro maluco para cuidar. E desse dia em diante, Cadu se outorgara o título de anjo da guarda.

Era uma linda amizade que certamente remontava a outras encarnações, coisa que eles jamais imaginavam. Os assuntos espirituais não estavam na pauta de suas vidas. Não ainda!

E assim a vida ia correndo célere... Os anos se passaram, e entre percalços e confusões, os dois amigos já estavam no quinto ano de faculdade, fazendo planos para o futuro, até que ela apareceu. Mirela, uma jovem de beleza estonteante e índole duvidosa, arrebatara o coração de Rafael, sem ter o cuidado de alertá-lo que estava apenas de brincadeira. Porém, o rapaz a levou a sério e se apaixonou logo no primeiro mês. No início, tudo parecia tranquilo, mesmo Cadu lhe aconselhando a não se envolver tão intensamente. Os meses se passaram, e ela logo se cansou do rapaz, deixando-o sem maiores explicações, para viver um novo romance. Rafael já estava totalmente apaixonado, sofrendo com a desilusão. E, como sempre fazia quando as coisas não aconteciam conforme seus planos, se jogava à bebida, sua grande companheira desde a adolescência.

Cadu contornava as situações, poupando os familiares de maiores constrangimentos, mas desta vez Rafael parecia irredutível, negando-se a aceitar sua ajuda. O amigo tinha toda a paciência possível, pois sabia o quanto ele era sensível e passional, temendo por sua integridade física. Era verdadeiramente seu protetor!

Naquela noite, em especial, ele encontrara Mirela acompanhada de um jovem, e sequer o cumprimentou. Isso foi suficiente para acender a fagulha que faltava, e ele bebeu praticamente a noite toda, sem pensar nas consequências. Cadu tudo fez para levá-lo embora, mas o amigo não lhe ouvia, apenas abraçava-o, dizendo que ele era o único que o compreendia. Assim a noite foi passando. Alguns amigos tentaram conversar com ele. Um deles, de forma menos contida, disse:

— Amigo, você precisa fazer terapia! Fazer isso por causa de uma jovem sem escrúpulos e leviana, que apenas quis brincar com você! Deixe de ser idiota!

— Cuide da sua vida medíocre que eu cuido da minha! — Rafael virou-se pronto para sair, quando o rapaz ofendido esqueceu o estado de embriaguez do jovem, tentou agredi-lo, no que foi contido por Cadu, que segurou firmemente seu braço e disse:

— Vá para casa, não vê que ele não está em condições de manter qualquer diálogo com você? Não pretendo me indispor com você, então dê o fora e deixe que eu cuido dele.

Cadu era respeitado pelo seu bom senso e equilíbrio, além de ser uma pessoa muito estimada por todos. O rapaz deu um sorriso amarelo e seguiu em frente.

Rafael, sem conseguir conter a risada pelo próprio estado de euforia que apresentava, não se conteve:

– Vamos, doutor! Você tem razão! Acho que já deu por aqui! Me leve para casa. Fique tranquilo, meus pais estão viajando. Esqueceu que estamos de férias também? O que vamos fazer amanhã? – Ele tentava amenizar o momento, visto que o olhar que Cadu lhe oferecia era firme e desprovido de bom humor.

– Escute, Rafa! Para mim, já chega mesmo! Cansei de ser sua babá ou como queira me chamar. Você não vai aprender nunca a resolver conflitos sem apelar para violência? O que pensa estar fazendo? Quer acabar com sua vida? Você precisa se controlar, amigo! Tudo é motivo para beber, beber. Por enquanto, se trata apenas de bebida, e depois, onde irá parar? Eu gosto demais de você para não estar ao seu lado acompanhando essa viagem insana! Não quero vê-lo morrer, entendeu? Você é o único amigo verdadeiro que eu tenho, cara! O que você pretende com essas posturas levianas e destrutivas? Você sabe que nossa turma se dispersou por seus comportamentos abusivos? Ninguém mais tem paciência com seus destemperos! Não quero me afastar de você, mas não estou mais tolerando vê-lo se destruindo! Essas duas últimas semanas foram lamentáveis. Paula não quer mais sair conosco, e eu a entendo. Mas você sabe o quanto gosto dela. Vai querer que eu faça uma escolha entre vocês dois?

Cadu estava visivelmente tocado. Rafael se aprumou e disse:

– Desculpe, foi mal! Não sabia que estava sendo esse problema! Me ajude, cara, minha vida parece cada dia mais descontrolada. Parece que eu perdi as rédeas e não consigo mais fazer nada certo. Não quero vê-lo sofrer por mim! Sou um completo idiota! Pode falar, eu mereço! Mas não deixe de ser meu amigo – seus olhos estavam marejados e a voz embargada.

Cadu olhava o amigo em condições tão deploráveis e se perguntava intimamente o que ele pretendia para sua vida. Ele tinha tudo em suas mãos: intelecto privilegiado, uma família estruturada, uma vida material tranquila, uma saúde perfeita. Bem, essa estava por um fio, mediante as escolhas que andava realizando. Queria tanto que ele se encontrasse! Havia algo que o impedia de ser feliz plenamente. Isso acontecia desde criança. Rafael trazia uma urgência incontida, uma energia intensa e mal direcionada, uma dor indefinida. Cadu, que sempre gostou de observar as pessoas e suas atitudes perante a vida, acreditava que o amigo guardava algum temor no recôndito de sua alma que o fazia interagir com o mundo de forma tão destemperada e sofrida. Tentou ajudá-lo de todas as formas, mas ele nem sempre estava receptivo ao auxílio. Acreditava que, com o tempo, os problemas iriam se amenizar, mas eles apenas se intensificaram, tornando-o uma pessoa de quem todos queriam distância. Na verdade, Cadu era um dos poucos amigos que permaneceram ao seu lado ao longo da vida. E ele não era mais um adolescente complicado e insuportável. Já estava com vinte e cinco anos, era tempo de se adequar à vida, por mais difícil que assim fosse. Precisava amadurecer! Sentiu pena do amigo, e de seu desabafo, mas ele precisava ouvir a verdade. Foi até ele e o abraçou.

— Vamos embora! Eu o deixo em casa!

— Não, durma lá em casa, só esta noite! Não quero ficar sozinho! – pediu, parecendo um menino frágil e indefeso.

Cadu suspirou e completou com um sorriso:

— Só dessa vez! Vamos! Mas você vai me prometer que vai buscar ajuda.

E saíram sob o olhar curioso dos demais frequentadores. "Mais um jovem ricaço, mimado e inconsequente", pensaram.

Os dias se passaram, as férias estavam se encerrando e as aulas da universidade se iniciariam nas próximas semanas. A pedido de Cadu, Rafael decidiu fazer uma pausa nas badaladas noites e se retrair um pouco. Os dois amigos faziam planos para o ano vindouro, conversando sobre qual especialização iriam fazer.

— Quero ser cirurgião – afirmou Cadu. – Creio que decidi isso desde criança.

— Não sei ainda o que irei fazer — falou Rafael.

— Você deveria se especializar em psiquiatria, pois quem sabe não resolveria seus problemas, que não são poucos... — disse Cadu, rindo, fazendo o amigo jogar uma almofada sobre ele.

— Os jovens vão querer um lanche agora? — perguntou Neuza, a empregada da família de Rafael que trabalhava lá desde o nascimento dele. Ela tinha grande carinho por todos naquele lar, em especial pelo caçula, sempre criticado por suas condutas. Ela dizia que ele tinha um bom coração e isso lhe bastava. A mãe de Rafael sorria e dizia que isso não era suficiente para viver em sociedade. Responsabilidade era um atributo essencial, à qual ele parecia dar pouco valor. Neuza sempre protegeu o garoto contra Lucas, o irmão mais velho, de gênio mais difícil e dissimulado. Ela não apreciava sua forma de ver a vida, pois, para ela, ele carecia de bondade e humildade no coração.

— Pode trazer agora mesmo! — respondeu Rafael correndo para abraçá-la, sob protestos da mulher que tentava se desvencilhar entre gargalhadas.

Cadu sabia que o carinho dela era genuíno. Isso o confortava, pois o amigo vivia numa família fria e indiferente ao sofrimento íntimo que Rafael carregava. Os pais eram advogados com carreiras bem-sucedidas, e o filho mais velho, Lucas, decidiu seguir os passos deles. O caçula tinha ideias próprias e sempre se manteve fiel à sua escolha, decidindo pela carreira médica sem o apoio da família.

Na casa de Cadu a situação era bem diversa. Ele seguiu a medicina por influência do pai, um renomado cirurgião que sempre incentivou o filho a seguir seus passos. A mãe, professora universitária, sempre valorizou o estudo como ferramenta fundamental do ser humano. Uma família com bases sólidas que primava pelo afeto e por cuidados essenciais na formação religiosa e emocional dos filhos. Eram famílias diferentes, com posturas e caminhos próprios e definidos. Escolhas individuais!

Entre conversas e brincadeiras, Rafael subitamente ficou sério e perguntou ao amigo:

— Será que nunca vou encontrar uma mulher que me faça feliz de verdade? — Seu olhar carregava intensa mágoa, como se já tivesse o destino selado e definitivo.

— Pare com bobagem! Você ainda não encontrou a mulher que o fará se sentir num mar calmo, pois esse sim é realmente o amor verdadeiro. Sem dramas, sem lamentos, sem perturbação, sem sofrimento! Ela ainda não chegou, mas tem todo o tempo do mundo para isso acontecer, meu amigo. Confie! — O seu olhar era sereno e inspirava tanta confiança como jamais ele vira em sua vida.

— Você fala com tanta convicção que se torna impossível não acreditar. E você, já amou alguém de verdade?

Os olhos de Cadu passaram a brilhar com a pergunta do amigo.

— Paula é tudo o que eu sempre sonhei encontrar numa mulher. Acho que é amor, sim! — respondeu, e ficou pensativo por alguns instantes.

De repente, uma sombra pousou em seu olhar e ele sentiu uma sensação estranha como jamais sentira, fazendo Rafael estremecer.

— O que foi isso? Por que ficou tão incomodado? — perguntou.

— Não sei. Deixa para lá! Já passou! Bem, é isso. Creio que Paula possa ser aquela que sempre esperei. O tempo dirá! — E deu um sorriso enigmático, deixando o amigo curioso.

— E ela? É receptiva? Não acha que ela é muito séria para você? — implicou.

— Ela se parece comigo, qual o problema? Sou tão chato assim? — Dessa vez, foi ele que atirou uma almofada no amigo.

Rafael caiu na gargalhada e não conseguiu responder à pergunta do amigo. Os dois decidiram sair para um cinema, aproveitando os últimos dias de férias.

— Não vai chamar Paula?

— Não! — fingiu uma irritação que estava longe de sentir. — Agora deixa de ser implicante e ciumento. Vamos? — E saíram.

No final de semana, o último antes do reinício das aulas, a turma decidiu dar uma festa. Rafael estava animado para sair e se distrair, mas na manhã de sábado ele amanheceu febril, sinal de alguma infecção. Cadu passou a tarde com ele e disse que não iria à festa, ficando em sua companhia.

— E a namorada? Já voltou? — perguntou Rafael.

— Ela não é minha namorada, ainda. Estamos apenas nos conhecendo. Ela quer ir, mas se você quiser fico com você. Seus pais só voltam amanhã.

— Você não é minha babá! Pode ir que eu vou dormir cedo. Vá e se divirta por mim!

— Tem certeza? Falo com Paula e ficamos os dois aqui com você — insistiu Cadu.

— E eu sobrando? Nem pensar. Quero ver você se distraindo. Sei que este ano será duro para todos nós. Estudo, estudo e mais estudo! E vá embora, antes que fique doente como eu. Bom divertimento! — e então Cadu abraçou o amigo, mesmo sob os protestos dele. Um abraço como há muito não oferecia ao amigo adoentado. Antes de sair, olhou novamente para Rafael e acenou com um sorriso de despedida.

O jovem sentiu como se uma sombra passasse por ele e sentiu calafrios por todo o corpo. Atribuiu as sensações à febre que ainda perdurava, mas seu coração ficou apertado, sem saber o motivo. Tentou dormir, mas estava tenso demais. O que era aquilo? Levantou-se e andou pela casa lentamente. Lembrou-se de Tommy, seu cachorro, que já devia estar faminto àquela hora. Aproveitou para tomar remédio e saiu para o jardim, chamando por ele, sem encontrá-lo. Até que o viu acabrunhado, deitado sob uma árvore. Chamou por ele, e este veio em sua direção sem pressa. Após uns mimos, ele se deitou e permaneceu silencioso, o que raramente acontecia. Parecia triste, ou estaria doente?

— Que foi, amigão? Está um bagaço assim como eu? Deixei até de ir à festa, não estou nada bem. E você, o que aconteceu? Está se sentindo sozinho? Venha, fique comigo esta noite. Creio que ela será longa demais! – e os dois entraram calmamente.

A noite seria mesmo longa e repleta de acontecimentos funestos. Não podemos controlar tudo à nossa volta, nem tampouco podemos nos afastar de situações que estão fadadas a ocorrer, mediante as programações que cada um realiza para sua existência. O fato de não sabermos nosso futuro não significa que ele não esteja sob o olhar atento do Pai, que cuida com desvelo de cada filho seu, seja ele rebelde às suas leis, seja receptivo ao aprendizado que aqui veio realizar.

Não podemos prever o que nos irá ocorrer no minuto seguinte de nossa existência. Talvez por isso, a orientação para que sejamos conscientes e sensatos em nossas ações é a melhor maneira de nos conduzir frente à vida.

Tudo é como deve ser e tudo acontece no tempo certo! Nem antes, nem depois! Mesmo que não possamos controlar nosso destino, tudo o que nos advir estava em nossa programação, que a bênção do esquecimento nos impede de recordar. Podemos chamar de destino, fatalidade, mas o que está programado para acontecer, assim será! Queiram aceitar ou não os céticos e descrentes! É uma questão a se refletir...

As programações seguem seu ritmo, e cada coisa se coloca diante de nós no tempo certo, quando elas estão maduras para florescer! Gostemos ou não! Aceitemos ou não!

Se julgarmos que Deus é arbitrário e executa suas sentenças sem avaliar com critério, estaríamos retirando Dele seu maior atributo: a sabedoria! Ele sabe exatamente o momento de colocar e retirar um filho amado do mundo, e não o faz por capricho! É dolorosa essa reflexão, ainda mais quando se refere a companheiros que muito amamos e gostaríamos de sua presença mais tempo ao nosso lado.

Esse momento derradeiro chegará para todos nós, e não devemos nos preocupar com isso. A orientação é viver cada momento oferecendo ao mundo nossa melhor parte. Essa deve ser a postura quando aqui estamos. Porém, nem sempre assim agimos e quando nossa hora chega, sentimos que perdemos precioso tempo em questões insignificantes e deixamos de realizar as obras pelas quais aqui viemos.

Cadu e Paula foram à festa como planejado. Em dado momento, um dos jovens se feriu com uma garrafa quebrada, e Cadu se prontificou a levá-lo até um hospital, pois a ferida requeria pontos. Ele avisou a amiga que apenas deixaria o rapaz no hospital e retornaria o mais breve possível. Paula quis acompanhá-lo, porém ele se recusou, dizendo que não levaria mais que uma hora. E ainda era cedo. Os pais do rapaz já haviam sido avisados e estavam se conduzindo até lá. A jovem insistiu, mas ele disse:

– Fique aqui! Prometo retornar assim que puder. Quero lhe dizer algo quando voltar! – E seu olhar estava mais iluminado que o normal.

– Vai me deixar curiosa? O que quer me dizer? – perguntou, aproximando o rosto.

Cadu segurou o queixo dela e lhe deu um beijo suave em seus lábios.

– Me espere! Voltarei logo! – E saiu, deixando a jovem sorrindo e já imaginando o que ele iria lhe dizer mais tarde. Tinha uma vaga ideia e ficou a observá-lo indo embora, fazendo planos que não se concretizariam.

Cadu deixou o jovem no hospital e lá permaneceu até os pais dele chegarem. Despediu-se e foi embora, feliz por retornar para Paula, a quem iria pedir em namoro àquela noite.

Estava uma noite quente, e uma lua linda iluminava a larga avenida que ele dirigia em sua velocidade limite. Queria chegar depressa! Seu coração estava inquieto, ansiando por aquele momento, que sequer percebeu uma luz forte vindo em sua direção. Tudo foi rápido! O choque frontal, e o barulho ensurdecedor de metal esmagado! Em seguida um silêncio profundo e aterrador. Nenhum som ou movimento se fez presente! Aos poucos, pessoas pararam aturdidas com a cena que se desenrolava à sua frente. Carros destroçados pela violência do impacto, era só o que podiam constatar! Haveria algum sobrevivente? "Impossível", pensaram. O resgate foi acionado. Bombeiros e polícia foram chamados. Dois carros destruídos, esse era o saldo. Ainda era precipitado avaliar o responsável pelo acidente, pois os carros estavam em posições que impossibilitava qualquer afirmação. Respostas somente mediante a perícia. E as vítimas? Haveria algum sobrevivente?

De repente, ouviu-se um choro, como um lamento. Os bombeiros começaram a remover os escombros para tentar salvar a única vítima que sobrevivera ao grave impacto.

Foram mais de duas horas até que uma jovem foi retirada de um dos carros. Os demais, outros dois jovens, haviam morrido. No outro carro, apenas havia o motorista, já sem vida. Sem ferimentos aparentes, o corpo parecia intacto, apesar do forte impacto que sofrera no acidente. O médico que havia trabalhado no resgate já tinha visto de tudo em sua vida, mas aquilo realmente o surpreendera!

CAPÍTULO 2

FATALIDADE

Rafael custou a adormecer. Parecia ouvir seu nome sendo pronunciado por diversas vezes, quando o telefone começou a tocar insistentemente ao seu lado. No início, julgou estar sonhando, mas ele não parava de tocar. Até que decidiu atender e acreditou estar vivendo um pesadelo. Seus olhos ficaram em pânico, e apenas conseguiu balbuciar:

– Você só pode estar brincando! Sabe que horas são? Chame o Cadu, quero falar com ele.

A voz do outro lado da linha era Paula, que não sabia o que fazer. A primeira pessoa que pensou foi o amigo. Ela não estava em condições de falar com mais ninguém.

– Rafa, não estou brincando, pelo amor de Deus. Acredite em mim! Aconteceu um grave acidente, e o carro de Cadu está envolvido. A única notícia que chegou até nós foi a de que ele não sobreviveu. Me ajude! Não sei o que fazer! Não sei se vou até lá – e deu o endereço do acidente.

Rafael estava atônito, não queria acreditar que aquilo fosse verdade. Estava ainda febril. Poderia ser algum delírio? Olhou em volta, viu Tommy ao seu lado e lembrou-se de onde estava. Em seu quarto! E acordado! E Paula estava dizendo coisas absurdas, completamente sem sentido! Como Cadu se envolveria num acidente? Logo ele que era o mais cuidadoso e responsável entre todos! Não, só poderia ser um equívoco. Levantou-se prontamente, decidido a averiguar a verdade.

– Sei onde é. Vou até lá. Por enquanto, fique aí mesmo. Eu te ligo! Deve ser uma notícia falsa. – E desligou o celular, saindo rapidamente de casa.

Chegou ao local, e a movimentação ainda era grande. A batida entre os carros havia sido de forte impacto. Viu o carro do amigo todo destruído, e seu coração passou a bater descompassadamente. Tentou se aproximar, mas foi contido por um policial.

– Não pode passar. A perícia está analisando tudo. – Ele viu o desespero estampado no rosto do rapaz e se condoeu. – Você sabe quem era o motorista?

Rafael apenas assentiu com a cabeça sem conseguir pronunciar palavra alguma. O policial pegou o braço dele e o conduziu até uma ambulância estacionada próxima. O homem conversou com o médico que cuidava do socorro e conversaram. Em seguida, foi até Rafael e disse:

– O doutor vai conversar com você. Venha comigo! – E o conduziu até o médico.

– Você conhecia o rapaz que estava ao volante?

– É meu amigo! Ele está bem? – A esperança de Cadu estar vivo que ainda o mantinha no controle das suas emoções.

– Infelizmente não conseguimos socorrê-lo. O impacto foi grande, e ele teve morte imediata.

O olhar do médico, apesar de estar acostumado com essas fatalidades, estava carregado de emoção.

— Não pode ser ele! Jamais se envolveria num acidente! Quero vê-lo! — Rafael queria se certificar de que era mesmo Cadu.

O médico o conduziu até uma maca coberta por um lençol e o levantou.

Rafael pôde ver o rosto sereno e jovial de Cadu. O rosto não apresentava machucados aparentes, o que surpreendera a equipe que o resgatara. Aquele corpo sem vida não podia ser do amigo! Aquilo era um pesadelo, só poderia ser! Ele estava tão bem quando o visitou naquela mesma tarde, e agora estava ali, sem vida! Como contaria aos pais? E ele, como sobreviveria sem a presença do amigo ao seu lado, o único que realmente se preocupava com ele? Que Deus era esse que levava uma pessoa tão boa e deixava tantos por aí, que sequer sabiam o que significava amizade, bondade, compreensão?

— É o seu amigo? — perguntou o médico, já sabendo a resposta.

— É! — foi a única coisa que ele conseguiu pronunciar.

O policial se aproximou vendo o estado emocional do rapaz e falou:

— Sei que isso não irá mudar o fato, mas temos testemunhas de que ele estava dirigindo de forma correta quando o outro carro entrou em sua pista, colidindo de frente com ele. Seu amigo não teve responsabilidade alguma no acidente. Sinto muito por ele! Dois ocupantes do carro que perdeu o controle, inclusive o motorista, morreram na colisão. Uma jovem foi socorrida e está no hospital. Ela poderá confirmar o que ocorreu. Os documentos de seu amigo estavam em seu bolso. São estes? — e ele mostrou uma carteira, a mesma que ele próprio presenteara o amigo em seu último aniversário.

Rafael a segurou nas mãos como se fosse algo precioso e lágrimas começaram a rolar. A emoção tomou conta dele, deixando policial e médico consternados com a situação. Esperaram que ele se acalmasse, e então o policial perguntou:

— O celular que estava em seu bolso tem o telefone do pai. Podemos ligar e dar a notícia? Ou você prefere falar com eles já que eram amigos?

O jovem não sabia a resposta. Lembrou-se de Paula, e percebeu que teria de ir até ela dar a fatídica notícia. Decididamente, não estava em condições de confrontar os pais de Cadu. Não sabia como proceder, o que deixou o policial ainda mais condoído com a situação.

— Creio que não está em condições, nós nos incumbimos de contar. E você, meu rapaz, está sozinho? — ele apenas assentiu e ficou calado.

— Para onde vão levar meu amigo? — Uma dor incontida tomou conta dele. Não poderia deixá-lo sozinho, sem ninguém a cuidar dele. — Posso ficar com ele?

— Sinto muito, meu rapaz. Ele terá que seguir conforme os procedimentos. Vá para sua casa e procure se acalmar. Sei que o momento é difícil, mas você não pode fazer nada permanecendo aqui. Quer que eu chame alguém? — O policial percebeu que o jovem não estava em condições de ficar sozinho.

— Não precisa. A única pessoa que se importa comigo está aí, não tenho ninguém! — E lágrimas continuavam a escorrer por seu rosto.

A dor que ele ostentava era tanta que o policial quase ofereceu um abraço ao jovem, mas alguém o solicitava, e ele se despediu, colocando a mão no ombro do rapaz dizendo:

— Seu amigo ficará bem, talvez bem melhor que todos nós. Seu tempo expirou, meu rapaz, e isso significa que Deus o chamou de volta para seus braços. — Ele mesmo estava emocionado com a situação.

Disse isso e saiu, deixando Rafael confuso com aquelas palavras. Por que Deus o chamaria de volta? Ainda não era a hora! Que droga de vida! A revolta começou a assomar, lhe dando forças para sair dali e ir ao encontro de Paula. Ele sabia o endereço da festa e foi até lá.

Quando chegou, o burburinho era intenso. Todos queriam saber as notícias, se era verdade o que estavam dizendo. Paula, ao ver Rafael chegando, correu até ele e seu olhar inquisitivo pedia por notícias favoráveis. Porém, o olhar que ele ofereceu, carregado de dor, fez com que ela entendesse. Ela simplesmente o abraçou e chorou intensamente! Só conseguia balbuciar:

– Mas como isso aconteceu? – E chorava convulsivamente.

A comoção foi geral, todos tinham verdadeira estima por Cadu. Ficaram silenciosos, refletindo em tudo o que acabaram de saber, em seguida, foram saindo do local.

Paula e Rafael permaneceram mais alguns instantes, até que ela perguntou:

– E os pais dele, já receberam a notícia? O que pretende fazer? – Ela segurava a mão dele com carinho e preocupação. Conhecia Rafa tempo suficiente para saber que ele era instável emocionalmente e temia por reações que ele pusesse ter. – E seus pais, já estão de volta? Quer que eu ligue para eles?

– Faça isso por mim, eu lhe peço! Não quero falar com ninguém, nem com eles. Cadu era muito querido, meus pais ficarão chocados com a notícia e, certamente, desejarão estar aqui para prestar sua homenagem a ele. – E lágrimas continuavam a rolar.

A jovem procurou controlar a situação e fez a ligação. Apesar do horário, o pai atendeu prontamente e ficou chocado com a notícia. A primeira pergunta que fez foi se o filho o acompanhava.

– Não. Ele está aqui ao meu lado, o pai falou algo com a jovem, pois ela respondeu. – Ficarei com ele até vocês retornarem. Boa noite! – E virando-se para Rafael, disse: – Vamos, eu vou com você até sua casa. – E pegou a chave das mãos do rapaz, que se deixou conduzir docilmente, sem reação alguma.

Certas pessoas ficam completamente passivas mediante um forte golpe emocional, outras se desesperam perante a dor. Cada um oferece uma reação diversa.

Paula estava preocupada com Rafael, e a pedido do pai, não o deixaria sozinho naquele momento tão doloroso. Ele estava em choque! Assim que chegaram, a jovem constatou que a febre retornara, tomando as providências necessárias. Rafael ficou deitado em sua cama, encolhido feito caracol, com os olhos perdidos no infinito. Sua dor conseguiu tocá-la intensamente. Ela ficou a fitá-lo com ternura e somente naquele instante se dera conta de que Cadu não mais voltaria. A única lembrança que levaria dele havia sido aquele beijo, que agora sabia ser de despedida dessa vida. Lágrimas rolaram, sentindo um aperto no peito, uma angústia que não cessava. Ela perdera aquele que poderia ter sido seu grande amor. Esperava por aquela declaração há tanto tempo e não chegara a ouvir de sua boca a frase que sonhava ouvir. Ela também estudava medicina, na mesma turma que os dois amigos. Sempre fora muito tímida e tinha dificuldade em fazer amigos, mas Cadu se aproximara com tanto carinho e simpatia, roubando sua atenção. E seu coração! Mas, para todos os efeitos, eram apenas bons amigos. Até algumas semanas antes do término do semestre, quando ele a convidara para um cinema, só os dois. Rafa e Cadu estavam sempre juntos, e aquela havia sido a exceção. Riram bastante, conversaram o suficiente para perceberem o quanto tinham em comum. As férias chegaram e eles se distanciaram, até algumas semanas atrás, quando ele ligou em busca de notícias. Fizeram planos, e a festa havia sido a oportunidade de irem juntos, somente os dois. Tinha tanta coisa a lhe falar! Tanto amor a lhe oferecer! Porém, tudo se encerrara de maneira tão estúpida naquela noite fatídica. Queria tanto lhe dizer a pessoa incrível que ele era, só que agora não teria mais essa oportunidade! Ele se fora, de maneira drástica e cruel!

Já havia amanhecido, e nenhum dos dois pregara os olhos um instante sequer. Também não conversaram. Apenas o silêncio sepulcral preenchia aquele quarto.

Sílvia e Renato, os pais de Rafael chegaram assim que o sol raiou, adentrando aquela casa triste em todo seu esplendor, anunciando que um novo dia chegara, com toda sua energia e luz, afugentando as trevas que lá haviam se estabelecido.

A mãe correu a abraçar o filho, que sequer correspondeu tamanha a apatia que o dominava. O pai apenas observou-o com afeto contido, dizendo:

– Sinto muito, meu filho. Imagino a dor que está sentindo, porém precisa reagir. Liguei para os pais de Cadu, e o enterro será no final do dia. Vamos, levante-se, temos que ir. Minha jovem, agradeço sua atenção, já pode ir. – Tudo de forma fria e controlada. Nenhuma palavra carinhosa, nem um abraço fraterno.

Paula foi até o jovem e disse em seu ouvido:

– Se precisar de algo, me procure, por favor! – disse, beijando-lhe a testa. Estava prestes a sair quando pronunciou: – Cuidem dele, está febril por uma infecção de garganta. Recomendo que ele repouse bastante e tome os remédios na hora determinada.

O pai ia falar algo, quando a mãe se apressou a dizer:

– Obrigada, minha querida. Cuidaremos dele! Nos vemos mais tarde. – E acompanhou Paula até a saída, retornando em seguida:

– Meu filho, vamos tomar um banho. Você precisa ser forte! Ele era seu amigo e gostaria que você estivesse lá, prestando-lhe a última homenagem.

Rafael não se mexia, permanecendo na mesma posição, com os olhos abertos e fixos no vazio.

A mãe insistiu mais um pouco e, vendo que nada acontecia, saiu do quarto, resmungando algo que o jovem não conseguiu entender.

Duas horas depois, a situação em nada se modificara. A mãe já impaciente disse:

– Sairemos em alguns instantes. Quer que o esperemos se aprontar?

O jovem, dessa vez, se virou e disse:

— Não vou com vocês. Não quero ver essa deprimente cena.

— Mas ele era seu amigo! Faça isso por ele! — A mãe não se conformava.

— Ele me conhecia e sabia que eu sou avesso a esse tipo de cerimônia. Não quero, e não vou presenciar isso! Podem ir sem mim! Eles entenderão! — A família do amigo o conhecia desde criança e sabiam de seu temor por essas situações trágicas.

— Mas nós não entendemos! Será que custa você sair dessa cama e nos acompanhar? Faça isso por nós, então! — Os olhos dela estavam firmes.

— Sinto muito, mas vou declinar — Levantou-se e caminhou até o banheiro.

O pai surgiu na porta e, com o olhar inquisidor, disse:

— Deixe-o. É melhor não comparecer se for para dar algum vexame. Vamos!

O jovem ouviu as palavras do pai e lágrimas rolaram. Será que algum dia ele o trataria com mais afeto? Sempre tão distante, parecia que eram estranhos! A mãe, às vezes, o tratava com certo carinho, mas geralmente o tratamento era frio, como se a relação familiar se confundisse com a relação profissional que os pais mantinham fora de casa.

As lágrimas rolavam, e o pensamento que não queria desaparecer de sua mente era: por que não havia sido ele em vez de Cadu? Ele era tão amado e respeitado por todos que o conheciam. Por que ele morrera tão precocemente? Poderia ter sido ele, Rafael, e ninguém sentiria sua falta! Sua vontade era gritar, tamanho o desespero que se apoderara dele, mas, se assim fizesse, daria mais um motivo para a repressão por parte do pai.

Não soube quanto tempo ficou sentado no chão frio do banheiro, até que ouviu a voz de Neuza do outro lado da porta.

— Rafa, meu filho, saia daí. Sei de tudo o que aconteceu. Seus pais me avisaram e vim logo que pude. Vamos conversar um pouco! – Ao ouvir a voz doce e amorosa, ele abriu a porta e se jogou nos braços da empregada prestimosa, em doloroso pranto.

– O que vai acontecer agora? Perdi meu amigo! Estou com tanta raiva! – E chorava.

– Acalme-se, querido. Sei que tudo foi uma grande tragédia, mas se aconteceu é porque assim estava escrito. Acredito que essas coisas estejam determinadas. Deus sabe o que faz!

– Deus é cruel e levou uma pessoa que faria esse seu mundo nojento mais feliz e mais fácil de ser vivido. Não aceito as vontades desse Deus! Eu o rejeito!

– Não fale assim! Sei que está triste com tudo o que aconteceu, mas não adianta colocar a culpa em Deus! Ele sempre sabe o que faz! Podemos não compreendê-lo, mas seus desígnios são corretos em qualquer situação. – Ela tentava contemporizar.

– Você quer dizer que Cadu morreu pois assim estava escrito? Quem determinou que seu tempo se acabou? Ele era uma pessoa maravilhosa, para resumir tudo sobre ele. – A revolta se instalara em seu coração de forma plena.

– Não entendemos os motivos que levaram Cadu sair dessa vida tão jovem, mas não é porque desconhecemos as razões que elas não existam. Cuide de limpar esse sentimento tão deplorável que é a raiva, a revolta, a mágoa. Ninguém consegue ser feliz carregando essas emoções em desalinho, meu querido. Procure se acalmar, eu lhe peço. Onde Cadu estiver, tenho certeza de que desejaria que você ficasse em paz! – sua voz era branda e suave tocando as fibras do coração do jovem, que aos poucos foi se acalmando.

Ele se deitou na cama, e ela o acarinhava como se ele fosse uma criança assustada e frágil.

– Não quero vê-lo desse jeito. Quero guardar na lembrança a imagem da vida, não da morte! Por que não tenho o direito de me recusar a ver esse espetáculo?

– Ninguém pode obrigar alguém a fazer o que não quer. Você tem seus motivos, certamente. No entanto, os pais de Cadu ficariam muito felizes com sua presença neste momento tão doloroso. Vocês eram os melhores amigos! Você é especial na vida deles, e creio que gostariam de ter você ao lado, apenas isso, meu querido.

O jovem estava inconsolável, porém apenas naquele instante conseguiu esquecer de sua dor e pensar nos pais do amigo. Haveria dor maior do que a perda de um filho?

– Este mundo é muito cruel, Neuza. Só isso que posso dizer! – E levantou-se da cama, caminhando pelo quarto de um lado a outro, sem saber que atitude tomar.

– Antes de fazer qualquer coisa, precisa tomar seu remédio. – E ofereceu-lhe. – Precisa estar bem, e isso só irá acontecer se você se medicar.

Rafael acatou a orientação da mulher e disse:

– Se fosse eu, talvez ninguém sentisse minha falta. Por que não era eu que estava no lugar dele? – Seus olhos carregavam tanta dor, que fez a mulher correr a abraçá-lo.

– Jamais fale isso novamente! Sua vida tem tanta importância quanto a dele! Por que está dizendo tanta besteira? O que pretende? – perguntou ela.

– Só você sentiria minha falta, sabia? E Cadu! – Nesse momento Tommy entrou no quarto e foi em sua direção tentando chamar-lhe a atenção. – E você também, meu amigão! – disse, afagando-lhe a cabeça.

– Viu quantos te amam, meu filho? – disse Neuza com um sorriso caloroso. – Pare de choramingar e falar coisas que não procedem. Você é um filho de Deus e por esse motivo já é especial aos olhos Dele! Jamais fale assim novamente! Todas as vidas são valorosas, pois todos aqui estão com um propósito.

– E o propósito de Cadu? Era morrer tão jovem? Ele ainda tinha tanta coisa para fazer e não conseguiu! Desculpe, não creio nessa conversa. Ainda penso que Deus é injusto. – Sua voz estava carregada de amargura.

A mulher decidiu que seria mais conveniente interromper o diálogo, pois o jovem estava ainda muito magoado, e nenhuma conversa surtiria efeito naquelas condições.

— Você tem todos os motivos do mundo para sentir-se assim. Vá tomar um banho, comer alguma coisa e depois decide o que fazer. O que acha da ideia?

— Por você, vou pensar. — E saiu em direção ao banheiro sob o olhar atento da mulher.

Ela sabia que aquele era um momento delicado e não fazia ideia de como seriam os próximos dias do jovem, sempre tão inconstante e passional. Havia sido um duro golpe, e as consequências ainda eram imprevisíveis. O cachorro olhava fixo para a porta do banheiro e lá ficou, como se estivesse a proteger o amigo. Neuza sorriu e disse:.

— Cuidemos dele! Ele precisa muito de nós! — E saiu para preparar um lanche.

A decisão de Rafael foi a de ir até o velório do amigo. Cedo ou tarde, teria de enfrentar os pais de Cadu, pessoas tão especiais que tinham afeto genuíno pelo rapaz. Já haviam dado provas mais que suficientes disso. Arrumou-se, comeu algo, despediu-se e saiu ao encontro da maior dor de sua breve existência: enterrar seu melhor amigo, aquele que sempre estivera ao seu lado, em qualquer situação e que jamais o decepcionara nesta vida! Dolorosa constatação que nada alteraria o que era! Agora ele estava definitivamente sozinho e teria de sobreviver sem a presença do amigo a lhe orientar, a acalmar seus ímpetos, a protegê-lo das tormentas em que ele se metia!

O que a vida lhe reservava?

CAPÍTULO 3
VIDA QUE SEGUE

Foi um dos domingos mais melancólicos que Rafael vivenciou. A tristeza imperava nos semblantes de todos os presentes. Assim que chegou, ele foi ao encontro dos pais do amigo, que o abraçaram em prantos. A comoção foi geral! O jovem abraçou a mãe de Cadu e lá permaneceu em seus braços amorosos, chorando toda a dor da separação.

– Deveria ter sido eu! – ele balbuciava baixinho.

Clarice, a mãe, separou-se do abraço e disse olhando firmemente nos olhos do jovem:

– Jamais diga isso novamente, Rafael! Você é como um filho para mim! Sofreria tanto quanto estou sofrendo agora! – ela o abraçou novamente com ternura.

– O que vou fazer sem ele? – Sua voz era um lamento.

– Seguir em frente, meu querido! É o que ele espera que façamos! Todos nós! – E as lágrimas escorriam por seu belo rosto. – Prometa-me que vai ficar bem, eu lhe peço!

– Não posso prometer algo que não sei se vai se realizar! Só queria que soubesse o quanto sinto o que aconteceu! – E ia sair, quando ela segurou delicadamente seu braço.

– Cadu estará sempre conosco! Que sua vida seja um estímulo a que continuemos nossa caminhada! Faça isso por ele e por você! Sabe o quanto o amamos, não é? – As palavras doces e consoladoras de Clarice encheram o coração de Rafael de paz.

– Eu também amo vocês! – E saiu para abraçar Ricardo, o pai, e os irmãos, que estavam profundamente emocionados.

O sepultamento ocorreu no final de uma tarde ensolarada de verão sob forte emoção. Os pais jamais deveriam enterrar os filhos, disse alguém com toda a propriedade. No entanto, como julgar ao Pai Maior por suas decisões?

Já estava anoitecendo, e as pessoas já tinham deixado o cemitério, mas Rafael ainda lá se encontrava. Seus pais pediram que ele os acompanhasse, mas ele permaneceu na mesma posição, sentado na relva com as lágrimas insistindo em não se estancar.

Luiza, a irmã caçula, se aproximou e colocou as mãos nos cabelos desgrenhados do jovem e balançou-os, fazendo com que ele se virasse:

– O que faço agora? – Foi a única frase que ele conseguiu pronunciar.

– O que acha que Cadu diria? – Ela era uma jovem muito bonita, com longos cabelos castanhos e olhos verdes enigmáticos, assim como os do irmão. Eles estavam melancólicos, mas ainda mantinha um brilho, como se uma chama lá estivesse e não desejasse se apagar.

– Não sei o que ele diria num momento trágico como esse.

– Ele diria que você não pode ficar sentado chorando esperando que as coisas mudem. Ele diria que cabe a você a decisão de mudar sua vida. – E a tristeza a dominou.

Os dois se abraçaram e assim permaneceram por intermináveis minutos. Como se nada mais existisse além deles! Até que ela se desvencilhou e pediu:

— Vamos embora, o cemitério já vai fechar! — E pegou suavemente sua mão.

— Mas ele ficará sozinho aqui? — A dor que ele abrigava em seu coração não lhe permitia avaliar a situação com mais clareza.

— Ele não está aqui, Rafa! Acredite em mim! — Ela afirmava com convicção, e ele nada compreendia. Tudo estava tão confuso!

— Onde ele está, então?

— Em algum lugar distante daqui, tenho certeza. Aqui somente está seu corpo material, nada mais. Sua alma agora está livre! Sei que parece loucura o que estou dizendo, e você não está em condições de raciocinar. Outra hora conversamos. Agora, temos de ir.

Ele se deixou conduzir docilmente pelas alamedas floridas daquele local, enquanto a luz do dia ia se despedindo, para retornar com todo seu esplendor na manhã seguinte.

— Posso ir com você? — perguntou Luiza, e não esperou a resposta, já entrando no carro do amigo.

O retorno foi silencioso e, assim que ele a deixou em casa, ela lhe pediu:

— Prometa que não fará nenhuma besteira? Vai para casa? — Seu olhar trazia toda a angústia daquele interminável dia.

— Foi meu pai que lhe pediu isso? — seu olhar se endureceu.

A relação entre eles sempre fora complicada, mas se intensificara nos últimos meses, com as cobranças habituais e outras tantas, que ele já perdera a conta. Cadu fora sempre o medianeiro dos conflitos, e o pai de Rafael acabava se dobrando frente aos seus argumentos. Ele se lembrou do olhar que o pai lhe endereçara durante a cerimônia, e nele não havia paz, apenas tensão. Ele estava preocupado com as reações que poderiam advir, mediante o descontrole com que ele conduzia suas relações afetivas e familiares. A mãe poderia intervir favoravelmente, mas estava cada dia mais distante, com o olhar ausente, como se uma imensa tristeza habitasse seu coração. Mas, retraída e discreta, jamais sairia de sua concha, mostrando sua fragilidade. Não era de seu feitio! Lucas, tão parecido com o pai, acreditava que o mundo se renderia a seus pés conforme suas vontades. Pretensioso e ganancioso, somente tinha olhos para a profissão e os lucros que dela pudesse extrair. Em contrapartida, Renato criticava Rafael em tudo: por suas posturas, seu jeito de se vestir, por sua falta de vontade de formar relacionamentos baseados em interesses materiais. Ele jamais corresponderia às suas expectativas, isso era a mais pura verdade. Cadu lhe dizia que seu pai, um dia, o entenderia e o aceitaria, no entanto ele não acreditava que isso seria possível. O jovem não conseguia se moldar ao que o pai pretendia, pois sua essência era outra. O amigo era o fiel da balança, e isso o mantinha numa zona de conforto que a partir daquele dia não mais existiria.

Luiza ficou séria e colocou as mãos na cintura em tom contestador:

– Não! Eu estou dizendo isso porque me preocupo com você. Eu o conheço desde que nasci, você é um irmão para mim e te conheço muito bem, não se esqueça. Sabe que estou estudando psicologia e disse ao meu professor que conheço uma pessoa com emoções tão antagônicas, que poderia virar objeto de estudo. Você está sempre na defensiva com todos e ao mesmo tempo se ressente quando as pessoas não te oferecem um pouco mais delas! Deixe que as pessoas se aproximem de você. Todos têm algo a oferecer e ensinar, assim como você. Não se prive disso! Seu pai nada tem a ver com esse meu discurso. – O olhar firme e penetrante da jovem fez com que suas defesas caíssem por terra. Ela havia sido tão direta e sincera que o comoveu.

– Puxa, não é que você cresceu mesmo! Já não é aquela pirralha curiosa e chata. Está parecendo Cadu falando. Foi ele quem te ensinou o que falar para mim? – E deu um sorriso tímido, o primeiro do dia.

– Tive um excelente professor, não se esqueça. Ele fará falta aqui entre nós, mas onde ele estiver fará a diferença. Tivemos o privilégio de sua convivência e de todo aprendizado que ele nos ofertou. E não sou mais uma criança, ouviu bem? Pode começar a me respeitar e me tratar como mereço. – E foi até ele e o abraçou mais uma vez. Sabia o quanto ele precisava desse carinho. – Agora preciso ir e me ligue quando quiser! – beijou seu rosto e esperou que ele fosse embora.

Fora do carro, acenou para ele e entrou em casa, sentindo uma tristeza infinita. Seria tarefa árdua seguir em frente, sem Cadu ao seu lado, mas era a única opção que ela tinha no momento. Sentiria saudades! Mas tinha que deixá-lo partir para sua nova etapa de vida. As lágrimas fluíram novamente, e ela se lembrou das palavras que sua amiga Raquel lhe dissera quando soube do que acontecera com seu irmão:

"Seu irmão era uma alma linda e elevada. Sua tarefa se encerrou aqui nesse plano de vida, mas terá continuidade em outro plano. As separações são sempre dolorosas, deixam saudades imensas daquele que partiu, mas não são eternas, apenas provisórias. Quando for possível, o reencontro irá ocorrer. No entanto, se você focar seus pensamentos em lamentos, com perguntas sem respostas, tais como os mais diversos 'porquês', ele permanecerá em sofrimento indizível e ainda preso à crosta, ou melhor, às sensações puramente materiais. Deixe-o partir para outras esferas. Essa é a parte que lhe compete. A parte dele é enfrentar as novas opções que irão se defrontar à sua frente, que demandará esforço, serenidade e confiança em Deus. Há muito trabalho a realizar por todos: os que aqui ficaram e aquele que partiu. Sei o quanto Cadu era um espírito iluminado, com o coração aberto e sempre pronto a servir e auxiliar os que dele necessitassem. Isso significa "bem viver", minha amiga. E, àqueles que se propuseram a essa tarefa, certamente que saberão lidar com a morte, ou com o desencarne, quando ela chegar. Confie na misericórdia de Deus! Ele cuidou de Cadu em seus derradeiros instantes na matéria e cuidará dele nessa nova etapa de sua evolução".

As palavras sábias e sensatas confortaram o coração de Luiza. Ela era católica e jamais se questionara acerca de outras crenças e religiões. Raquel era espírita desde o berço, com os pais seguidores e praticantes da doutrina espírita, codificada por Allan Kardec. Tudo que ela lhe dissera parecia tão sensato, que lhe parecia quase impossível não aceitar. Cadu finalizou sua existência, mas seu espírito era eterno, portanto, não pereceria jamais. Apenas seu corpo físico perdera a serventia, pois a tarefa dele se encerrara. Só não conseguia entender porque ele tinha que ir embora tão jovem, tão no "início da festa"? Por que não poderia ficar mais um tempo? Quem decide a hora de partir e quais os motivos? Isso ainda a intrigava sobremaneira.

Talvez, um dia, procurasse entender melhor como tudo isso se processava. Naquele momento, queria dormir e quem sabe sonhar com seu amado irmão! Seus últimos pensamentos, antes do sono chegar, foram para Rafael. Ele ficaria bem? Mediante o tanto que conhecia dele sabia que uma tempestade estava se aproximando e seria devastadora se alguém não estivesse ao seu lado. O jovem era uma pessoa maravilhosa, mas extremamente sensível às emoções ao seu redor. Cadu sempre o tirava de encrencas, desde a adolescência, como se fosse o irmão mais velho, mesmo sendo ambos da mesma idade. Rafael era impetuoso, impulsivo, emocional ao extremo, oscilando entre a euforia e depressão. O que mais a preocupava, agora que conhecia um pouco de psicologia, era que, mediante um choque, as reações que essas pessoas podem oferecer são muito diversas e perigosas. E ela temia pela integridade física dele, que já estava comprometida com o término do relacionamento afetivo. Ela acompanhara todo o desenlace através de Cadu, que a mantinha informada de tudo. Os dois irmãos eram muito próximos e não tinham segredos. Adormeceu, pedindo a Deus que cuidasse de Rafael e estivesse sempre ao seu lado, em qualquer situação.

Rafael entrou em casa e encontrou a mãe sozinha na sala em companhia de Tommy. Assim que ele entrou, o cachorro correu ao seu encontro e tentava animá-lo de todas as formas, porém sem sucesso. Ele sentou-se ao lado da mãe e perguntou:

– Por que está aqui sozinha? Onde está papai? – O semblante dela estava mais tenso que o habitual, algo não estava como deveria estar.

– Ele saiu. Disse que precisava arejar um pouco. Foram momentos tensos que vivemos hoje.

– E deixou você sozinha aqui? – A mãe estava com os olhos marejados, mas não disse nenhuma palavra. – Estamos todos sofrendo e precisamos ficar juntos, não acha?

– Cada um tem problemas a resolver, meu filho. O sofrimento terá que ser contornado, pois a vida segue em frente. Suas aulas se iniciam na próxima semana, a vida deve seguir seu curso. Estejamos sozinhos ou acompanhados! – Havia certa amargura em sua voz, que ele não soube detectar de onde provinha. Não era por causa de Cadu, pois ela estava com esse semblante vazio há algum tempo. Pensou se o pai e ela estavam tendo problemas conjugais, mas ela sempre foi discreta e não falaria sobre esse assunto com ele. A intimidade que existia entre mãe e filho quando Rafael ainda era adolescente deu lugar a uma distância significativa, onde não conseguia sequer contar sobre seus problemas afetivos. Se ela se sentia só, imagine ele! Agora, então, não fazia ideia de qual seria o próximo passo a dar, Como conseguiria voltar para a faculdade? Seria uma tortura estar lá sem Cadu! Pensou rapidamente e disse à mãe algo que a chocou:

– Não sei se vou continuar. Pelo menos neste ano. – E estava prestes a sair, quando ela pegou firmemente em seu braço e disse com energia:

– Você não pode se abater dessa forma. Sei que está sofrendo, o quanto será doloroso e difícil esse recomeço, mas não pode simplesmente permanecer apenas sofrendo, sem fazer nada para que isso se altere! Não é assim que resolvemos essas questões delicadas, Rafael. Você precisa ser forte e superar essa dor! Não pode parar sua vida dessa forma!

O jovem não estava com disposição para uma discussão e simplesmente disse:

— Vou pensar essa semana. Não é uma decisão tomada, mas uma ideia. Fique calma! — Beijou o rosto da mãe e saiu para seu quarto.

O rapaz ficou horas rolando na cama, pensando em como seria sua vida dali para frente. Ouviu seu pai chegar já de madrugada e os dois alterarem a voz. Não queria saber o teor da discussão, queria apenas que tudo ficasse silencioso. Alguns instantes depois, isso aconteceu, nenhum som mais se ouviu. Estava quase amanhecendo, quando conseguiu conciliar o sono. Seu fiel companheiro, Tommy, não saiu de seu lado um só instante.

O dia amanheceu e o sol passou a preencher cada espaço daquela casa triste.

Era segunda-feira, a semana se iniciava... "Não para Cadu", pensou Rafael, assim que despertou por volta do meio-dia. Neuza estava na cozinha, preparando a refeição.

— Bom dia! Ou seria boa tarde?— disse sorrindo para o jovem. Ela tentava animá-lo, mas sua aparência ainda estava extremamente triste. — Não está com fome?

— Não quero comer nada, não tenho fome — disse calmamente.

— Eu sei, meu querido, mas precisa se alimentar. Precisa de uma boa refeição, confie em mim! Venha! — E puxou o garoto fazendo-o sentar-se à mesa. Ela faria tudo para que seu menino voltasse a se animar.

Rafael comeu pouco, sem muita conversa, o que ela respeitou. Conhecia-o muito bem e sabia que tudo se resolveria gradativamente, no tempo dele. Só temia que esse tempo custasse a chegar. Assim que terminou de comer, ele se levantou e deu um beijo em seu rosto.

— Obrigado! Vou para o meu quarto — disse o jovem.

Ela ia dizer algo, mas decidiu se calar. Ele precisava desse momento de solidão para rearranjar seu mundo íntimo. Ele não perguntou nada, não falou sobre qualquer assunto. Queria apenas o silêncio!

Passou pela sala e viu o jornal do dia sobre a mesa. Não entendeu porque decidiu folhear e deu de cara com a notícia do acidente que vitimara o amigo. Leu a reportagem e soube que uma vítima sobrevivera, uma jovem que estava em estado grave no hospital. A polícia constatara que o carro que colidiu com o do amigo perdeu o controle e foi em direção contrária. A perícia fizera os exames necessários e detectou excesso de teor alcoólico no motorista, um jovem de apenas vinte e dois anos. Um acidente fatal, vitimando três jovens que iniciavam suas vidas, tudo por uma leviandade de um deles. Cadu nada tinha a ver com tudo aquilo e estava morto. A indignação tomou conta dele, passando a falar em voz alta impropérios contra o motorista assassino, que causara a morte de seu único amigo. Jogou o jornal no chão e foi para seu quarto, com as lágrimas aflorando. O que fazer com essa dor, ele se perguntava!

Nesse momento, seu celular tocou, e ele viu que era Paula. Pegou o mesmo e desligou. Não queria falar com ninguém naquele momento. Ela insistiu e ele desligou o aparelho, jogando-o violentamente ao chão.

Neuza presenciara toda a cena e estava inconsolável. Era católica fervorosa e colocou-se em oração, pedindo que Deus se compadecesse de seu sofrimento. O jovem precisava de ajuda, mas quem se habilitava? Todos naquela casa pouco se importavam com seus sentimentos. O pai dizia que ele era um fraco e isso a incomodava demais. Rafael era apenas um jovem mais sensível que o normal, mas tinha um bom coração, isso era inegável. Cadu sabia como lidar com seu gênio irascível. E agora? O que seria dele? Essa questão a atormentava e redobrou suas preces.

Rafael ficou no quarto escuro a maior parte daquele dia e dos seguintes. Não queria falar com ninguém, nem tampouco ver alguém. A única exceção era Neuza e Tommy, que estiveram ao seu lado naqueles momentos cruciais.

Na quinta-feira, a mãe entrou no quarto e chamou o rapaz para uma conversa:

– Meu filho, essa situação está se alongando demais. Você precisa sair desse quarto e tomar uma atitude. Nada trará Cadu de volta, você sabe. Ficar se martirizando também não é conduta louvável. Você precisa de ajuda, mas recusa toda aproximação por parte de qualquer um de nós. Estou preocupada com você e quero te ajudar. – E estendeu um cartão. – É o nome de um terapeuta que pode te auxiliar a enfrentar esse momento conflituoso. Tenho certeza de que ele irá oferecer alternativas para os problemas que está enfrentando, em especial, o luto. Faça isso por você, meu filho. Eu só quero seu bem, nunca se esqueça. Você irá procurá-lo? – Ela tentava se aproximar, mas a distância era imensa, e sentia que seus esforços não seriam recompensados.

O jovem levantou-se da cama, pegou o cartão que ela oferecia e o colocou em cima de uma pequena mesa.

– Deixe aqui. Vou ver o que faço. Ah, obrigado pela preocupação. – Havia ironia em sua voz, que deixou a mãe incomodada.

– Por que fala nesse tom comigo? Não sou responsável pelo sofrimento que você vivencia. Não queira me fazer sentir culpada por tudo o que está acontecendo, meu filho. Eu sempre me preocupei com você, tentei tudo ao meu alcance para que você sofresse o menos possível nesta vida. Você é um ingrato! Jamais conseguiu entender meus esforços para que se tornasse uma pessoa feliz! Nunca vou compreender esse seu lado hostil com todos deste lar. Sempre o tratamos com amor! – A mãe, Sílvia, estava quase em prantos, mas tentava manter o controle, como sempre.

– Meu lado hostil? Tem certeza de que está falando de mim? "Sempre me trataram com amor". Interessante essa colocação, que penso ser a obrigação dos pais quando colocam um filho no mundo. – Ele começava a elevar a voz, mas se conteve. – Vamos simplificar a situação. Vocês estão preocupados que eu faça alguma besteira e isso possa comprometer seu famoso escritório. O que irão dizer, não é mesmo? Acham que eu necessito de ajuda e por que não fazem isso vocês, em vez de me enviar para um estranho que sequer me conhece? Estão temerosos que eu os envergonhe, maculando a imagem de família perfeita que tentam mostrar aos seus amigos e à sociedade. É isso?

– Pense o que quiser, meu filho. A única certeza que eu tenho é de que você precisa de ajuda. E não é de agora que eu penso dessa forma. Já falei com você inúmeras ocasiões, mas você sempre desconversou, achando que tudo era uma grande besteira. Temo por você, sim. Não quero que nenhum mal maior lhe aconteça. Vou lhe pedir mais uma vez: procure esse terapeuta. Não podemos ajudar, pois não sabemos como fazer. Entenda isso! Eles são especialistas e sabem os caminhos a orientar. – Sua voz era uma súplica.

– Vou pensar, prometo. Está bem assim? Mas, se quer que eu saia deste quarto, assim farei. Me dá licença?

Esperou a mãe sair, em seguida tomou um banho e se vestiu. Passou pela sala e viu os pais conversando baixinho.

– Vou sair! Não sei que horas volto! Realmente existem muitas formas de superar a dor. Já sei o que fazer. – Acenou aos dois e saiu.

Voltou tarde da noite completamente alterado em função da bebida. A primeira das muitas que se seguiram...

CAPÍTULO 4
EXPLICAÇÕES NECESSÁRIAS

O que está acontecendo? Ninguém está me vendo? Por que ninguém fala comigo?

Cadu olhava as pessoas se movimentando apressadas, de um lado a outro, mas ninguém parava para lhe dar explicações. O que tinha acontecido? Parecia que ocorrera um acidente de muita gravidade, dada a quantidade de pessoas que lá se encontravam, entre bombeiros, polícia e resgate. Ele caminhava lentamente entre as pessoas, mas ninguém percebia sua presença.

Viu um médico sobre um rapaz, tentando fazê-lo voltar a respirar. Foram alguns momentos tensos, mas infelizmente a vítima não sobreviveu. Aproximou-se e viu que era um rapaz ainda jovem. Percebeu os esforços para que ele voltasse à vida, porém sem êxito. A vida de um médico é carregada de experiências entre a vida e a morte. Sabia disso quando decidiu seguir a carreira do pai, mesmo assim queria ser um médico, alguém que fizesse a diferença na vida de alguém.

Tentou falar com o médico, mas ele não lhe deu atenção. Devia estar perturbado com a perda do jovem. Seria ele que causara o acidente?

De repente se deu conta de algo estranho! O que ele estava fazendo ali? Estava voltando do hospital, retornando à festa. Paula deveria estar preocupada com sua ausência, devia ir até ela. Onde deixara seu carro? Por que estava andando por lá? Estava confuso e continuou procurando o carro. Queria sair de lá o mais rápido possível. Iria pedir Paula em namoro e não passaria daquela noite. Rafael ficaria furioso com ele por não ter contado sobre seus planos, mas conversaria mais tarde e ele entenderia. Assim tinha sido toda a sua vida! Não seria diferente agora!

Conforme caminhava entre as pessoas, Cadu sentiu algo estranho, como se realmente estivesse invisível. Achou aquilo curioso. Procurou seu celular e não o encontrou. Colocou a mão no bolso da calça e viu que sua carteira também não estava com ele. Viu uma aglomeração em volta de algo e foi até lá. Conforme se aproximava, sentiu uma pontada no peito, uma angústia inexplicável o assomou. Colocou a mão na camisa e ela parecia molhada. Quando olhou suas mãos, elas estavam sujas de sangue. Só aí pôde perceber que estava ferido no peito, e uma dor lancinante o acometeu, fazendo-o parar no mesmo lugar.

Estaria envolvido no acidente? A última coisa que recordava era do farol e de um carro em sua direção e depois mais nada. Por que ele estava vagando por ali? Teria sido jogado para fora do carro? Impossível, pois jamais deixou de usar cinto de segurança. Então, o que realmente estava acontecendo?

Continuou a caminhar em direção ao tumulto e quando se aproximou viu seu carro à frente. Totalmente destruído! Sentiu um frio na espinha e todo seu corpo estremeceu. Ele não estava se sentindo bem, será que alguém poderia ajudá-lo?

Cadu viu um médico vindo em sua direção, porém o homem passou por ele, como se não o tivesse visto. Estava começando a sentir dores mais fortes e falou bem alto:

— Alguém pode me ajudar? Por favor, não estou bem!

Em instantes, um homem todo de branco se aproximou e disse com simpatia:

— Você precisa de ajuda? Estou aqui para isso. O que sente?

— Ainda bem que alguém me ouviu. Eu estava ficando em pânico. Já se sentiu como se ninguém o enxergasse? Pois é isso o que está acontecendo comigo. Estou andando de um lado a outro, mas parece que ninguém nota minha presença. — E uma dor intensa o fez se calar.

— Fique calmo, sei o que é isso, meu rapaz. Tente permanecer quieto para que eu possa examiná-lo. Os ferimentos aparentam ser graves, no entanto você parece bem. — E sorriu.

— Sua roupa é diferente. Você é médico? — questionou.

— Posso dizer que sou, porém um médico diferente. Cuido de vários problemas, além dos físicos. O importante é que você pediu ajuda c aqui estou.

— Preciso ir até um hospital. Creio que meu problema seja de extrema gravidade.

— Você é médico? — brincou o homem, apalpando seu tórax com cuidado.

— Sou estudante de medicina. Estou no quinto ano e pretendo seguir a mesma carreira de meu pai, que é cirurgião.

— Uma bela profissão: salvar vidas! É isso o que eu faço, por isso disse que sou médico. Com relação ao hospital, eu também acho que você deve ir para um. Você se recorda do que aconteceu para estar nesta situação? — questionou com todo o tato.

— Foi um acidente, é o que eu me lembro. Um carro veio em minha direção e depois acho que desmaiei. Não me recordo de mais nada. Num instante estava no meu carro, no outro, estava caminhando em meio a essas pessoas. Até que você chegou, só tenho a lhe agradecer.

— Não é necessário. Este é meu trabalho. Você vem comigo? — E se levantou.

— *E a ambulância?* — Cadu estava a cada instante mais confuso. Aquela conversa estava estranha demais. O que ele não estava vendo?

— *Você consegue andar, Carlos Eduardo. Podemos ir?*

Cadu ficou em pânico naquele momento. Ele não havia dito seu nome ao homem, como ele sabia? Poucos o chamavam assim, nem seus pais se lembravam de que esse era seu nome, pois para todos ele era Cadu.

— *Como sabe meu nome?* — perguntou timidamente.

— *Eu sei muitas coisas sobre você, Cadu. É assim que gosta que o chamem, não é mesmo?*

— *Quem é você afinal?* — Ele estava começando a ficar com medo do que iria ouvir.

— *Um grande amigo seu, que o acompanha há muito tempo. Por isso estou aqui neste momento com você.*

— *Não me recordo de você, apesar de que me inspira confiança.*

— *Ainda bem que pensa assim! Estou aqui para ajudá-lo e gostaria muito que ficasse calmo e atento a tudo o que vou lhe mostrar. Venha comigo!* — E antes que ele se levantasse, o homem pousou suas mãos no peito do jovem, o qual pôde ver a profusão de luzes que se fizeram presentes. A dor foi amenizando, até que cessou por completo. — *Assim está melhor, depois continuaremos o tratamento. É suficiente por ora.* — E estendeu a mão ao jovem, que se levantou e o acompanhou por entre as pessoas.

Ambos se aproximaram do carro, e Cadu pode ver o estrago feito. Havia uma maca ao lado, coberta por um lençol alvo. Foi como um ímã o atraindo para bem próximo da maca. O homem levantou o lençol, e Cadu teve o maior choque da sua vida! Ou seria da sua morte? Ele olhava para o corpo estendido na maca e não conseguia entender o que estava se passando. Olhou para o homem que segurava seu braço com energia e perguntou:

— *Você quer me dizer que eu morri neste acidente? Mas estou aqui falando com você! Como isso é possível?* — Algumas lágrimas começaram a rolar pelo seu rosto. – *E agora, o que vai acontecer comigo? Para onde vou? Eles não podem me enterrar, pois estou vivo! Faça alguma coisa! Comece me explicando o que isso significa!*

– *Eu lhe mostrei porque sei que é capaz de administrar com equilíbrio tudo o que está acontecendo. Você tem maturidade espiritual que lhe permite ter acesso a informações que a poucos são concedidas tão precocemente. Você está vivo, a primeira lição a recordar. Apenas seu corpo não tem mais a serventia, afinal sua jornada já se encerrou. Aos poucos as lembranças que você traz em sua bagagem irão aflorar, e terá maior compreensão de tudo o que lhe está acontecendo. Eles podem enterrar seu corpo, mas não seu espírito, pois este é eterno e sobrevive à morte da matéria densa, que aqui permanece e que lhe foi muito importante enquanto esteve em tarefa terrena. Os laços que o prendiam já foram cortados, e é isso que precisa saber por ora. Porém, aqui não é local para você permanecer, pois ainda é recente e os apelos daqueles que aqui ficaram e que nutrem por você reais sentimentos podem comprometer esse desligamento. Vamos para uma colônia espiritual, onde você poderá prosseguir com sua recuperação. Porém, isso só irá acontecer se você se dispuser a seguir comigo.*

– *E se eu não quiser partir? E se desejar ficar por aqui? Eu posso?* – perguntou.

– *Você pode, mas não recomendo. Você está confuso, as emoções ainda estão em desalinho e ainda não teve tempo para assimilar tudo o que lhe aconteceu, portanto, mais conveniente é que você me acompanhe até que tudo possa ser esclarecido e compreendido. Tudo tem seu tempo! Só posso antecipar, pois a bênção do esquecimento não lhe fará recordar que você mesmo foi responsável por sua programação, já sabendo que retornaria bem jovem. Saiba, entretanto, que apesar do pouco tempo que aqui esteve, você realizou uma semeadura fecunda, distribuindo sementes valiosas que encontraram terreno fértil nos corações daqueles que pretendia auxiliar. Vai depender apenas deles a colheita que realizarem. Sua parte foi feita com louvor.* – As palavras mansas tocaram o coração de Cadu.

– *Escolhi morrer dessa forma?*

– *Não, pois a forma como o desencarne ocorre é apenas um detalhe. Você escolheu partir quando conseguisse tocar os corações de alguns companheiros que lhe são caros.*

– *Parece que deixei tanta coisa por fazer! Sentirei saudades!* – Seus olhos estavam marejados, com a emoção o dominando.

– *Certamente que irá. Tanto quanto eles sentirão de você. Mas as separações são provisórias, e os reencontros ocorrerão quando for possível. Sente-se melhor?*

– *Ainda confuso, mas não sinto mais dores.*

– *Podemos ir? Está pronto?*

– *Não poderei me despedir daqueles que amo?*

– *Ainda não é o momento, pois estão todos ainda sensibilizados com sua partida, e, ao contato com eles, poderá experimentar sensações muito dolorosas. Prometo que poderá revê-los, se isso lhe serve de incentivo. Porém, apenas quando você estiver mais integrado à sua nova vida. Está bem assim?*

– *Tenho tantas perguntas a fazer!* – Seu olhar estava iluminado e cheio de esperança.

– *E eu estarei ao seu lado para responder a todas elas. Já se lembrou de mim?* – E a entidade sorriu com carinho, com um olhar límpido e sereno.

– *Talvez de um passado longínquo...Você me parece tão familiar. Sua voz é reconfortante e me traz sensações boas. Deve ser um grande amigo!*

– *Exatamente isso, meu rapaz! Um grande e fiel amigo, que o tempo aproximou e que os laços se fortaleceram ao longo das experiências vividas.*

– *E qual o seu nome, já que estamos mais íntimos agora?* – perguntou Cadu, esboçando um sorriso franco.

— *Me chame de Raul. Feitas as apresentações, podemos partir? Não tenha medo, meu rapaz. Uma linda jornada se apresenta à sua frente e estou honrado de partilhar com você essa nova caminhada. Vamos?* — E no mesmo instante uma luz intensa o envolveu inteiramente, parecendo um ser de luz. Cadu ficou maravilhado com a cena, sentindo uma paz que jamais sentira. Olhou tudo à sua volta e fixou o olhar no próprio corpo estendido na maca. Então refletiu:

— *Esse corpo me foi útil enquanto possível, e só tenho a lhe agradecer pelas infinitas oportunidades de aprendizado que me proporcionou. Devo ficar apreensivo com o que irá me acontecer?* — Seus olhos brilhavam intensamente.

— *Não, meu filho. Você honrou sua existência, pautando-a com ações nobres e dignas. Não tem nada a temer.* — E, sorrindo, estendeu sua mão ao jovem, que comovido, se despediu daquela existência, consciente de que novas tarefas o esperariam e com a gratidão a Deus por permitir que colocasse em ação seu planejamento. Uma dúvida, porém, o preocupava:

— *Realizei tudo o que planejei? Sinto que ainda havia muito a ser feito.* — E lembrou-se do amigo, antes mesmo dos pais que o acolheram naquela existência. — *Rafael conseguirá resolver todas as pendências desta vida?* — Naquele momento, foi como se um filme curto passasse em sua tela mental. Ele se lembrou do amigo, sua grande preocupação e um dos motivos de reencarnar ao seu lado. — *Quem cuidará dele daqui para frente?*

— *Você o ensinou lições preciosas de bem viver. Caberá a ele colocar em prática o que aprendeu, se realmente assimilou esses apontamentos. Sua tarefa foi cumprida, mostrando incessantes vezes qual o caminho que ele deveria seguir se desejasse ser feliz, reabilitando-se perante seus desafetos e seus débitos. Sua presença ao seu lado, desde a mais tenra idade, o resguardou de cobranças que ainda não podiam ser quitadas. Ele necessitava se aprimorar moralmente, conhecendo o real significado da amizade desinteressada, do amor incondicional, do afeto espontâneo, dos cuidados que devemos ter com aqueles que nos acompanham os passos. Você esteve ao seu lado enquanto ele ainda se sentia frágil e impotente perante seu delituoso passado, oferecendo segurança e orientações seguras. Agora, é a vez dele provar o quanto sua presença foi primordial em sua existência, valorizando cada ensinamento recebido. Esperemos que ele reaja de forma conveniente e sem prejudicar a própria caminhada com ações indébitas e de caráter duvidoso, como o fez no passado. Procure não se ater a esse problema, o que pode dificultar seu desprendimento, que está sendo tão sereno e equilibrado. Conto com sua sensatez, Cadu. Rafael precisa crescer sozinho daqui para frente.*

— *Sinto que uma tempestade irá se abater sobre ele. Não sei se terá condições de sair ileso desse embate. Preciso tanto ajudá-lo!* — Conforme a aflição se instalava, ele começou a sentir-se enjoado, cansado, com fortes dores, o que o fez encarar Raul. — *Por que me sinto assim? Parecia que eu estava tão bem, e agora já não me sinto mais como antes!*

— *Cadu, lembre-se de que seu desligamento do corpo material ocorreu há poucos instantes. É natural assim se sentir! Por esse motivo que lhe peço para que me acompanhe e saiamos daqui, onde as emoções ainda são intensas e lhe afetam mais do que imagina. Terá tempo para recompor-se, distante daqui, e analisar e entender, sob outro enfoque, todo o problema que o aflige. Mas não aqui! Vamos partir e cuidar para que se sinta melhor o mais breve possível. Eu o ajudarei!* — E enviou um pedido para que outros companheiros se aproximassem, trazendo uma maca.

— *Quem são eles?*

— *São amigos. Deite-se nesta maca e procure dormir durante nossa viagem. Prometo que não será longa.* e sorrindo indicou a maca onde ele se deitou sem questionar. Ele estava muito cansado *e não conseguiria dar um passo além. – Feche os olhos, Cadu, e não tenha medo. Sei que é corajoso e sua programação é prova disso. Vai saber mais detalhes quando chegarmos à colônia. Agora, se quiser, pode dormir.* – E, com o auxílio dos dois espíritos, envolveu o jovem em fluidos renovadores e calmantes, que fez com que ele adormecesse. Raul olhou os dois seres ao seu lado e agradeceu com um sorriso iluminado. – *Assim está melhor, ele ficará imune às ondas mentais que lhe são dirigidas por aqueles que deixou aqui. Sabemos quanto o amam e a falta que irá fazer na vida de todos eles, mas se tivessem a percepção de quanto isso pode perturbar aqueles que encerram sua jornada material, certamente seriam mais cuidadosos. Carlos Eduardo necessita de nosso apoio neste momento. Que Deus possa envolvê-lo em toda a sua luz e amor! Ele é merecedor desse concurso! É um espírito valoroso, com uma linda história lapidada com esforço e trabalho incessantes. Vamos! É chegada a hora de partir!* – E seguiram por entre os encarnados, ainda consternados com o evento trágico que lá foi cenário, até desaparecerem por completo. Um resgate acabara de ocorrer!

Os eventos que se sucederam, permeados com muita emoção, já foram descritos e pouco há a acrescentar. O velório, a presença de todos que partilharam de sua existência, o sepultamento, tudo realizado sob a supervisão do Plano Maior.

A família em luto é sempre amparada por companheiros da luz, que envolvem os que aqui ficaram em bênçãos de paz para que se sintam confortados diante da separação ocorrida. Independentemente da crença que se professa, Deus é único e Pai de amor e misericórdia infinitas!

Durante todos esses eventos, Cadu se encontrava numa colônia espiritual em tratamento para se fortalecer e despertar, assim que possível, e se dedicar à sua nova jornada.

Raul, seu mentor espiritual, companheiro de muitas jornadas, permaneceu ao seu lado enquanto ele dormia, envolvendo-o em fluidos sutis e revigorantes. Sabia que seu despertar seria breve, mediante o aprendizado que ele conquistara nas suas sucessivas encarnações onde esteve em tarefas de amparo. Havia sido, também, um trabalhador impecável nas esferas socorristas, solicitando uma oportunidade de voltar à matéria em caráter de urgência, acompanhando um espírito que lhe era muito caro e que se perdera nas vicissitudes e tentações da matéria, comprometendo-se com vários companheiros invigilantes e vingativos. Carlos Eduardo, solicitara então, retornar e cuidar a fim de que esse amigo não se perdesse novamente. Rafael trazia um currículo invejável de contravenções e débitos, comprometendo-se integralmente com aqueles que enganou e feriu. De moral fraca, com um emocional em completo desalinho, assim seguiu a uma nova encarnação, com poucas possibilidades de êxito se viesse sozinho. No entanto, Cadu se ofereceu para acompanhá-lo, como um irmão que a vida colocaria ao seu lado, não pelos laços consanguíneos, mas pelos do verdadeiro amor. E assim aconteceu! Desde crianças, seus destinos se aproximaram e juntos seguiram por uma dificultosa estrada, na qual o afeto real e a confiança que se construíra, ao longo das existências, conseguiram fortalecer a fibra espiritual de Rafael. Entre quedas e muitas pedras no caminho, os dois conseguiram superar obstáculos e tecer as linhas do destino, com dignidade e esforço contínuos.

Rafael, no entanto, trazia muitas mazelas morais, fragilidades que somente seriam sanadas com seu próprio esforço. Ninguém pode executar o trabalho do outro, pois cada um tem suas próprias tarefas a realizar. O que competia a ele era de sua responsabilidade. Com exceção de Cadu, poucos estavam ao seu lado como verdadeiros colaboradores. A maioria era feita de desafetos de outras jornadas, com o intuito de fustigar seu espírito ainda tão endividado.

Cadu trouxera para si a responsabilidade de conduzir o amigo pelas veredas de sua existência, trazendo colorido novo a uma paisagem outrora tão sombria. A dependência que se estabelecera entre o aluno e o mestre poderia ser entrave ao caminhar de Rafael, agora sem seu maior incentivador para seguir em direção à felicidade e à redenção definitiva de seus débitos. Porém, as lições foram ministradas, e o aluno atento conseguiu assimilar. A partir daquele momento, caberia a ele colocar em prática o que aprendera.

Enquanto refletia nas possibilidades que se defrontavam, Raul olhava o jovem ainda adormecido e pensou alto:

– *Espero que aceite, desta vez, que a reabilitação de Rafael é tarefa que a ele compete e não a você. Ele sabia que seria uma tarefa árdua, cujo êxito deve ser conquista diária e constante. Mas ele realmente se predispôs a isso? Aguardemos seu despertar e teremos uma visão mais ampla da situação. Por você, estarei cuidando dele.* – E sorriu, saindo do hospital em direção à crosta. Tarefas o aguardavam.

CAPÍTULO 5
REFAZER CAMINHOS

A revolta corroía o coração de Rafael. Não conseguia aceitar que o amigo não estava mais ao seu lado. Ele se fora! Definitivamente e sem se despedir! Mas como aconteceu isso? Um idiota inconsequente atirara o carro na direção do amigo e ceifara sua vida. Seria mais injusto ainda se ele sobrevivesse!

As aulas se iniciariam na segunda-feira, mas Rafael não sabia se iria prosseguir. Tinha outras coisas para pensar. Era sábado, e mais uma festa estava programada. A vida seguia seu rumo, mesmo que Cadu não mais estivesse por lá para acompanhá-lo. Em alguns momentos, ele brigava com o amigo por deixá-lo só, em meio a tantas pessoas que jamais se importaram com ele. Depois se arrependia e pedia perdão por esses pensamentos infelizes. Era exatamente assim que se sentia: infeliz!

Não havia um só momento que ele não pensasse em Cadu e na falta que ele fazia. Depois da conversa com a mãe, que lhe sugerira um terapeuta, ele decidira que faria sua vida voltar ao normal, mas do seu jeito. Conversava pouco, fazia as refeições na cozinha e, de preferência, sozinho, não querendo ter que encará-los. Afinal, não estavam preocupados com sua dor, mas com o que ele faria com toda amargura que carregava.

Estava pronto para sair, quando o pai o chamou.

– Sua mãe falou que você chegou alcoolizado na noite passada e na anterior. O que pensa estar fazendo com sua vida? E ainda volta dirigindo! Quer acabar como seu amigo?

A simples menção ao amigo o irritou profundamente. Até parecia que ele fora o responsável pelo acidente. Ele não lera os jornais? Não sabia que o outro motorista estava embriagado?

– Você sabe que Cadu não teve culpa alguma!

– Você sabe o que estou falando, Rafael! Vou mudar meu discurso, então. Você pretende causar um acidente que pode vitimar você e outros? Está sendo irresponsável, não está valorizando sua vida. Precisa amadurecer antes que algo pior possa acontecer! Se pretende beber e perder o controle, não vá dirigir. – O pai falava em tom firme.

– Está preocupado comigo? – E deu uma gargalhada.

– Escute aqui, seu moleque, não estou brincando! Você não vai sair dirigindo por aí de forma irresponsável! Não permito! – E o pai se levantou e ficaram frente a frente, medindo forças.

– Tudo bem! Você grita mais, o que deduzo que sua vontade deva prevalecer. Tome! – E então Rafael jogou a chave do carro em direção ao pai, quase acertando seu rosto. – Não preciso dela!

– Você ainda não entendeu que está se afundando na lama? Por que age dessa forma? Sei que está sofrendo, mas todos estão. Cadu era um excelente garoto que não devia ter morrido tão jovem. Mas assim aconteceu e você tem que aceitar isso. Nada vai trazê-lo de volta! Pare com essa rebeldia, está magoando sua mãe! – E olhou para a esposa.

— Eu estou magoando mamãe? Tem certeza? Ou não será você? — E se dispôs a sair, quando o pai pegou violentamente seu braço.

— O que está insinuando? O que quer dizer com isso? — E encararam-se friamente.

— Pergunte a ela, não a mim. Agora quer me soltar? Ou vai me bater apenas por eu apontar um erro em você?

Sílvia entrou na discussão e tentou acalmar os ânimos:

— Por favor, parem vocês dois! Renato, deixe Rafael em paz. Ele já é um homem, não é mais um adolescente. Suas ações corresponderão ao que ele é! Meu filho, estamos preocupados com você. Procure entender! Agradeço por você entender e não sair com seu carro. Uma atitude louvável. Vá de táxi ou com algum amigo, mas não cometa mais a ignorância de dirigir alcoolizado. Por favor! Cuide-se! — A mãe pegou a mão do marido e o levou para fora. Não era momento de maiores confrontos, pois os ânimos estavam acirrados.

Rafael ficou parado, no meio da sala, confuso com a atitude da mãe. Estaria sendo sincera? Ela se preocupava com ele?

Pegou o celular e fez algumas ligações. Depois, saiu e ficou a brincar com Tommy. Quinze minutos depois uma buzina tocou na porta da casa, e ele saiu. Pensou em se despedir da mãe, mas não o fez.

Os pais estavam no quarto conversando:

— Essa situação está insustentável, Renato. O que pretende? Não consegue falar com ele de forma mais serena? — Sílvia estava com as feições sérias.

— O que quer que eu faça? Que aceite suas atitudes insanas e não faça nada? Ele está procurando fugir da realidade. Isso sempre foi assim! Ele jamais será como Lucas .

— Simplesmente porque ele é o Rafael e não o Lucas. São pessoas diferentes com personalidades diversas. Jamais entendi essa sua implicância com ele. O que você esperava dele? Que correspondesse ao que você esperava? Esqueceu apenas um detalhe: ele é seu filho e cabe a você amá-lo e respeitar sua individualidade.

– Tem certeza? – A pergunta soou contundente e direta.

Sílvia olhou fixamente nos olhos do marido e disse com toda a calma:

– Se ainda tem dúvidas, por que não faz um exame para comprovar? Já lhe disse que nunca cheguei às vias de fato. Eu o respeitei, apesar do inverso não ocorrer. Cansei de saber de suas traições descaradas. Tive um deslize, admito. Mas foi uma única vez e jamais iria ferir sua dignidade como você me feriu. Se ainda é isso que o torna tão implicante e insensível, creio que você é que deva precisar de uma terapia e resolver esse grave problema de insegurança que possui. Rafael é seu filho, assim como Lucas. Não queira tornar mais complexa uma situação que já está em seu limite. Nosso filho está sofrendo com a morte de Cadu. Respeite seu momento e o auxilie com sua tolerância e compreensão. É só isso que ele espera de nós. Precisamos ajudá-lo a superar essa fase. Isso vai passar, o tempo se encarregará de tornar as coisas mais fáceis para ele. E quando Lucas volta? Precisava ficar fora tanto tempo? – Ela tentava mudar o rumo da conversa.

– Em duas semanas. Era um problema mais sério. Impostos! E no exterior! Mas ele está adorando, acredite.

– Você o está treinando para substituí-lo? Já perguntou se é isso que ele pretende para sua carreira? Ele tinha outras opções e você sabe – afirmou Sílvia.

– Mas nada mais rentável e com grande exposição do que nosso escritório oferece. Ora, deixe de reclamar. Vou dar uma saída. Apenas um encontro de negócios.

Ela fechou o semblante e colocou-se na defensiva:

– Sei o tipo de negócios o aguarda. Espero que tenha a máxima discrição, querido. E que eu não fique sabendo quem é a fulana da vez, pois tenho uma reunião com Sales e estou tentada a lhe dizer o quão indecente você é. Se sair agora, não pense em dormir na mesma cama que eu. Já estou farta disso e qualquer dia faço uma besteira.

Ele foi até a esposa e a puxou para bem perto do seu rosto:

— Sabe que ainda continua linda e provocante. Pois hoje você se enganou! Trata-se apenas de um encontro de negócios. Prospecção de clientes. Venha comigo! Creio que fará toda a diferença. Jogue seu charme, sabe o quanto é irresistível quando quer.

— Vou declinar, estou com dor de cabeça. — E saiu do quarto bufando. Realmente, a relação entre eles estava por um fio. Foi para a sala e pegou um livro. Era sua diversão naquela noite de sábado quente e enluarada. O marido saiu em seguida, dizendo que voltaria cedo. Mas ela pouco se importou. As saídas dele não a incomodavam mais. Algo havia se quebrado, e, talvez, não conseguisse mais consertar.

Ficou a lembrar dos tempos em que o amor imperava na relação. Casara-se por amor e pelo futuro que ele lhe proporcionaria. Era ambicioso e sabia que teria sucesso em sua carreira. E isso realmente aconteceu. Porém, os anos lhe mostraram que isso não era o primordial para a conquista da felicidade. Os filhos vieram juntamente com as diversas traições do esposo. Ela tivera um deslize e saíra com um homem algumas vezes, mas nunca chegou a consumar essa relação. No fundo, ela fizera isso para causar ciúmes e tentar reacender a chama da paixão, que estivera presente apenas por alguns anos. Engravidou de Rafael logo em seguida, suscitando a desconfiança sobre a paternidade do garoto. Apesar das aparências, ela jamais deixou de amar Renato, seu marido. O tempo os afastou ainda mais, pois os interesses começaram a divergir. Ela, também advogada, se dedicava a causas justas e que correspondesse aos padrões de moral que professava. Ele, preferia o lado obscuro e sempre rentável dos negócios. Tinham um padrão de vida superior e viviam como tal. No entanto, não se consegue realizar tudo na vida com excelência e a parte afetiva da relação, o que incluía ela e os filhos, foi deixada de lado ao longo dos anos. Percebia a infinita distância que se estabelecera entre os filhos, em especial, Rafael, sempre o mais sensível da família. Queria resgatar esse espaço, mas não tinha ideia de como proceder. Sentia o quanto o filho estava sofrendo e não sabia como ajudar. Teve momentos em que ela queria apenas abraçá-lo, mas não conseguiu, dada a enorme distância que existia entre eles. Arrependeu-se de nem sequer tentar. Tinha que rever suas condutas se desejava reconquistar o filho. Mas como?

Naquele momento, Sílvia sentiu uma angústia profunda e uma vontade de chorar. E assim fez! Tommy estava por perto e correu para ela, tentando afastar a tristeza que imperava. Ela começou a afagá-lo com carinho e sorriu entre as lágrimas:

– Queria tanto fazer o mesmo em Rafael! Ele está precisando disso, apenas. Me ajude!

Na dimensão espiritual, Raul observava a cena com atenção. Talvez tivesse encontrado a ajuda que faltava. Ela poderia ser o instrumento que eles necessitavam para auxiliar o frágil Rafael. Nada melhor do que a mãe! Deu um sorriso e saiu de lá confiante.

Pensamos que estamos sós nos momentos em que mais sofremos, mas a misericórdia divina abarca a todos nós. Em qualquer tempo!

Enquanto isso, Rafael esquecia os reais valores da existência, todos aqueles que Cadu se esforçara tanto em incutir nele. Os amigos, se assim podemos denominar, ao lado dele se encontravam, encarnados e desencarnados, incentivando-o à bebida, fórmula perfeita para esquecer as vicissitudes da vida. Bem, assim eles acreditavam. Eles passavam a noite bebendo, sem pensar nas consequências inevitáveis desse veneno mortal. Todos estavam na mesma vibração, com as mesmas intenções: beber para esquecer. Embriagando-se para fugir da própria realidade que se apresentava à sua frente. Naquele instante, nada importava senão o líquido anestesiante em suas veias, comprometendo seu equilíbrio e sua capacidade de discernir.

O local era bem frequentado pela elite paulistana, jovens inconsequentes. Além da bebida, outros anestésicos estavam à disposição – era só falar a palavra certa. Rafael jamais se utilizara desses recursos, muito mais pela presença de Cadu ao lado, que o censuraria e o impediria de tal atitude, do que pela sua vontade. Naquela noite, Rafael foi tentado, mas algo o impediu de adentrar em um terreno ainda mais sombrio. Recusou e decidiu ir embora. Os amigos, no entanto, insistiram para que ficasse. Ainda era cedo! E ele resolveu ficar, observando alguns deles utilizando as proibidas drogas. Ele continuou a beber, como se nada mais existisse à sua frente.

Estava amanhecendo, quando ele entrou em casa em completa embriaguez. A mãe estava dormindo no sofá da sala, e ele passou por ela sem fazer barulho. Sua mente estava tão alterada que sequer pensou o que ela estava fazendo lá. Foi para o quarto e deitou-se do jeito que estava. Adormeceu profundamente em poucos instantes. E o pesadelo iniciou! Ele caminhava trôpego por uma estrada escura, quando, de repente, muitos começaram a gritar seu nome associando a palavras perturbadoras, tais como, assassino, ladrão, covarde e outros que ele sequer pronunciaria.

Tentava correr, mas parecia que estava preso ao chão. Talvez por que estivesse bêbado, pensou. Sabia que extrapolara na bebida, agora eles o pegariam! Começou a caminhar o mais rápido que conseguiu, mas caía ao chão e não conseguia se levantar. Os vultos que o perseguiam se aproximavam, e ele colocou as mãos no rosto para que não pudesse ver o desfecho. Nesse momento, ele acordou e viu que estava em seu quarto. Exausto, dormiu novamente, e o mesmo pesadelo o assaltou. Isso perdurou até despertar e ver que passava das duas da tarde. Seu coração batia descompassado e olhou ao redor com cuidado, acreditando que os perseguidores lá se encontravam. Seu celular tocou e viu que era Paula. Não iria atendê-la, não queria falar com ninguém, nem mesmo com ela.

Sentiu a cabeça explodindo e lembrou-se da noite anterior e dos excessos cometidos. O estômago doía intensamente. Lembrou-se de que não comera nada desde o dia anterior. Foi para o banheiro e tomou um banho. Olhou-se no espelho e não gostou do que viu, uma figura sombria como jamais fora. Por que aquilo estava acontecendo?

Foi para a cozinha e notou que a casa estava silenciosa. Caminhou pela casa e não encontrou ninguém. Era domingo, e os pais deveriam ter saído para almoçar. Deu de ombros, não iria com eles a lugar algum. Voltou para a cozinha e fez um lanche com o que encontrou na geladeira. Saiu para a varanda e lá sentou. Fazia uma tarde quente e ensolarada. Lembrou-se das tantas ocasiões que ele e Cadu lá ficavam conversando e rindo. Seus olhos ficaram marejados, isso nunca mais iria acontecer. O telefone tocou novamente e era Paula. Por que ela não parava de ligar? O que mais poderia acontecer? Todas as tragédias da sua vida já haviam ocorrido! Cadu se fora para nunca mais voltar!

Desligou o telefone para que ele não mais tocasse e lá permaneceu olhando o vazio. O sol começava a se pôr quando seus pais chegaram. Ouviu vozes alteradas e constatou que eles estavam discutindo. Não iria se envolver de forma alguma.

A mãe foi até a varanda em prantos e o encontrou. Tentou disfarçar, mas não obteve êxito. Rafael a olhava fixamente:

— Você voltou tarde essa noite!

— Voltei até que cedo! – disse ele com ironia.

— Amanhã as aulas se iniciam, sabia? – perguntou ela diretamente.

— Sei.

— Sobre aquilo que conversamos outro dia, você não pensa em adiar seu retorno, certo?

— Talvez. Não me decidi. — As respostas eram curtas e desprovidas de emoção.

— Você estava fazendo tantos planos. Não desista deles! — A mãe tinha emoção no olhar.

— Não sei se eles são mais importantes hoje. — E fechou o semblante.

— Cadu gostaria que prosseguisse com seus sonhos, tenho convicção disso.

— Talvez! Mas ele não está mais aqui, o que importa agora? — Era um diálogo carregado de dor e mágoas, de ambas as partes.

— Então faça isso por você, meu filho. Nossa vida é nosso patrimônio e é ela que devemos honrar em qualquer situação. Você encontrará a paz que tanto procura, mas precisa se empenhar para isso. Não deixe seus sonhos sepultados com Cadu. Sei o quanto está sofrendo com a ausência dele, mas isso é fato consumado. Nada vai alterar o que já aconteceu. Sei que foi uma grande e inexplicável tragédia, mas deve ter uma explicação, pois todos os fatos ocorrem por algum motivo. Um dia saberemos, agora temos que seguir em frente. De onde ele estiver, continuará cuidando de você, tenha certeza. — E algumas lágrimas caíram, tocando o terreno árido e magoado do coração do filho que disse:

— Parece que um pedaço de mim foi enterrado com ele. Sinto uma dor tão grande que não quer passar! Ela dói cada dia mais e não sei o que fazer com ela! — Nesse momento ele desabou e, entre soluços, disse: — Deveria ter sido eu, pois não faria a menor falta.

A mãe não se conteve e o abraçou com energia e amor, tentando consolá-lo.

— Jamais diga isso novamente, meu amor. Eu o amo tanto, não sei o que faria se você não estivesse mais aqui. Você é muito importante para mim, talvez ainda não tenha se dado conta. Quero te ajudar, me permita. Não quero assistir sua destruição de braços cruzados. Eu preciso de você ao meu lado, o único que realmente me entende. – E o apertava com força, querendo que ele acreditasse em suas palavras.

Rafael continuou em seus braços e aos poucos foi se acalmando. Sentiu-se protegido pela primeira vez nos últimos anos. Queria tanto ter usufruído disso todas as vezes que necessitou. Mas ela não estava por perto. Foi se afastando devagar e olhou-a nos olhos.

A mãe jamais viu tanta dor em um só olhar, e seu coração ficou apertado.

– Estou confuso, mãe. Não sei o que quero fazer, nem como! Obrigado pelas palavras! – E saiu de lá ainda com lágrimas rolando por seu rosto.

O pai cruzou com ele e nada disse. Saiu e viu a esposa chorando e tentou abraçá-la, mas ela se esquivou:

– Me desculpe! Você tem razão. Tenho que rever minha vida. Só peço que não tome nenhuma atitude impulsiva. Podemos retomar de onde paramos. Eu a amo, você sabe disso! – Ele parecia sincero, mas ela sorriu tristemente.

– Você precisa de mim ao seu lado, meu querido. Não sei se podemos chamar isso de amor, pois quem ama não age da forma como tem agido. Fique tranquilo, não farei nada por enquanto. Vou lhe dar mais uma chance, das inúmeras que eu já lhe dei. Faça por merecer. – E ia saindo, quando ele a pegou suavemente pelo braço.

– Como está Rafael? Você sabe o que eu temo. Ele está por um fio! O que pretende fazer? Lembra-se do que ele fez quando tinha vinte anos? – a pergunta a chocou.

– Ele era apenas um garoto inconsequente. Ele não faria mais o que fez, hoje.

– Você tem certeza? Quase o perdemos, lembre-se bem! Temos que fazer algo urgente.

— Ele não vai mais ao psiquiatra, se recusa. Naquela época, Cadu nos ajudou, insistindo para que ele procurasse ajuda. E agora?

— Receio que ele possa fazer alguma tolice novamente. Desta vez ele pode conseguir. Não é mais um adolescente como antes, como você mesma disse. A primeira providência é não deixá-lo mais beber como está fazendo.

— Você quer que o proibamos de sair? Me fale como, pois não faço ideia. Não podemos obrigá-lo a nada. – Sílvia torcia as mãos em completo desespero.

— E podemos assistir sua derrocada sem fazer nada? – A pergunta foi direta.

— Não sei o que fazer. Aliás, creio que irei pedir ajuda à minha terapeuta para saber como posso ajudá-lo. Ele está muito mal, pude constatar há poucos instantes. Não sei se ele vai para faculdade. – Ela se arrependeu de ter dito isso, pois ele ficou furioso.

— Ele não ouse fazer isso com sua vida! – E ia em direção ao quarto do filho, quando ela o conteve.

— Pare, Renato. Não tente resolver os problemas dessa forma, eu lhe peço. Não o deixe mais acuado ainda. Ele precisa da nossa ajuda e compreensão. Não faça nada que possa se arrepender. Por favor! – Os olhos da esposa estavam marejados, o que o fez se conter.

— O que está acontecendo conosco? – E a abraçou. Desta vez, ela não se apartou dele.

A vida devolve o que a ela oferecemos. As tempestades que ocorrem são oportunidades para revermos condutas conceitos, procurando refazer caminhos equivocados que percorremos por nossa invigilância e insensatez. Porém, é sempre tempo para refletir!

CAPÍTULO 6
RECOMEÇAR

Na manhã seguinte, Sílvia foi até o quarto do filho e o despertou com todo o carinho.

– Rafael, está na hora. Vamos?

O jovem olhou o relógio e virou de lado. Não estava com a mínima disposição de levantar e ir para a faculdade. Depois da conversa com a mãe no dia anterior, havia ido para o quarto e de lá não mais saiu. Dormiu cedo, mas teve uma noite tumultuada e repleta de pesadelos. Acordou inúmeras vezes e sentiu-se perseguido todo o tempo. Eles o acusavam de feitos absurdos, como seria possível? Estaria enlouquecendo? Não queria dormir mais, tinha medo do que poderia acontecer.

A mãe, vendo que o filho vacilava, insistiu:

– Vamos, meu querido! Não vá se atrasar. Vai rever muitos amigos, vai ser bom, eu lhe garanto. – E deu-lhe um forte abraço.

O jovem, ainda indeciso quanto ao que fazer, decidiu não contrariar a mãe e levantou-se calmamente. Em menos de meia hora, ele saía de casa em direção à faculdade.

Enquanto dirigia, lembrava-se de Cadu, de sua companhia constante desde o início do curso. Tinha outros colegas de turma com os quais convivia bem, mas o amigo verdadeiro partira para nunca mais voltar. Só de pensar isso, uma dor imensa aflorou, quase sufocando-o. Como iria sobreviver? As perspectivas não eram favoráveis. Assim que entrou na sala, vários colegas se aproximaram e o abraçaram dando seu apoio. Rafael sentiu-se encorajado a persistir. No final da manhã, Paula, que era da mesma turma, se aproximou e perguntou:

– Posso falar um instante com você? – Estava abatida, com profundas olheiras em seu belo rosto.

– Tenho que ir. Pode ser outro dia? – E já estava saindo quando ela pegou seu braço e, com a voz embargada, pediu:

– Por favor, Rafa! Eu preciso conversar com você. Não fuja de mim. – As lágrimas da jovem o sensibilizaram, e ele pensou no quanto ela também devia estar sofrendo.

– Vamos para um lugar mais tranquilo – respondeu o rapaz, e juntos caminharam até a lanchonete.

Ela estava com dificuldade de iniciar a conversa, mas precisava saber.

– Você sabia que eu e Cadu estávamos nos conhecendo melhor. Naquela noite fatídica, antes de ele sair, ele me deu um beijo e disse que queria conversar comigo mais tarde. Eu imagino o que ele iria dizer, mas queria saber de você.

Rafael lembrou-se do último encontro entre eles, naquela tarde de sábado, quando ele disse que estava muito interessado na jovem. O que iria acontecer, jamais saberiam, mas poderiam ter uma ideia e ele não iria deixá-la frustrada.

– Ele disse que você poderia ser a mulher da vida dele. Estava realmente apaixonado por você, se é isso que quer saber. Mas de que adianta isso agora?

— Cadu foi o primeiro rapaz por quem eu me interessei realmente. Sempre fui tímida e avessa a relacionamentos afetivos, pois julgava que poderia me tirar o foco dos estudos. Sabe que não tenho a mesma condição financeira que vocês dois, minha vida sempre foi mais difícil e estudar aqui está sendo um grande sacrifício para meus pais. Não posso me dar ao luxo de ficar retida em alguma matéria. Bem, mas não é isso o que importa. A verdade é que Cadu foi e sempre será uma pessoa especial em minha vida e quero que saiba disso. Sei o quanto eram ligados e imagino a dor que está sentindo. Sinto apenas que não tenha vivido um romance com ele, creio que teríamos sido felizes. — E sua voz embargou novamente.

— Tenho certeza que teriam sido. Cadu era um irmão para mim e não tínhamos segredos. Ele estava interessado em você há muito tempo, mas respeitou sua distância. Eu dizia que você era séria demais, e ele ria, dizendo que ele também era. Você é jovem, vai conhecer outros rapazes na sua vida e viverá um romance verdadeiro. Eu perdi um irmão e a vida não vai trazer outro para mim. — Algumas lágrimas afloraram, e ele decidiu interromper a dolorosa conversa. — Me desculpe, tenho que ir.

— Você ficará bem, tenho certeza. De onde ele estiver, estará olhando por você, acredite.

— Mas não estará mais aqui! Por causa de um cretino, bêbado, irresponsável. Quero que ele esteja no inferno, o lugar ideal para caras desse tipo. — Paula percebeu que ele abrigava muita revolta em seu coração, o que só iria fazer a dor perdurar mais tempo.

— Não fale assim, Rafa. Eles perderam a vida, também. Não temos o direito de julgá-los e condená-los. Pessoas também estão sofrendo com a morte deles, pais, mães, irmãos, amigos.

— Para mim ele é um assassino e ponto!

E então Paula decidiu encerrar a conversa.

— Cadu o amava como a um irmão e se preocupava com você. Fique bem, procure ajuda para liberar essa dor. Não guarde mágoas ou revoltas, isso só vai fazer você sofrer ainda mais, e a Cadu, também, pois não conseguirá partir.

Paula havia conversado com a mãe, que lhe dissera que não devemos reter entre nós aqueles que partiram. A viagem continua para eles, e não podem ficar presos a esta vida material. A mãe da jovem era espírita e acreditava na eternidade do espírito. A filha jamais se interessara por esses assuntos, mas naquele momento doloroso e triste foi a única mensagem que a consolou. Cadu era, agora, um espírito livre desse envoltório grosseiro que o abrigou por todos esses anos. Nada mais o prendia, senão os pensamentos dos que aqui ficaram. Com o coração ainda triste, sentiu que não poderia retê-lo ao seu lado, vibrando luz intensa para sua nova caminhada. Assim a mãe lhe sugerira, e era isso que estava fazendo a paz voltar ao seu coração. Queria muito que Rafael acreditasse nisso, mas ele estava ainda muito magoado com a separação imposta por Deus. Somente o tempo iria amenizar essa dor.

— Ele já partiu, Paula, e nada o trará de volta. Preciso ir! Até mais! — E Rafael saiu pisando firme, com raiva da vida e de Deus, que, para ele, era o grande responsável por tudo o que acontecera.

A jovem o observou partir, sentindo que algo ruim estava para acontecer. Ele estava envolto numa sombra escura e negativa. Pensou em pedir à mãe que o ajudasse, mesmo a distância. Cadu lhe disse, certa vez, que o amigo era instável e que precisava muito de ajuda. Ele temia por suas reações perante um problema do caminho. A partida de Cadu para o mundo espiritual era um imenso trauma para Rafael administrar, e as consequências poderiam ser pouco favoráveis. Ficaria de olho nele! Devia isso a Cadu! Desde que ele não estava mais aqui para auxiliar o amigo, ela o faria!

Os dias se passaram lentamente. As aulas pareciam uma tortura para Rafael. Os finais de semana continuavam regados a muita bebida, o que preocupava os pais do jovem. Lucas, o irmão mais velho, retornara da viagem e ficara consternado com a morte de Cadu, a quem conhecia desde criança. Ele sabia que o irmão devia estar sofrendo muito com essa tragédia, mas, em sua opinião, a vida seguia seu curso e de nada valeria sofrer indefinidamente, pois nada mudaria o que acontecera. Nunca fora um irmão protetor e pouca afinidade tinham, mas a postura de Rafael o incomodava sobremaneira, o que fez eles se desentenderem de maneira violenta naquele final de semana.

Estavam na sala, Lucas e os pais conversando acerca do irmão, quando ele entrou na sala e ouviu parte do diálogo que se desenvolvia.

– É caso de procurar um psiquiatra. Não entendo como vocês ainda não o fizeram. O que estão esperando? Que ele faça novamente uma loucura? – E foi nesse momento que Rafael entrou na sala.

– Não farei nenhuma loucura, se é o que estão temendo. Da próxima vez que fizer, fiquem certos de que não irei falhar. Aí tudo fica resolvido. O problema se foi!

– Você é desequilibrado, Rafael. Precisa de ajuda urgente. Sei o que tem feito todas as noites. Isso é suicídio! Se morrer sozinho, tudo bem. Mas e se levar outros com você? – Lucas estava alterado assim como o irmão.

– Tem colocado alguém para me espionar? Seus amigos não são diferentes de mim, acredite. Cuide da sua vida, que da minha cuido eu! – Nesse instante o irmão deu uma gargalhada estridente.

– Você é fraco! Não consegue administrar nada, muito menos sua vida! – Rafael se aproximou do irmão e desferiu um soco em seu rosto, fazendo-o cair no chão.

Os pais o seguraram, pois ele estava em completo desequilíbrio. O irmão se levantou, com os lábios sangrando e disse friamente:

– Se alguém tinha dúvida, agora você mesmo comprovou. – E saiu para buscar gelo.

— Rafael, se acalme, eu lhe peço. — A mãe o segurava com toda a energia.

— Meu filho, creio que isso está indo longe demais. Jamais admiti violência e não será agora que permitirei. Pare com isso! Tente resolver as coisas com equilíbrio. Você não vai sair assim, eu o proíbo – disse o pai.

O jovem se desvencilhou da mãe e se aprumou, respirando fundo, e dizendo:

— Cuide de seu preferido! Como ele mesmo disse, eu sou um desequilibrado que não merece sua atenção. Me esquece! – E saiu de casa.

A confusão se criara, as energias inferiores provenientes da realidade espiritual lá se proliferaram e irmãos infelizes se compraziam com a situação reinante. Dois espíritos, em especial, se acercaram de Rafael e o induziram, através do fio mental, a agir de forma descontrolada e violenta. Eles riam do descontrole do rapaz, pois era isso que pretendiam desde que se aproximaram dele, após suas defesas estarem desguarnecidas.

— Agora a situação está caminhando conforme planejamos. Em pouco tempo o teremos na palma da mão. Ele agora está sozinho, coitado! Não tem mais ninguém para defendê-lo de si mesmo – e gargalhavam.

— Ele voltará rápido para cá. Custou, mas conseguimos! Vamos com ele! Ainda tem muita confusão pela frente. – E saíram a acompanhar Rafael, que nem em seus piores pesadelos poderia imaginar que o problema maior estava bem ao seu lado.

Assim agem nossos irmãos inferiores contra nós. Utilizam nossas fragilidades e imperfeições para se aproximarem, e, se estivermos receptivos, ou melhor dizendo, invigilantes, o acesso ao nosso psiquismo é facilitado e eles exercem domínio sobre nós. A isso denominamos obsessão, e, conforme a codificação espírita nos ensina: "ação persistente que um mau espírito exerce sobre nós". Se estivermos com nossos pensamentos e sentimentos em padrões elevados, fica difícil o acesso deles a nós. No entanto, não é assim que ocorre, infelizmente. E muitos dramas estão constantemente ocorrendo ao nosso lado, irmãos sofrendo em mãos de seus desafetos, sem imaginar o que poderiam fazer para mudar esse estado de coisas se assim se dispusessem: elevar o teor de seus pensamentos e sentimentos através da oração sincera e confiar que essa situação não é permanente. Uma lição que nossos companheiros da luz nos oferecem, e, descuidados que somos, não assimilamos em nosso cotidiano.

Rafael saíra de casa com muita raiva de todos! Ainda não entendia a matemática de Deus, deixando que ele ficasse e levasse Cadu! Seu amigo faria muito mais falta que ele! Por que não havia sido ele que morrera naquele acidente? Em termos de importância era óbvio que Cadu tinha muito mais a realizar aqui do que ele! Pensava se havia fundamento naquilo que um dia ouvira:os bons morrem cedo, pois não precisam de muito tempo para provar a que vieram! Dirigia seu carro com rapidez, esquecendo a prudência e a sensatez! Haviam combinado uma festa na casa de um dos amigos e, para lá se encaminhava. Não era um amigo que Cadu aprovaria, mas ele não estava mais aqui para cuidar dele. Sabia que o ambiente não seria apropriado, mas para ele tudo estava valendo a pena, inclusive para esquecer sua desgraçada vida.

Muita bebida, muitas mulheres, o tipo de festa para onde se vai só. Depois de Mirela, decidira não levar mulher nenhuma a sério e assim faria. Algumas meninas atraíram seu olhar apurado, e uma delas, Mônica, se aproximou, ficando ao seu lado todo o tempo. Depois de certa hora, além da bebida, outras drogas começaram a rolar entre os convidados.

Rafael sempre foi avesso a esse tipo de coisa, negando quando a ele era oferecido. A jovem, Mônica, no entanto, parecia que utilizava com regularidade. Ele observava a intimidade que ela tinha com a droga e isso o incomodou. Permaneceu apenas na bebida, até que por volta das duas horas da manhã a garota começou a passar mal. Chamaram o resgate, e a jovem foi levada para o hospital em estado crítico. O jovem teve que seguir junto, pois todos se negaram a acompanhá-la. Ele sequer sabia o nome da menina, mas seguiu com ela na ambulância. Havia se metido numa enrascada!

A polícia fora acionada, e ele permaneceu lá até o dia amanhecer. A jovem estava em estado delicado, e quando a família chegou, todos acreditaram que ele era o fornecedor das drogas ilícitas. Percebendo que a situação poderia se complicar, decidiu chamar a mãe, contando tudo o que sucedera. Ele estava limpo, mas era difícil crer em sua versão. O policial pediu que fizessem exames de sangue para comprovarem sua versão de que apenas ingerira bebidas alcóolicas.

Quando os pais chegaram ao hospital, ele já estava sóbrio, tantas as emoções que vivenciara. Enquanto a mãe correu a abraçar o filho, o pai conversou com o policial encarregado, querendo saber se ele estaria implicado de alguma forma no incidente ocorrido. A questão era complexa, o rapaz estava com a garota e tudo indicava que ele fornecera as drogas a ela. Porém, os exames de Rafael não indicavam substâncias ilícitas no sangue. A única que poderia esclarecer estava em estado crítico. Como ele não portava nada consigo, a polícia não poderia prendê-lo, mas iniciaria uma investigação acerca do que ocorrera. Já passava do meio-dia quando a jovem, enfim, saiu de perigo e foi ouvida, negando qualquer envolvimento de Rafael, dizendo que o conhecera apenas naquela festa. Não quis dizer quem oferecera as drogas, e a polícia iria investigar.

Para Rafael, no entanto, se a situação em sua casa já era tensa, tudo se complicara ainda mais. A mãe estava com o semblante triste ao extremo, e o pai, com aquele olhar crítico e contundente.

Após os esclarecimentos ele foi liberado com a condição de estar à disposição da polícia para futuros esclarecimentos.

O caminho de volta foi silencioso. Rafael queria que aquele pesadelo se encerrasse e acordasse, mas sabia que estava apenas começando.

Assim que chegaram em casa, Rafael ia em direção ao seu quarto, quando o pai o inquiriu:

— O que fazia naquele antro? Sabe a fama de quem deu a festa e por que foi assim mesmo?

— Era apenas uma festa. Você sabe que eu não usei droga alguma — disse na defensiva.

— Até quando ficará distante dela? Você está a um passo disso, meu filho. Viu a garota utilizar e não fez nada? Era uma jovem de apenas vinte e dois anos pelo que pude constatar! Você viu o desespero da família, não quero passar por isso, entendeu? Acorde para a realidade! Você está se destruindo e não tenho intenção alguma de acompanhá-lo nessa viagem! — A voz do pai estava carregada de emoção.

— O que quer que eu faça? Que eu saia de casa? Não quer mais ser meu pai? Já disse que não usei nada, mas se minha palavra não tem credibilidade, o que posso fazer?

— Quero mais responsabilidade de sua parte! Você não é mais um adolescente, volto a dizer! E se aquela garota morresse? Tem ideia do problema que traria para sua vida?

— O que eu tenho a ver com as decisões dela? O que ela faz não é meu problema! Eu a conheci naquela noite, o que esperava que fizesse? Que eu dissesse sobre os perigos da droga e perguntasse se ela sabia dos riscos ao consumi-la? A vida é dela! Se ela morresse, que responsabilidade eu teria? Nenhuma!

— É o que você pensa. Na realidade, haveria muitas implicações, sim. E até provar que você nada teve a ver com isso, sua vida já estaria ligada definitivamente a essa tragédia. Será que consegue entender que a vida é muito mais que o que você idealiza? Meu filho, você tem tanto a viver, não se prive disso por estar com raiva do que aconteceu com Cadu. Você não sorri, não tem um gesto de afeto com ninguém, não aceita a ajuda que queremos lhe oferecer! Eu só vejo um desfecho: vai afastar todos à sua volta e ficar sozinho. É isso que pretende? Passar sua vida amargurado, revoltado, desejando que Deus lhe peça perdão por suas decisões, que você julga indevidas? – O pai estava transtornado.

Sílvia observava a cena se desenrolando à sua frente e sentiu uma tristeza infinita. Por que isso estava acontecendo com sua família? Planejara tantos sonhos! Tudo tomara rumo tão diverso, que percebia que nada se concretizaria! Sua família estava desestruturada, e só podia ser sua responsabilidade! Estivera tão desatenta que deixara passar as oportunidades de auxiliar a todos eles? Queria chorar até não ter mais lágrimas! Porém, isso também em nada resolveria! Pela primeira vez em tantos anos distante de Deus, lembrou-se Dele e de pedir ajuda! Fechou seus olhos e implorou ao Pai Maior que uma luz fosse derramada sobre sua família, tão carente de paz!

Sentiu-se tentada a intervir, mas o marido estava certo em seu discurso, mesmo que não quisesse admitir. Estava sendo verdadeiramente um pai zeloso. Deveria ter agido assim desde o início, porém se fosse analisar a responsabilidade sobre o filho, ela também se esquivou muitas vezes de seu papel de mãe, como poderia efetuar qualquer julgamento acerca das condutas dele? Olhava os dois à sua frente e queria tanto que eles soubessem o quanto os amava! Mas apenas chorou!

Rafael não queria conversar com o pai naquele estado, não estava em condições de argumentar seus motivos, pois na verdade não sabia porque agia assim, com tanta fúria. Agora tinha um motivo, a morte de Cadu, mas e antes? Por que se distanciara tanto dos pais? Jamais se sentiu amado de fato, parecendo sempre um peso naquela família tão estruturada, na qual ele parecia não pertencer. Sentia-se excluído! Conversava com Cadu sobre isso, e o amigo dizia que era coisa de sua cabeça, nada mais. E, quando ele brincava acerca da especialidade que deveria seguir, a psiquiatria, dizia que talvez um dia ele se entendesse através de pessoas como ele. Nesses momentos, Cadu ficava sério e lhe dizia que o que ele via nem sempre correspondia à realidade dos fatos, que era preciso olhar com mais verdade para tudo o que lhe acontecia. Talvez a distância imposta havia sido responsabilidade exclusivamente dele e não dos pais. Mas, quando via o semblante do amigo entristecer e ficar confuso, ele dizia que o tempo lhe mostraria a lição que devia aprender. E esse momento, talvez ainda não tivesse chegado. E mudava de assunto. Assim era Cadu, atento e sensível, tentando preservá-lo de mais problemas no caminho. E agora? Como iria resolver sua vida, sem seus conselhos e orientações sempre tão corretas? Pensou no amigo e na falta que estava fazendo. Se ele estivesse lá, certamente tudo seria diferente! Sentiu-se acuado e frágil, e a única maneira de se defender disso era oferecendo a revolta e a mesma dor que portava. De que forma? Atacando. Um mecanismo estranho e complexo, mas é isso que acontece quando sofremos.

O jovem olhou os pais à sua frente e seu coração se entristeceu como há muito não sentia. Sua vontade era correr dali e sair definitivamente da vida deles, assim todo esse sofrimento se encerraria. Um imenso cansaço se apoderou dele, e sentou-se no sofá da sala, com as duas mãos na cabeça e chorou intensamente. As emoções que originaram essa dor ainda eram confusas! Queria que tudo acabasse!

Os pais se entreolharam e se aproximaram do rapaz envolvendo-o num abraço reconfortante e libertador. Ambos tinham muito a reconquistar, mas o primeiro passo havia sido dado. Tudo observado atentamente por habitantes do mundo espiritual, cada qual em seu padrão de vibração.

CAPÍTULO 7
A VIDA CONTINUA

Cadu despertou e olhou ao lado. Que lugar era aquele? Parecia um hospital, tudo em cores claras e aconchegantes. Começou a lembrar-se do que lhe acontecera e da conversa com aquele senhor simpático que dizia conhecê-lo. Procurou-o com o olhar e não o encontrou. Gostou de conversar com ele, mesmo sendo ele o portador de tão dolorosa informação. A última coisa que se lembrara foi de sentir um sono arrebatador e depois despertar naquele lugar.

Afinal, tinha morrido ou não? Mortos não pensam, não sentem sono, não sentem fome, e era isso que ele agora experimentava. Onde estavam as pessoas, ou melhor, os espíritos, afinal era o que ele se tornara. E se ele estava lá, deveria haver outros como ele. Inclusive Raul, era esse seu nome. Era também um espírito como ele! Só de imaginar isso sentiu-se desconfortável. O que ele iria fazer com essas informações? Pensou em seus pais, em

Rafael, em Paula! Como estariam naquele momento? Sentiriam sua falta assim como estava sentindo a deles?

— *Certamente que sim, Cadu. Todos estão muito tristes com sua partida. Você fará muita falta a todos eles.* — Era Raul que acabara de chegar.

— *Você lê pensamentos?* – perguntou o jovem curioso.

— *Uma habilidade que você também possui, apenas não faz uso. Como se sente?*

— *Estranho, tenho que admitir. Não imaginava que morrer fosse assim! Sinto-me tão vivo que custo a crer que isso aconteceu de fato. Isso ocorre com todos?*

— *Infelizmente não, meu filho. Seu desencarne fazia parte de uma programação realizada muito antes de você renascer. Suas conquistas lhe auferiram essa condição. E quando o trabalho na Terra se encerrou, o retorno à pátria espiritual aconteceu. Não foi doloroso, pois seus méritos são imensos pela tarefa realizada de forma favorável. Estou complicando mais do que esclarecendo?* – perguntou ele sorrindo para o confuso jovem.

— *Suas palavras são reconfortantes, apesar de não entender o que elas querem dizer em essência. Vivi pouco tempo, talvez não tenha colocado em ação meus planos para essa encarnação. Sinto que ainda faltava muito a realizar.* – Seu olhar entristeceu.

— *Aos poucos, irá ter a lembrança precisa de suas tarefas e perceberá que obteve êxito em tudo o que planejou. Retornou no tempo certo, acredite. Nem antes, nem depois, afinal a sabedoria divina é perfeita em tudo que abarca. Sente-se melhor? As dores cessaram por completo? O sono é restaurador, mas também tomou alguns medicamentos para acelerar seu restabelecimento. Aliás, vim aqui com esse propósito.* – E ofereceu um copo ao jovem, pedindo que ele sorvesse todo o líquido.

— *Não senti gosto de nada além da água*– disse mais confuso ainda.

— *A água é um excelente medicamento, em especial essa que acabei de lhe oferecer. Poucos conhecem as propriedades curativas da água fluidificada. Você tem feito uso dela nesses últimos dias e veja como se sente melhor* – completou Raul.

– Ela cura tudo? – questionou Cadu.

– Certamente. Mas sente-se disposto? Quer dar uma volta ou ainda prefere permanecer por aqui? Gostaria de lhe mostrar nossa colônia e assim explicar coisas importantes que você precisa relembrar. Quando renascemos num corpo material, o véu do esquecimento do passado nos acompanha e nossa memória fica comprometida. Agora é tempo de deixar fluir as lembranças contidas em seu psiquismo.

– Você disse relembrar. Isso significa que eu já conheço o que vai me mostrar?

– A perspicácia sempre foi seu atributo. Sim, você já conhece esse local há muito tempo. Trabalhou ativamente na colônia nas mais diversas atividades, porém uma tarefa especial e urgente lhe foi confiada, a seu pedido, a qual conseguiu cumprir em toda sua extensão. Suas lembranças retornarão gradativamente. No momento, o essencial é readquirir as energias que foram despendidas durante o desligamento ocorrido. Vamos caminhar um pouco?

Ele ficou pensativo por instantes e depois ofereceu um sorriso franco para Raul:

– *Se você ficar comigo, creio que estarei em condições.* – E se levantou lentamente, percebendo que trajava vestes estranhas, mas que pareciam condizer com o lugar. – *Se Rafael me visse assim, certamente daria uma gargalhada.* – Ao lembrar-se do amigo, sentiu uma pontada no peito e parou. Como ele estaria? Ficaria bem? As dúvidas assomavam e o deixavam perturbado.

Raul percebeu que as lembranças ainda aflorariam com intensidade, o que poderia ser um entrave ao pronto restabelecimento do jovem. Precisava alertá-lo quanto a isso!

– *Cadu, sei que tudo é muito recente e é normal que esses pensamentos ainda estejam presentes, mas a primeira lição que vou reafirmar é a de que você precisa confiar que tudo ficará bem. Sua família, seu amigo querido, e todos que lá ficaram se ressentem de sua ausência e estarão a pensar incessantemente em você e na dura separação que terão de encarar. Você não pode sintonizar nessas energias, mude a estação, assim como faria a um rádio. Depende de você estar sintonizado neles ou rejeitar os apelos que eles lhe endereçam. Isso será determinante à sua recuperação mais rápida.*

— Como não ouvir seus chamados dolorosos? Eles representam tudo o que eu amo e tive que deixar quando parti. É difícil fazer o que me pede. — Seus olhos estavam marejados.

— Isso ainda é muito recente, e é natural assim se sentir. O alerta é para que você procure se esforçar para rejeitar esses pensamentos sombrios que eles lhe enviarem. Pensamentos elevados, como lembranças felizes, revertem em energias gratificantes e consoladoras. Eu me refiro às energias torturantes que procuram seu coração e o entristecem. Saudades excessivas, lamentos, revoltas, falta de resignação aos desígnios divinos, isso é torturante e perturbador nesse momento pelo qual atravessa. Já lhe expliquei que seu amigo terá que buscar seu caminho com os recursos que você lhe orientou conquistar. Ficou ao seu lado tempo suficiente para mostrar-lhe os reais valores da existência. — Sua voz era firme, porém permeada de afeto.

— Como posso não pensar nele? — de repente se deu conta de que vagas lembranças começavam a assomar em sua mente. — *Devo isso a ele, Raul, você sabe. Eu prometi que cuidaria dele em qualquer circunstância e agora estou de mãos atadas. Se ele novamente falhar, será minha responsabilidade.*

— Não, Carlos Eduardo, não será sua responsabilidade, mas exclusivamente dele, que não aproveitou adequadamente todas as lições que você lhe concedeu, enquanto esteve ao seu lado. Já é hora de assumir que o trabalho maior não pertence a você, mas a ele, que há muito tempo se recusa a olhar a vida com

olhos sensatos e generosos. Quantas vidas você o acompanha e insiste em sua reabilitação? Consegue se lembrar?

E o olhar do jovem pareceu se recordar de fatos que até então ignorava. Foi como se passasse um filme em sua tela mental, mostrando cenas esparsas, mas significativas de outras vidas que trilharam juntos. Cadu, o professor atento e incansável, e Rafael, o aluno negligente e leviano. No entanto, Cadu jamais desistiu de auxiliar o amigo, mesmo que ele não oferecesse a receptividade para assimilar e praticar a lição.

– *Por que me sinto tão responsável por ele? Algum dia compreenderei isso? É algo mais forte do que eu, como se devesse algo a ele. No entanto, não consigo tocar seu coração de fato. Passo perto tantas vezes! E, no final, falho novamente.*

– *Não é você que falha, meu filho, mas ele que reluta em aprender que o melhor caminho a seguir é o da porta estreita, a menos convidativa, porém que o conduzirá à sua libertação. Esse trabalho pertence a ele, aceite isso e ficará mais fácil seguir em frente.*

O olhar de Cadu estava distante de lá, como se novas recordações assomassem e lhe mostrassem que ainda havia muito a caminhar... E muito a aprender...

– *Você tem razão, meu amigo. O melhor a fazer é dar um passo de cada vez. Alguém já me disse isso no passado.* – E sorriu para Raul, começando a lembrar-se dele.

– *Fico feliz que as lembranças estão retornando de forma gradual. Já lhe disse essa frase quantas vezes?* – E seu olhar se encheu de emoção.

– *Muitas e ainda fico tentado a correr sempre em frente, desprezando a lição da paciência e da sensatez. Engraçado que só agora me lembrei de você! Senti saudades!* – E abriu os braços para o mentor amigo. – *Parece que, aos poucos, minha memória vai retornando. É assim mesmo que acontece?*

– *Exatamente assim. As lembranças irão aflorando conforme a necessidade de estarem presentes. Você está vivendo uma nova etapa e precisa reassumir o controle de suas emoções. Uma tarefa complexa, mas que dará conta. Assim tem sido!* – E sorriu. Em seguida, fez a pergunta que há muito desejava fazer: – *Conseguirá, desta vez, deixar Rafael por sua própria conta? Vocês estão em dimensões diferentes, e sua atuação sobre ele não poderá mais ser ostensiva, sabe disso. Os apelos que ele lhe fizer devem ser neutralizados para que possa seguir em frente. Está consciente disso?*

O jovem abaixou o olhar, lembrando-se de tudo que ao amigo prometera, muitas encarnações atrás, quando ambos estavam numa programação conjunta. Desde então, sentia-se responsável por sua evolução, solicitando a proximidade entre eles para que pudesse acompanhar de perto seu caminhar. Não poderia interferir, mas poderia conduzi-lo a paisagens menos inóspitas a que ele se entregava voluntariamente, em função de escolhas equivocadas e comprometedoras. Cadu sentia-se como um anjo da guarda de Rafael, apesar das diversas vezes em que ele rejeitou integralmente essa ajuda, fazendo outras opções que não seguir a luz. Sua moral ainda era precária e submetia-se aos desvarios que a matéria lhe proporcionava. Já Cadu reconhecera seus débitos e procurou não mais infringir as leis divinas, poupando-se assim de sofrimentos maiores.

Na verdade, havia sido concedido a ambos as mesmas oportunidades de refazer caminhos escusos, porém somente Cadu estava atento às lições que deveria aprender, o que implicaria muito trabalho e dedicação. Rafael, um espírito ainda rebelde às orientações divinas, se ancorava no amigo e acreditava que o trabalho do outro poderia reabilitá-lo. Ledo engano! A cada um as suas obras, assim orientou o Mestre Jesus. O trabalho é individual e ninguém pode usufruir da glória alheia.

Rafael, no entanto, ainda resistia aos apelos do amigo para implantar a própria correção de suas condutas. Assim tinha sido por diversas oportunidades de encarnação. Enquanto um ascendia à escada da evolução, o outro permanecia no mesmo degrau, refratário às transformações que deveria empreender. Mais uma vez, entretanto, Cadu solicitou retornar ao lado do companheiro falido e tentar tocar seu coração de vez. Mas a instabilidade emocional, herança de todos os destemperos praticados, maculando seu campo perispiritual, já estava instalada e com poucas chances de remissão, se ele não agisse diretamente cuidando para reeducar seus sentimentos e ações.

Cadu fez essa rápida análise naqueles instantes silenciosos, reavivando as lembranças de seu passado. Seu tempo expirara e temia não ter sido suficiente para despertar Rafael para suas necessidades prementes. As oportunidades, para ele, estavam escasseando, e precisava agir de forma favorável em seu próprio benefício. Valorizar a vida em qualquer situação, dando-lhe o respeito que ela merece, era ponto primordial e seria o diferencial para suas futuras ações. Cuidar das emoções, respeitando-se e aos outros, não oferecendo ao próximo o que dele não desejaria receber. Isso implicaria uma vida mais consciente e plena, coisa que renegava há tanto tempo, mais por leviandade do que por ignorância. Era tempo de aprender de forma definitiva, incorporando em suas atitudes as lições que a vida se encarregara de oferecer. Mas obteria êxito? Sua fibra espiritual se fortalecera depois de tantas oportunidades recebidas? Essa dúvida o perseguia.

Raul estava com a razão. Ele precisaria de todas as suas energias para retomar seu caminhar. Era essa sua prioridade naquele momento! Esses questionamentos deveriam ficar em segundo plano, por mais doloroso que fosse! No entanto, sentia-se egoísta, esquecendo-se do amigo que deixara e que tanto necessitava dele. Conforme esses pensamentos conflituosos assomavam, suas energias se esvaíam. Sentou-se na cama, novamente, e encarou o mentor com a dor estampada no olhar:

— *Me desculpe, Raul, mas creio que ainda não estou pronto para seguir em frente. É doloroso ao extremo analisar essa situação de forma impessoal. Não está em minhas possibilidades, sinto muito. Tenho tanto a aprender, e o desapego ainda é uma lição que custo a assimilar. Sei que tem razão em tudo que fala. No entanto, não vou conseguir seguir e deixar Rafael para trás. Reconheço minha fragilidade e falta de confiança nos desígnios de Deus, pois deveria acreditar que tudo ficará bem, algum dia. Afinal, Deus é Pai de amor e misericórdia. Não mereço sua ajuda, meu bom amigo! Estou confuso demais e dormir não irá resolver essa questão.* – E abaixou o olhar envergonhado.

Raul ficou em silêncio por alguns momentos, analisando tudo o que o rapaz acabara de dizer. O amor imperava no coração de Cadu, e isso significava compreender, relevar, sacrificar-se em prol do seu próximo. Era isso que ele pretendia mais uma vez! E de nada valeria discursos prontos. Nada abalaria a crença que ele possuía em Rafael de que ele iria aprender as lições necessárias para conquistar sua evolução. Não o deixaria para trás, esse era o ponto em questão que não poderia ser colocado em xeque.

Raul viu a tristeza no olhar do amigo, e seu coração se condoeu. Era um espírito valoroso, jamais teve dúvida. Conquistara atributos que lhe conferiam uma condição elevada, porém ele não queria usufruir disso! Era essa sua escolha, mediante todas que foram colocadas à sua frente! Ficar próximo à crosta e dar assistência ao amigo! Não via outra opção em seu caminho, e Raul deveria arcar com essa decisão, tentando visualizar outras possibilidades. Era sua tarefa! Mais uma vez!

– *Meu bom amigo, tenho que admitir sua persistência inesgotável. O que pretende fazer?*

– *Não sei! Mas tenho certeza de que irá me ajudar a descobrir!* – E ofereceu aquele cativante sorriso que conquistava a todos ao redor.

– *Enquanto dormia, estive na crosta para observar os que estão ligados com você pelos mais diversos laços. A situação de Rafael é crítica, como deve imaginar, mediante tudo o que tem que administrar com sua ausência. É um caso delicado, e percebi que alguns companheiros do passado já se aproximaram com o intuito de perturbá-lo e novamente fazer com que ele cometa novos equívocos. Sente-se muito só, dando guarida a pensamentos de baixo teor que só tendem a desequilibrá-lo ainda mais. Recusa a ajuda de pessoas para superar a dor da separação. Os pais se encontram em processo de cobranças e julgamentos no que se refere à parte afetiva, e não conseguem visualizar as necessidades do filho e sua dificuldade de aceitação da realidade que o envolve. Deveriam apenas estar perto e oferecer-lhe o amor, mas só podemos oferecer ao outro o que temos, não é mesmo? O desamor impera naquela família, o que pode comprometer ainda mais a situação emocional de Rafael. Alguns eventos, porém, estão ocorrendo com o intuito de reverter esse quadro sombrio e temos de acreditar que grandes mudanças estão fadadas a acontecer. O tempo dirá! Enquanto isso, o assédio se intensifica e outros espíritos cobradores poderão se aproximar, ampliando o quadro obsessivo. Esse será nosso grande desafio!*

Cadu deu um sorriso confiante dizendo:

— Posso contar com você, então?

— Algum dia o decepcionei? Não era esse meu plano, eu tinha outras tarefas a lhe designar. Mas elas podem esperar! — E sorriu para o jovem.

— Já tem ideia do que fazer? — inquiriu Cadu aflito.

— O primeiro passo é cuidar de você. Ainda necessita de tratamento para recuperar seu total equilíbrio. Mais alguns dias e estará apto a me auxiliar. Nosso passeio ficará para outra hora, tenho algo essencial a resolver. Mudança de planos geram notificações a meus superiores. Cuidarei de tudo, fique tranquilo. Enquanto você descansa, procure utilizar esse tempo para analisar toda a situação e encontrar as alternativas possíveis para iniciarmos nossa ação. — E estava prestes a sair quando o rapaz perguntou:

— E meus pais? Como estão? — Sentiu-se ingrato por não se lembrar deles até então.

— São espíritos elevados, e programaram com você sua tarefa, sabendo que esse dia chegaria em breve. A tristeza impera, mas a aceitação também. Têm a crença nata que Deus tudo sabe e a todos provê. Acreditam que são autores de seus próprios infortúnios ou de suas alegrias, abastecendo o mundo ao seu redor com as mais puras energias. E recebem aquilo que doam espontaneamente. Ficarão bem e poderão visitá-lo assim que for possível, quando a tristeza não mais imperar, dando lugar à saudade genuína. Seu pai ainda se ressente de não poder acompanhar sua trajetória na medicina, coisa que o encheu de orgulho quando você escolheu, assim como seu irmão, a profissão que ele se dedicava. Porém, o tempo se encarregará de amenizar essa dor e encontrará uma maneira de superar. Sua mãe, uma alma generosa e caridosa, encontrará uma forma de auxiliar outras famílias que viveram situações semelhantes, com a perda de entes queridos ainda jovens, sendo o caminho para seu rápido reequilíbrio. Seu irmão, uma criatura do mundo, continuará seu trabalho em prol do que escolheu se dedicar: aos pobres desprovidos de amor, de cuidados básicos e imersos na pobreza extrema. Você conhece o caminho que ele escolheu há tempos atrás e saiba que seguirá confiante e fará a diferença para muitos. Como médico do mundo, encontrará sua reabilitação perante seus débitos. Uma alma abnegada! Sua irmã, jovem dotada de talentos ainda ocultos, tem se interessado na Doutrina dos Espíritos desde que você partiu. Ela descobrirá potencialidades inimagináveis e será uma grande trabalhadora dessa doutrina redentora e consoladora. Um espírito de luz e com infinito potencial de amor a dedicar a companheiros carentes e descrentes de Deus. Poderá nos auxiliar com Rafael no futuro. Por ora, ela precisa se fortalecer na fé e na confiança acerca da eternidade do espírito. Ficarão bem, confie!

— *E Paula?* — A pergunta soou baixa e temerosa. — *Ainda não foi desta vez.*

— Outras oportunidades surgirão, Carlos Eduardo. Ela ainda necessita se reconciliar consigo mesma para que possa viver o amor em toda a sua plenitude. Suas ações levianas no passado ainda conduzem seu caminhar, agora mais contido, porém poderá emergir e causar grandes turbulências. Sei o quanto gosta dela. Continue enviando seu amor, que ela receberá em forma de energia de paz ao seu conturbado coração.

— *Não consegui lhe dizer o quanto ela era importante para mim. Sinto que deixei uma lacuna imensa, capaz de originar tantas dúvidas e incertezas, que podem afastá-la de seus reais objetivos. Queria tanto que ela soubesse que eu a amo e sempre a amarei, independentemente de seu passado e de suas resoluções. Um dia, quem sabe, a oportunidade chegará e poderemos viver nosso amor, dessa vez sem nada que o macule.*

— *Esse dia chegará, quando ela estiver pronta, jamais se esqueça disso. Até que isso aconteça, a profissão que ela escolheu a libertará de seus débitos, caso Paula a assuma verdadeiramente, conforme se programou. Salvar vidas deverá ser sua meta, devolvendo a muitos companheiros o que ela lhes tirou com suas ações indébitas. Uma tarefa honrosa, mas repleta de empecilhos, dos quais terá que se desviar para não se comprometer.*

— Sei que ela dará conta de tudo, ao contrário de Rafael. Ela estará em minhas vibrações todo o tempo. Assim como todos que deixei.

— Agora descanse. Mais tarde volto a lhe visitar e conversamos sobre os planos futuros – disse Raul, despedindo-se e deixando Cadu imerso em seus pensamentos.

CAPÍTULO 8
CAMINHO SOMBRIO

    Companheiros do mundo espiritual estavam acompanhando a cena, cada um sob a sua ótica. Os desafetos do rapaz não estavam satisfeitos com a presença dos pais a lhe orientar. Isso se tornaria um problema às intenções desses irmãos, que desejavam a todo custo causar perturbação e desarmonia. Queriam que ele estivesse só, abandonado pelos seus, para poderem adentrar seu mundo psíquico sutilmente e incutir as ideias nefastas que culminariam em problemas incontornáveis num futuro próximo. E desejavam que isso ocorresse o mais breve possível! O padrão mental inferior de Rafael, assim como suas emoções em desalinho, tornava-o presa fácil desses companheiros que tentavam colocar em ação seu plano de vingança. Aguardavam há um bom tempo que essa situação ocorresse, quando as defesas do jovem estivessem fragilizadas e ele se encontrasse distante do seu protetor, no caso o amigo Cadu, que o acompanhava desde a infância.

Quando a fatalidade ocorreu, e Cadu retornou ao plano espiritual, ficaram em êxtase. A brecha surgira e agora tinham que planejar rapidamente a ofensiva contra o rapaz, que sequer supunha que tramavam contra ele. Envolvido em sua dor, pela perda do seu maior amigo dessa vida, sentiu-se acuado e só. Perdera a motivação para seguir em frente e, se fosse necessário, faria do seu jeito. E assim estava conduzindo sua existência: sem regras, sem ideais nobres, sem bom senso. Dessa forma, o desfecho seria trágico, se nenhuma alteração de conduta ele se dispusesse.

Seus pais, responsáveis pela sua condução, estavam desorientados, porém conscientes de que algo muito grave poderia advir se ele assim permanecesse. No instante em que o rapaz desabara num choro desesperador, eles perceberam que tinham de fazer algo pelo filho antes que ele se perdesse definitivamente em suas emoções.

Os companheiros espirituais não estavam gostando do rumo que se delineava e tentavam, a todo custo, interferir. No entanto, ao lado desses infelizes irmãos, outros companheiros da luz a tudo assistiam e percebiam que a situação estava por um fio.

Raul e outros lá se encontravam, porém, suas presenças não foram detectadas pelos desafetos de Rafael, que se encontravam num padrão muito inferior. Eles nada perceberam, até que uma luz intensa se fez presente naquela sala, ofuscando esses levianos companheiros, que decidiram partir. Voltariam outra hora. O rapaz já estava sintonizado com eles e nem mesmo eles, os seres da luz poderiam fazer o trabalho que pertencia apenas ao jovem. Se ele continuasse assimilando as ideias deles, isso significaria que a sintonia já se estabelecera e, somente ele poderia se desvincular. Mas sua vontade não era forte o suficiente para se livrar facilmente desse assédio. Um deles, com ares de imponência, disse:

— *Vamos embora! Não devemos nos preocupar! Deixe que esses seres cuidem dele por ora. Você sabe que isso é muito injusto, afinal o devedor é ele! Estão sempre a atrapalhar nossos planos, mas desta vez não vão conseguir! E você sabe por quê? Nós o temos nas mãos, simplesmente por isso. Ele faz aquilo que emitimos mentalmente! E seu caminho será trágico!* – E deu uma gargalhada.

– *Não cante vitória antes da hora! Esses irmãos da luz são poderosos. E se tiverem algum trunfo nas mãos?* – ele estava preocupado.

– *Ora, deixe de tolice! Está com medo deles?* – E começou a sentir que suas forças estavam se esvaindo. – *Vamos embora antes que eles consigam nos neutralizar!* – E os dois saíram rapidamente, enquanto Raul e amigos derramavam fluidos renovadores no ambiente já tão deteriorado pelas vibrações deixadas pelos desafetos do jovem.

Sílvia e Renato o abraçavam naquele momento, sentindo como se uma energia nova adentrasse a sala, incentivando-os a darem toda a assistência que ele necessitava naquele instante. Uma paz repentina assomou no coração dos dois, levando-os a refletir com serenidade. A situação era complexa demais e teriam que rever suas condutas com ele, que definitivamente se encontrava perdido e acuado.

A mãe iniciou o diálogo, inspirada por Raul:

– Meu filho, o que está acontecendo com você? Não valoriza sua existência? Não sabe que nossas ações serão nossa verdadeira história? O que somos reflete como agimos! Você está descendo por uma ladeira sem freios, o que poderá acontecer? Pare e reflita! Você será um médico, sua conduta não reflete isso, pois você deveria preservar a vida acima de tudo! Não apenas a sua vida, mas a dos que cruzarem seu caminho! Você está rebelde, revoltado contra tudo e todos, despejando todo seu fel sobre quem te acompanha os passos! Nós te amamos! Você tem alguma dúvida disso? Talvez estejamos distantes de você, pois nossos objetivos sejam diferentes. Nossas profissões nos tornaram mais frios, mais insensíveis? Talvez, e me comprometo a reavaliar minhas condutas, assim como espero que você assim proceda! Não quero crer que a vida que você está levando seja algo sadio, ou mesmo que lhe proporcione algum tipo de felicidade. E se ela está presente, será fugaz! Não creia que isso irá aliviar seu coração! Você irá sofrer cada dia mais, até perceber que está completamente sozinho, pois afastou todos do seu lado. Se é isso que pretende, está indo pelo caminho certo! Mas, se você se amar um pouco apenas, irá oferecer algo melhor a seu coração! Tenho tanto medo do que possa lhe acontecer, meu filho! A justiça é implacável, você sabe! Pode perder sua vida por um simples gesto leviano e impulsivo. Procure repensar seus atos, eu lhe peço. – E seus olhos se cobriram de emoção, decidindo encerrar o diálogo.

Um silêncio sepulcral se fez presente. O pai estava com o olhar triste e distante, sentindo-se responsável pelo que estava acontecendo. Ele sempre olhara o filho de forma diferente pelas suspeitas que carregava em seu íntimo, mesmo que a esposa reafirmasse que era um devaneio dele. Será que o amor que oferecera estava maculado com isso? Sentiu-se péssimo com tudo o que aconteceu e sabia, no fundo, que tinha grande parcela de culpa. Mas como voltar no tempo e mudar suas condutas? Isso não seria possível. Teria de arcar com essa responsabilidade e reverter o quadro doloroso que se apresentava à sua frente. Olhou o filho fixamente de uma forma como ele nunca o fizera e disse com a voz embargada:

– Estou com você em qualquer situação, jamais se esqueça disso. Eu o amo! – As palavras saíram naturalmente, mas não surtiram o efeito desejado, pois o filho apenas disse:

– Reconheço sua preocupação comigo e até creio que estará ao meu lado. Mas não consigo sentir seu amor! – E saiu da sala, caminhando lentamente, como se carregasse imenso peso nas costas. Quando estava próximo à porta, disse à mãe:

— Vou refletir em tudo que disse, eu prometo. E não se sinta culpada por nada, afinal eu nunca fui aquilo que você esperava. A culpa é apenas minha por não corresponder às suas expectativas. Sinto muito, mesmo! — E saiu, deixando os pais com a sensação de que ainda teriam um longo caminho a percorrer na reconciliação com o filho.

Eles apenas se abraçaram e assim ficaram por longo tempo. Tinham tanto a refletir também! Tantas ações equivocadas, ausências desnecessárias, longas viagens, relações superficiais, futilidades! Essa era a vida que eles escolheram viver, acreditando que a felicidade seria a conquista natural! Ledo engano! Suas condutas os distanciaram da vida real e verdadeira, do afeto e do cuidado, que negaram aos filhos. Alguns sobrevivem a isso, outros, mais sensíveis, não! Rafael tinha tudo o que queria, menos o que mais necessitava: amor e atenção! Crescera um rapaz frágil e infeliz, inconstante e impulsivo!

— Me sinto impotente! Não sei por onde começar! Só sei que temos que fazer algo! — Sílvia estava realmente preocupada com as futuras ações do filho.

— Sou culpado por ele ser assim. Talvez se eu estivesse mais presente, na figura masculina que ele buscou em Cadu. Jamais fui um pai protetor e presente que ele precisava, e agora que ele morreu sente-se profundamente só. Doí demais ver seu sofrimento e não sentir compaixão! O que vamos fazer?

— O tempo dirá, e devemos utilizá-lo, desta vez, em toda sua sabedoria. Não podemos perder essa chance, pois talvez não tenhamos outra. Não comente isso com Lucas, eu lhe peço. Aliás, converse com ele e peça que tenha mais tolerância e evite dar sermão no irmão. É o que ele menos precisa por ora. Contenha-o! Você faz isso melhor do que eu! E que Deus possa perdoar nossa negligência com os filhos que nos enviou para zelar, proteger e amar! Estou tão cansada! — Ela ia saindo, quando o marido pegou sua mão suavemente e disse com o olhar triste e a voz quase inaudível:

— Não quero perder Rafael! E mais que isso: não quero e não posso perder você! Fique ao meu lado, eu te peço! Somente juntos conseguiremos algum resultado com ele! Me perdoe, Sílvia querida! Você é capaz de fazer isso mais uma vez?

— Nosso filho é nosso bem mais precioso. Por ele, te darei mais uma chance! Faça por merecer, é o que eu peço! Quer comer alguma coisa? — Foi só aí que se lembraram de que já passava das duas da tarde. A manhã havia sido atribulada.

— Vamos fazer uma massa? Aquela que há muito não fazemos juntos? Quer?

— Por que não? — E sorriu para o marido, que a abraçou com todo o seu amor!

Raul olhava a cena mais confiante. Talvez tudo não estivesse perdido, afinal o jovem tinha ao seu lado aliados de peso, os pais. Juntos poderiam fazer a diferença, mas teriam que estar sintonizados com as mesmas ideias e propostas. E distantes, como estavam, não conseguiriam êxito. Mas uma luz brilhara no fim do túnel! Havia esperança! O jovem ainda estava inflexível e teriam muito a realizar nesse sentido. Cadu o conhecia tão bem, talvez pudesse auxiliar! No tempo certo, pois agora sua prioridade era se restabelecer e não iria levar problemas desse porte a ele. Pelo menos, não agora!

O caminho sombrio que Rafael escolhera trilhar poderia ser modificado com esforço conjunto. O maior problema ainda era a sintonia que ele estabelecera com seus desafetos, e nisso eles tinham razão. O jovem assimilava facilmente essas ideias infelizes que eles propagavam, além do que comungavam pensamentos e sentimentos semelhantes. O passado exerce forte impacto nisso! Suas mazelas morais, sua insistente falta de comprometimento com a vida, seu desprezo às normas de conduta, tudo isso o marcara definitivamente e o ligara àqueles dois companheiros, também imperfeitos, mas que se fixaram no momento em que ele os maltratara, que os traíra, selando uma dívida que Rafael ainda não sabia quando conseguiria quitar! Ele sabia intimamente que devia e eles sabiam que ele precisava pagar, de um jeito ou de outro. Isso os mantinha unidos por fortes laços magnéticos que os acompanhavam de longa data. A proteção e a força espiritual de Cadu os manteve afastados por muito tempo. Agora...

O jovem entrou no quarto e se jogou na cama assim como estava. Quase que ele se encrencara, dissera o pai. A mãe lhe pedia reflexão. Todos cobravam algo dele! Sentia-se sufocado, exausto, disposto a dar fim à sua existência! Como dissera inúmeras vezes, ninguém sentiria sua falta! No mesmo instante, sentiu uma dor imensa no peito, como se alguém apertasse seu coração! E chorou! Tinha tanta dor retida em seu íntimo! Como estaria Cadu? Que tolice, afinal ele morrera! Como pensar isso? Só poderia estar enlouquecendo, estaria bebendo demais? Era certo que ele estaria no céu, afinal um anjo só pode ficar lá, não era assim que aprendera? Por outro lado, se ele morresse, certamente iria para o inferno, lugar onde os falidos e os pecadores terão como destino!

Arder no fogo do inferno, se penitenciando por todo o mal que praticou! Seria essa sua destinação? Respirou fundo e enxugou as lágrimas. Queria gritar, mas de nada valeria!

Seu estômago estava vazio desde a noite anterior e sentiu-se enjoado. Precisava de um banho, isso era certo. E depois, precisava dormir! E assim aconteceu!

Foi um sono agitado, repleto de pessoas acusando-o, gritando com ele! Até nos sonhos a perseguição e as cobranças não o abandonavam! Até que ouviu a voz de Cadu em seu ouvido a lhe dizer que ele estava bem. Dizia coisas como "acalme-se e aja com prudência" e finalizou com "estou com muitas saudades, amigo velho", era assim que brincavam entre eles. Parecia tão real que Rafael abriu seus olhos e procurou pelo amigo no quarto, pois tinha certeza de que ouvira sua voz. Havia sido apenas um sonho! Entre tantos pesadelos, pelo menos um reconfortante. Olhou o relógio e viu que já passava das sete horas da noite. Levantou-se faminto e foi para cozinha preparar um lanche. No caminho, Tommy veio ao seu encontro pulando e pedindo carinho.

— Amigão, me desculpe! Vou fazer um lanche, venha comigo. — A casa estava silenciosa, e viu luzes acesas no quarto dos pais e no escritório ao lado. Decidiu não entrar. Não estava disposto a novos sermões. Fez seu lanche e foi até o vasto jardim brincar um pouco com o cachorro. Afinal, ele nada tinha com seus problemas! Era a única maneira que ele conseguia de aliviar a tensão dos últimos dias. Seria eternamente grato por Tommy estar lá sempre ao seu lado. Um fiel amigo!

Viu o irmão chegar sem sequer fazer um afago no animal.

— Não liga, não! Ele pensa que é muito melhor que você ou eu! Paciência! — Lucas se virou e alfinetou:

— Eu não penso que sou, eu sou! — E entrou.

Rafael ia responder, mas decidiu não dar margem à nova discussão. Os ânimos entre eles estavam acirrados e o mais adequado era permanecer quieto em seu canto. Estranhou o irmão não comentar sobre o que tinha ocorrido, pois certamente ele e o pai já tinham conversado sobre o assunto da noite anterior. Naquele instante, lembrou-se da garota, Mônica. Será que ela estava bem? Nem a conhecia até àquela noite na festa. Era muito bonita, mas sem juízo algum. Percebeu o quanto ela gostava de bebida e de certas drogas. Havia sido muito ingênuo permanecendo na festa quando percebeu que iria rolar esses atrativos. Na verdade, apenas ele e alguns poucos não fizeram uso. A jovem, no entanto, abusou e acabou passando mal, aliás, quase morrendo. E isso teria acontecido ao seu lado! Depois do que sua mãe lhe falara, ficou preocupado com o estado de saúde dela. Quando saíram de lá, estava fora de perigo, mas pensou em verificar, ligando para o hospital. E assim fez! Informaram que a jovem estava bem, porém ainda em observação.

— Incomodo? — perguntou Sílvia vendo o filho ao telefone.
Ele desligou e disse:
— A garota está bem, caso queira saber — ele falou secamente.
— Não vim lhe cobrar nada, Rafa. Queria saber se já comeu alguma coisa. Está com fome? Se quiser preparo algo. — A mãe tentava uma aproximação.
— Obrigado, já fiz um lanche.
— Já vai dormir?
Ele percebeu que ela queria lhe falar algo.
— Daqui a pouco eu entro. Amanhã acordo cedo. O que quer saber? — perguntou encarando a mãe.
— Falei sério hoje e quero muito que você reflita em sua vida, meu filho. Está precisando de ajuda para seguir em frente. Não há mal algum nisso. Gostaria de voltar ao Dr. Cláudio? Ele te ajudou naquele episódio. — O rapaz se empertigou, não gostava daquelas lembranças.
— Não quero voltar a falar com um psiquiatra. Me faz parecer um desequilibrado, neurótico, e eu não sou. Não volto nele! — Seu olhar endureceu.
— Você nunca foi muito claro quanto ao que aconteceu para que deixasse de frequentar as sessões. Conversamos com ele e também foi vago. Ele disse apenas que você deveria continuar com as sessões mesmo sendo com outro profissional. Porém, logo em seguida, você entrou na faculdade e pareceu que tudo havia se equilibrado. Pressinto, no entanto, que ele estava certo. Um novo problema o desestruturou e temo as consequências. Aquele nome que eu te dei foi uma indicação da minha terapeuta. Você sabe que ocasionalmente a vejo. Ela me ajudou muito em conturbados momentos. Na verdade, meu filho, conversar com alguém neutro, que não irá se envolver emocionalmente, nem ser tendencioso, é algo que todos deveriam experimentar. Não procuramos terapia porque somos desequilibrados, mas porque queremos nos conhecer profundamente e descobrir o

que nos faz sofrer. Assim podemos rever comportamentos que ainda são a causa de nossos sofrimentos e daí modificá-los. É o caminho da paz íntima! – Enquanto ela falava, o filho a ouvia atentamente. Pela primeira vez em sua vida pareceu fazer sentido o depoimento sincero da mãe. Após alguns instantes ele disse:

– Prometi pensar e assim vou fazer, combinado? Mas talvez eu seja um caso perdido!

– Não fale assim! – E o abraçou com a força de seu amor. – Você é uma pessoa linda, com imenso potencial para ser e fazer muitos felizes. Por que duvida tanto disso? Do que tem medo? Acha que não merece a felicidade? – Essa pergunta o tocou diretamente e ele apenas assentiu, sem palavras. – Todos merecem a felicidade, mas ela é conquista nossa, ninguém pode fazer o trabalho que nos compete, entendeu? Sei que está muito desolado com o que aconteceu, mas a vida deve seguir em frente, não podemos conter seu ritmo dinâmico. E se ficarmos estacionados, deixamos de usufruir o que ela tem de melhor! A vida vale ser vivida integralmente! Não se furte a isso, pois a frustração seguirá contigo. Cuide-se e evite novos problemas. Seu curso merece grande comprometimento de sua parte. Cadu esperaria isso de você! Ele sempre confiou em seu potencial, faça isso por ele!

Rafael ficou a refletir se deveria contar sobre seu sonho, quando ouviu a voz de Cadu bem próximo dele. Achou mais conveniente nada relatar. A mãe poderia pensar que ele estaria delirando, e talvez ele estivesse mesmo. Estava tudo muito confuso!

– Vou pensar, mãe! Prometo! – Ela já ia saindo, quando ele disse: – Obrigado por seu empenho em me ajudar! – E ofereceu o mais próximo de um sorriso, que deixou a mãe confiante e mais serena.

– Durma bem! Confie que essa tempestade vai passar! – Ela beijou o rosto do filho e mexeu em seu cabelo, como Cadu fazia, fazendo as lembranças aflorarem.

Rafael entrou e foi para o quarto. Deitou-se, mas custou a conciliar o sono. Não parava de pensar no que a mãe lhe falara e sabia que tinha fundamento. No entanto, tinha tanto medo de conhecer a essência de seu ser, fugia desse confronto há tanto tempo! Cadu lhe dizia que todos somos luz e sombra! Estamos aqui para acalmar nossa porção inferior, carregada de sombras, para que nossa luz possa aflorar. Nesse sentido, ainda trazemos o mal e o bem em constante duelo, e vencerá o mais forte! Sempre! Rafael ficava ouvindo as divagações do amigo e pouco compreendia, mas a visão de um confronto entre essas duas forças antagônicas sempre o perturbava, pois sentia que no seu caso, a luz dificilmente sairia vencedora. Sentia-se um ser maléfico, o que o fazia estremecer! Por que essa sensação o perseguia? Seria mesmo uma criatura do mal? Temia por seu futuro, agora mais ainda, sem Cadu a orientá-lo de como seguir seu caminho!

— Por que você foi embora, amigo? Que faço eu desta minha miserável vida? Nunca me senti tão sozinho como agora! — E lágrimas rolaram. E só depois de muito tempo, conseguiu adormecer.

Distante de lá, mas ligado pelos fios do pensamento, Cadu podia sentir a tristeza e o desespero que o amigo vivenciava. Enviou suas vibrações de força, de coragem para prosseguir, pois ele ainda tinha muito que viver e caminhar. Mas não com todo esse sofrimento embalando sua vida! Isso teria de mudar! A paisagem sombria teria de se alterar...

CAPÍTULO 9
EM BUSCA DE RESPOSTAS

Rafael iniciou a semana mais fortalecido. A conversa com a mãe o fizera refletir sobre a possibilidade de procurar ajuda psicológica. Se continuasse a seguir seu caminho da forma como estava, não via um futuro promissor. O psiquiatra que o atendeu anos atrás, Dr. Cláudio, fizera uma observação acerca de seu temperamento que o chocou e o fez deixar de comparecer às sessões. No início, até sentia-se em paz com as conversas, mas quando adentraram o terreno íntimo de seu coração, procurando as possíveis causas de tamanha instabilidade emocional, percebeu que a situação se complicara. O desconforto foi tanto que desistiu dessa providencial ajuda. O médico começou a questioná-lo sobre sua infância, tentando compreender o que de traumático acontecera e era isso que ele insistia em fugir. Sua instabilidade estaria conectada a algum incidente do passado, refletindo nessa conduta destemperada e perigosa, capaz de atos impulsivos e comprometedores? As lembranças eram vagas e sem sentido algum, no entanto, quando o médico tocou no assunto, a imagem do pai surgiu em sua mente e uma implacável dor lhe assomou. O que aquilo queria dizer? Seu temor venceu sua curiosidade e decidiu que esse assunto deveria permanecer soterrado em sua memória, para jamais emergir e causar mais danos dos que já estavam presentes. Simplesmente disse que não queria prosseguir com o tratamento e, desde que ele próprio dissera no início da terapia, que sua vontade imperava, decidiu interromper o que poderia ter sido um grande benefício: a libertação de emoções imersas e que irradiavam de forma inconsciente, na forma como lidava com sua existência. O psiquiatra alertou-o que essa viagem em busca das explicações um dia teria que ocorrer, pois cedo ou tarde isso causaria desequilíbrios cada vez mais intensos. Ele agradeceu e partiu!

Agora percebeu que a previsão do médico estava se concretizando. Ele estava certo! Mas tinha um medo inexplicável de remexer em seu passado. Conversara abertamente com Cadu na época e ele lhe dissera que, conforme o médico orientara, um dia teria de enfrentar seus temores para que compreendesse o que realmente acontecera. Porém, era ele quem deveria decidir quando isso se daria.

Aquele seria o momento? Deveria buscar explicações? Sentia-se confuso, e, nesse padrão mental conturbado, o ideal seria manter-se passivo. A morte de Cadu era muito recente e não pretendia, sozinho, adentrar o terreno dos seus sentimentos ocultos.

A semana iniciou-se sombria para Rafael, que precisava dar continuidade ao seu curso, por mais penoso que fosse. As aulas não tinham mais colorido algum, e o seu desinteresse chamou a atenção de um professor que tinha muita simpatia pelos dois amigos.

– Rafael? Precisamos conversar! – disse ao término da aula.
– Está disponível agora?

O jovem aproximou-se timidamente, já sentindo qual seria o teor da conversa. Roberto era uma pessoa muito especial, e Rafael jamais negaria algo a ele.

— Pois não! — E sentou-se à frente do professor.

— Sei que não está sendo fácil, meu jovem, mas você precisa focar no que pretende realizar este ano. Sinto-o distante daqui e seu interesse parece ter se esvaído, desde o trágico incidente com Cadu. Foi uma fatalidade, e nada há que possa alterar o que ocorreu. Todos sentimos a ausência dele pelos mais variados motivos. Ele tinha muitos planos para sua vida, assim como você. Vai sepultá-los todos? E sua vida, como fica?

A pergunta direta do professor o atingiu feito um raio. Não sabia o que lhe responder e o silêncio imperou. Seu olhar perdeu-se no vazio e algumas lágrimas afloraram.

— Sei que ele era seu amigo desde muito jovem e eram como irmãos. Impossível falar em Cadu sem lembrar seu nome. Sei que ele era seu maior incentivador nos estudos e temo que você possa esquecer os motivos que o trouxeram até aqui. Você quer salvar vidas! E isso deve começar com a salvação da sua, a primeira em questão. Lute para sair desse marasmo, Rafael. Conte com meu auxílio para o que precisar. Paula falou comigo sobre sua vida pessoal, que anda instável também. Não a culpe, pois, sua preocupação é genuína, sem a conotação de interferir em suas condutas distante daqui que pouco ou nada lhe diz respeito. Apenas sei que você tem um grande futuro pela frente e eu não gostaria de vê-lo distante de tudo o que sonhou. Não fale nada a Paula, eu lhe peço. Fui eu que insisti para saber sobre você, e ela acabou me contando tudo. — E ofereceu um sorriso franco e acolhedor. — Ela está sofrendo, também, caso você não saiba. E, mais do que nunca, ela decidiu focar nos estudos tentando aplacar a dor que carrega. Você precisa de ajuda? — Sua voz foi firme e direta.

Ele, efetivamente, não sabia o que dizer. Era óbvio que ele não estava bem, mas será que alguém poderia ajudá-lo a sair dessa tormenta? Continuou silencioso, com a cabeça baixa. O que Roberto viu à sua frente era muita dor represada e temia o que poderia acontecer quando ela não pudesse mais ser contida. Ficou preocupado e disse:

— Seu silêncio é a resposta que eu temia ouvir. Peço que tenha cautela em suas ações e que, antes de qualquer coisa, pense em tudo o que já aprendeu. Se tudo isso está acontecendo, existe um propósito, mesmo que ainda não seja aparente. Tudo tem uma explicação, assim tenho aprendido ao longo da minha vida. Você apenas conhece o professor, afinal essa é minha função. Não sabe nada acerca da minha vida pessoal. Posso apenas lhe garantir que todos carregam uma dor contida e que parece jamais será aplacada. Mas o tempo nos ensina a prosseguir, mesmo se arrastando, pois não podemos estacionar no caminho. Vou lhe dizer uma coisa que aprendi há apenas alguns meses: isso vai passar. Porém, para que isso aconteça, precisamos fazer a nossa parte. Qual seria? A de aprender a aceitar tudo o que nos acontece. A negação apenas prorroga o sofrimento. Vá por mim! — E, desta vez, foi seu olhar que se perdeu no infinito. — Bem, estou aqui para falar de você e não de mim. Cuide-se, é minha orientação para o momento que está vivendo. Aceite o inevitável! Pois, acredite: nada vai se modificar enquanto você não mudar o que pensa e sente. Caso necessite de um amigo, isso eu posso oferecer, meu jovem. Agora, tenho outra aula. Até mais! — E saiu sob o olhar atento de Rafael.

O rapaz jamais havia pensado no professor como alguém que tivesse uma vida pessoal ou mesmo que pudesse sofrer por algo. Ele era apenas seu professor! No entanto, depois da conversa, percebeu que ele trazia algo oculto e doloroso. Porém, não era da sua conta, assim também a sua vida pessoal, a qual Paula parecia querer invadir sem sua permissão.

Ficou irritado com a jovem e foi à sua procura. Encontrou-a sozinha na lanchonete.

– Eu lhe pedi que se intrometesse em minha vida? – Foi logo dizendo.

– Bom dia para você também! – disse ela tentando mostrar-se calma.

– O que foi falar com Roberto sobre mim? – a pergunta foi direta.

– Nenhuma mentira, pode crer! Você precisa de ajuda, Rafa. Apenas isso.

– Não pedi sua ajuda. – Ele estava irritado.

– Porém, eu me preocupo com você. Fiquei sabendo o que aconteceu no fim de semana. As notícias correm! A garota está bem? O que você fazia lá?

Rafael não sabia se gritava com ela tudo o que estava sentindo ou se virava as costas e deixava tudo como estava. Ficou em pé refletindo quando ela pegou sua mão e disse:

– Sente-se aqui um pouco. Vamos conversar! Você está muito nervoso. – E desta vez mostrou um sorriso acolhedor. Ela era uma jovem intrigante, disse certa vez para Cadu. Nunca sabia o que dela devia se esperar. Ficou sem ação, mas decidiu sentar. – Peço desculpas se invadi sua privacidade, não tive a intenção. Apenas respondi algumas perguntas que Roberto me fez hoje cedo. Ele que contou o incidente do final de semana. Parece que os pais da garota têm alguma relação com ele, não entendi bem. Ele é sempre discreto com relação à sua vida pessoal. Me procurou assim que cheguei e queria saber de você. Eu jamais iria falar sobre você para alguém. Mesmo assim, me perdoe. Não queria irritá-lo mais do que você já está. Sei que está sofrendo e não pretendo ser mais um problema em sua vida. Quando quiser conversar, estarei aqui.

O rapaz ficou silencioso. Percebeu que se excedera com a jovem.

– Eu peço que me perdoe, também. Quando ele falou seu nome, pensei que tinha falado sobre mim com ele.

– Você realmente não me conhece, Rafael. Não gosto que se intrometam na minha vida e procuro fazer o mesmo com meu próximo. "Não faça aos outros o que não deseja para você", algo mais ou menos assim. Procuro seguir essa regra.

– Eu penso assim como você. O que não entendi foi o interesse dele no que acontece comigo! Jamais foi próximo ou tentou manter uma relação conosco senão a de orientador.

– Talvez ele esteja observando você e percebeu que você não está bem. Aliás, isso não é novidade alguma. Porém, ninguém chega até você, que não dá espaço algum. – E sorriu.

– Você sabe que sou assim. Cadu já deve ter falado isso de mim. – E seus olhos entristeceram.

– Falou um pouco, sim. O que mais chamou a atenção foi o cuidado extremo que ele tinha com você, como se fosse seu protetor ou coisa assim. – Paula se lembrara de Cadu e da conversa que tiveram sobre o amigo.

– Era meu anjo da guarda! – E a emoção pairou em seu olhar.

– E continuará sendo, onde ele estiver – disse Paula com o olhar distante.

– Ele morreu e não está mais aqui! – Disse o jovem friamente.

– Depende de como você encara a morte. Se acredita que tudo termina com ela, realmente nada pode esperar. Porém, se acredita que a morte é apenas uma passagem e que a vida continua em outra dimensão, também vai acreditar que Cadu continua a ser quem ele era quando aqui estava. Suas preocupações, sentimentos, tudo permanece igual.

– A morte é o fim de tudo – ele insistia.

– Respeito suas crenças, mas penso diferente. Fui criada num lar espírita, e desde cedo aprendi que estamos aqui de passagem e que a vida verdadeira é a do espírito. Estou sofrendo com a separação, a saudade dói demais, mas sei que ele está em outra dimensão agora, numa nova etapa de sua existência. E está tão vivo quanto você ou eu. – A firmeza em suas concepções fez Rafael ficar confuso. O que ela estava dizendo seria verdade? Jamais imaginou o que poderia acontecer do outro lado da vida, pois, para ele, simplesmente quando se morria, acabava tudo. Ele vira o corpo do amigo ser enterrado. Não tinha mais um corpo e uma vida para viver! Nunca pensara sobre isso, pois tinha pavor imenso da morte. Era algo assustador e tenebroso! Uma crença que o acompanhava desde a infância e que o fazia ficar distante de qualquer assunto que fosse a morte. Talvez, por isso o sofrimento atroz que o acompanhava desde que Cadu partira. Para nunca mais voltar! Era nisso que acreditava. Ele deveria estar agora no céu, lugar adequado a um ser de sua estirpe. Diferente dele que, certamente, iria arder no fogo do inferno. Sentiu um calafrio a lhe percorrer o corpo. Não queria pensar nisso! E ponto final!

— Acho confuso demais suas crenças acerca da vida e da morte. Para você, onde ele estaria agora? — a pergunta foi direta.

— Em algum lugar em outra dimensão, que não a nossa. Talvez esteja num hospital se recuperando ou, quem sabe, já está bem. Não existe uma regra na qual todos se enquadrem. Vários fatores interferem e não podemos generalizar. Cadu era um rapaz bom, generoso, sensível, companheiro e tantas outras virtudes, que não dá para listar todas, que acredito que ele seja um espírito mais evoluído que você ou eu. Certamente, assim que desencarnou, ou morreu, como quiser denominar, ele deve ter sido amparado e conduzido para um local de tratamento. Se ele estiver desperto, nossos pensamentos chegarão até ele, assim como nossas emoções inferiores, tais como sofrimento excessivo, revolta, mágoa ou qualquer outro. Isso pode perturbá-lo e fazê-lo sofrer também. Tenho tentado enviar-lhe meus melhores sentimentos, pois quero que ele fique bem, onde estiver. Assim tenho buscado viver nessas últimas semanas. Sinto muito a falta dele, mas não quero que ele se perturbe e isso seja um fator que o impeça de prosseguir sua evolução.

A convicção de suas palavras perturbou Rafael, que o deixou mais confuso ainda.

— Você quer dizer que nosso sofrimento pode fazê-lo sofrer? Ele continua sentindo emoções ou coisa assim? Ele estaria vivo, então? Mas como?

— Ele está vivo, pois quem perece é o corpo material, aquele que conhecemos quando fizemos aula de anatomia. Aquilo é um corpo sem vida, pois o espírito não habita mais aquele envoltório. O espírito é eterno, não morre jamais. Complicado, mas é assim que eu vejo e acredito! Sua crença orienta que existe um local para almas boas ou más, um lugar demarcado assim: céu, inferno ou purgatório. E nesses locais, todos lá permanecerão até o dia do juízo final. Certo? Ficarão aguardando sabe se lá quanto tempo até que esse dia chegue. Enquanto isso, ficam passivos, apenas esperando. Minha crença orienta que ficar ocioso em nada nos favorece. Em resumo, temos que movimentar nossas mãos em prol de nossa evolução, trabalhando ativamente para nos melhorarmos. Compliquei mais ainda? – E ofereceu um sorriso franco.

— Não sei se estou pronto para assimilar essas informações, mas creio que possam ter fundamento para quem nelas acredita. O que sei é que sinto muita falta de Cadu! E está difícil aceitar que não estará mais aqui conosco! – seus olhos estavam marejados.

Paula segurou a mão do amigo e confidenciou:

— Concordo com você! Sinto tanta falta dele que chega a doer. Minha crença me consola, mas a dor ainda recente me torna distante da paz, que gostaria de estar sentindo. Cadu gostaria que ficássemos bem e é isso que temos que buscar. O que aconteceu neste fim de semana foi sério, pelo que Roberto me relatou. Poderia ter colocado você numa situação delicada. Sei que você nunca foi usuário de drogas, mas poderia ter sido envolvido. A sorte foi que a jovem saiu ilesa.

— Não tive nada a ver com os desvarios dela. Uma jovem muito doida e perturbada! Talvez pudesse ter falado algo sobre sua insensatez, mas cada um sabe o que fazer com a própria vida, não é mesmo? Que eu poderia ter feito? Dar um sermão sobre os perigos em que ela estava incorrendo? Ora, ela sabia o que estava fazendo. Mas...

— Sim! Mas, você poderia tê-la alertado. Em breve, será um médico e sua função é salvar vidas, certo? – perguntou ela.

— Sem sermão, irmã Paula! – Ele já se descontraía um pouco e brincava com ela.

— Era assim que vocês dois se referiam a mim? – disse ela fingindo ares de seriedade.

— Uma brincadeira apenas. Eu dizia que você era muito séria, e Cadu retrucava que ele também era, por isso a afinidade existente. Uma forma carinhosa de nos referirmos a você. Não se ofenda. – E voltou a ficar sério. – Ele dizia que tinha encontrado o amor. Era isso o que ele pretendia te dizer! Sinto tanto por vocês dois!

— Ainda não era o momento de ficarmos juntos. – E seu olhar se perdeu no infinito.

— Pelas suas crenças, acredita que isso acontecerá algum dia?

— Sinto que nossos caminhos se cruzaram por algum motivo. Sei que foi um reencontro, sinto isso em meu íntimo. Mas talvez ainda não estava programado permanecermos juntos. Quem sabe numa outra existência! – Seu olhar se enterneceu, como se ouvisse que seus pressentimentos estavam certos.

— Bem, não vou dizer que você é maluca, pois a conheço o suficiente. No entanto, tudo isso é muito confuso, tem que admitir. Não consigo imaginar o que você está dizendo.

— O que não significa que isso seja impossível de acontecer... – E sorriu para ele.

— Nem que seja possível, certo? – ele insistia.

— Não pretendo convencê-lo de nada, Rafa. São minhas convicções e eu acredito nelas. Você pode continuar a imaginar o que quiser, inclusive que existe céu e inferno. Se você se sente confortável assim, para que mudar sua forma de pensar?

Ela se divertia com os questionamentos dele. Naturais para quem jamais cogitou sobre a eternidade do espírito, reencarnação, a possibilidade das duas naturezas, material e espiritual, interagirem. Um dia conversariam melhor sobre isso. Ele ainda não estava preparado para ouvir o que ela tinha a dizer. Paula olhou o relógio e disse:

– Nossa discussão será interrompida, pois temos uma aula a assistir. Vamos? – E levantou-se.

– Você ainda não me convenceu! Retomamos o tema outro dia, combinado? – E saíram.

Rafael assistiu às aulas e no meio da tarde decidiu fazer uma visita à jovem no hospital.

Ele bateu à porta e entrou. Mônica estava deitada e parecia dormir. Uma senhora ainda jovem estava ao lado dela e disse:

– Ela está descansando. Quem é você? Algum dos amigos dela? – E seu olhar se fechou instantaneamente.

– Boa tarde! Sou Rafael, eu a acompanhei ao hospital depois do que aconteceu. Não posso dizer que sou um amigo, pois a conheci naquela noite. Ela está bem? – Ele percebeu que não tinha sido uma boa ideia fazer a visita.

– Mediante o que aconteceu, ela está bem. Quantos anos você tem? – ela inquiriu.

– Vinte e cinco. – Ele não estava gostando do rumo da conversa.

– É um dos desocupados que a acompanham?

– Me desculpe, não preciso responder a essas perguntas, afinal eu apenas estava perto dela naquela noite. Não sei das companhias dela, mas posso afirmar que não sou um desocupado. Sou estudante de medicina e estava lá apenas para me divertir. Assim como ela pretendia, presumo. Não a conheço profundamente para saber o que ela faz ou com quem anda. A senhora é o que dela? – Foi a vez de ele fazer as perguntas.

— Sou a mãe dela. Muito me admira você nada ter feito para impedir minha filha de se drogar. Ela é apenas uma criança! Você deveria tê-la impedido. – A mãe já alterara o tom de voz, e a jovem acordou, passando a ouvir a conversa.

— Sua filha é problema seu, não meu. Se tivesse orientado acerca dos malefícios disso, talvez ela não estivesse aqui nesta situação. – O clima já estava tenso.

— Quem é você para me dizer como educar minha filha? Agora sei porque ela está assim! As companhias que ela anda são responsáveis pelo que aconteceu.

Rafael decidiu encerrar a conversa e ir embora, arrependido de ter ido lá. Por que todos estavam sempre a julgá-lo e condená-lo? Ele nada tinha a ver com isso!

— Não quero causar tumulto, sei que está nervosa com o que aconteceu. Diga a sua filha que estive aqui para saber notícias dela. Bom dia! – Ia saindo quando Mônica o chamou.

— Obrigada pela visita. Perdoe minha mãe. Talvez agora entenda meus motivos. – E antes que a mãe pudesse retrucar, ela pediu: – Mamãe, vá tomar um café, quero conversar com Rafael um pouco. E sem a sua presença inquisidora. – Ela saiu bufando.

— Sua mãe é sempre assim? – perguntou.

— Sim. Ela e papai ainda pensam que sou uma criança frágil que não sabe fazer escolhas.

— Eles não estão tão equivocados assim, não é mesmo? Não acha que é muito jovem para estragar sua vida? Você tem apenas vinte e dois anos, mas se persistir nessa jornada, talvez não chegue aos vinte e três. – Seu olhar estava sério.

— Prefiro o Rafael daquela noite. Muito mais divertido. Vai me dar um sermão?

— Jamais faria isso. Apenas um alerta. Cuide-se, menina. É um terreno perigoso o que decidiu percorrer. Só queria saber se está melhor! Já vou indo. Fique bem! – E sorriu.

— Espere, fique mais um pouco. Não aguento mais isso aqui. — Ela queria conversar.

— Sua mãe parece não gostar de mim. É melhor eu ir embora.

— Deixe seu contato. Podemos conversar outra hora? — Ela parecia tão frágil.

— Pode ser. — Ele passou o número do seu celular. Em seguida, se despediu e saiu.

CAPÍTULO 10

UM PASSO DE CADA VEZ

A semana custou a passar para Rafael. Estava indeciso quanto a buscar ajuda psicológica que a mãe lhe solicitara. A rotina da faculdade tomara todo seu tempo livre. Sentia falta de Cadu nos estudos que eles faziam regularmente. Agora ele estava por si só. Pensou em pedir ajuda a Paula, mas a presença dela lembrava ainda mais a ausência do amigo. Ele não era muito organizado e percebeu que teria que se adaptar à sua nova vida, caso contrário começaria a decrescer em rendimento.

Estudar era um bom remédio para fazê-lo deixar de pensar na solidão que sua vida se tornara. Não tinha muitos amigos e os poucos eram apenas companheiros de bebedeira e diversão. Quando o final de semana se aproximava, as ligações aconteciam. Uma festa aqui, uma balada acolá. E assim acontecia! Naquele final de semana, em especial, estava propenso a não se envolver em novos problemas. O último havia sido intenso e valera por todo o ano. A tensão pela vida da jovem, a pressão da polícia sobre ele, a repreensão dos pais tinham sido demais para ele. Mônica ligou no meio da semana dizendo que acabara de ter alta do hospital e queria vê-lo. Rafael, no entanto, não tinha pretensão alguma de se ligar àquela jovem complicada. Bastava ele!

No final da sexta-feira, ela ligou novamente, dizendo que uns amigos fariam uma reunião e ela gostaria que ele a acompanhasse.

– Que bom que já está disposta a sair. Vejo que o incidente em nada valeu. Nessa reunião os amigos seriam os mesmos daquela noite?

– Pare de sermão, querido! Apenas uma reunião de despedida de um casal que está indo morar fora do Brasil. Quase uma reunião familiar! – E ela riu do outro lado.

– Me perdoe, mas vou recusar. Não sei se é uma boa ideia!

– Não seja preconceituoso. Prometo que vou me comportar. O susto foi grande, tenho que admitir. Jamais imaginei que isso pudesse acontecer. Da próxima vez serei mais cautelosa.

– Já está pensando na próxima vez? Mônica, me desculpe. Mas não pretendo estar ao seu lado quando for a "próxima vez". Tire o final de semana para se recuperar plenamente. Aposto que foi isso que sua mãe sugeriu. – E desta vez foi ele quem riu.

– Ora, aquilo tudo foi teatro apenas. Assim que saí do hospital, ela voltou a ser quem sempre foi. Sabe onde ela está agora? Viajando com papai em algum lugar do país. Mas deixou sua fiel escudeira para vigiar meus passos, a governanta Dora. Tem sido sempre assim. – E ficou quieta.

Rafael sentiu a solidão e o descaso que ela experimentava. Ficou sensibilizado e tentado a vê-la novamente, mesmo seus instintos orientando-lhe o contrário.

– Vai se comportar? – inquiriu ele.

– Vai ser divertido, eu prometo. A que horas você passa aqui? – A jovem era insistente e confiava no seu poder de persuasão. Ela passou o endereço e o encontro estava marcado.

Mônica se comportou conforme o prometido e ambos se divertiram àquela noite. Os amigos da jovem eram bem mais velhos que ela, o que o surpreendeu. O casal em questão estava de mudança para Inglaterra, onde ambos iriam dar prosseguimento aos estudos. A jovem era madura para a idade e tinha senso de humor. Ficou ao lado de Rafael todo o tempo, o que o deixou tranquilo. A bebida, no entanto, foi abundante e os dois beberam em excesso. Muitas risadas permearam a noite e já amanhecia quando ele a deixou em casa. Ela se insinuou para ele, convidando-o a entrar.

— Você está cansada e agora vai dormir. — No mesmo instante, Dora, a governanta surgiu com as feições em pânico.

— Minha querida, vai me matar de preocupação. — E abraçou-a carinhosamente.

— Ela apenas bebeu demais. Precisa dormir! Entrega feita. — E antes de ir embora, a jovem foi até ele e o beijou.

— Isso é para que não se esqueça de mim. — E entrou.

Dora agradeceu Rafael com um sorriso. A garota era sua grande preocupação e a amava demais.

Durma bem! — e ele foi embora dali refletindo na vida daquela jovem solitária. E ele achava que sua vida era difícil e infeliz... E a daquela jovem? Tinha tanto e ao mesmo tempo não tinha nada! Ela queria apenas ser amada, cuidada, respeitada. Nada além disso! Queria as coisas simples da vida! Pela primeira vez nas últimas semanas saiu do foco da sua vida e passou a olhar à sua volta, observando outras realidades.

Bebera demais e estava enjoado quando entrou em casa. A mãe o recebeu com o olhar tenso e nada disse.

— Já acordou? — Foi a única coisa que ele conseguiu dizer.

— Seu pai não passou bem e só agora conseguiu dormir. Eu ia te ligar, mas... — Ela não completou a frase.

— O que aconteceu? Precisa ir ao hospital? — Ficou sóbrio em questão de segundos.

— Ele não quis, você conhece seu pai. Lucas viajou e vai passar o fim de semana fora. Se ele piorar, eu o obrigo a ir ao pronto-socorro. — A mãe estava com o semblante triste.

— Quais os sintomas? Dependendo do que for, mais conveniente é ir até o hospital.

— Falei com Ricardo, pai de Cadu, se tranquilize. Ele deu algumas orientações e fiquei de retornar mais tarde. Seu pai adormeceu, e eu fiquei aqui pensando...

Rafael sentiu-se pior do que já estava, vendo a preocupação estampada no rosto da mãe.

— Vou fazer um café, me acompanha? — E se dirigiu até à cozinha. Enquanto preparava observava as feições do filho. — Bebeu demais novamente?

Ele apenas assentiu e continuou calado.

— Se preferir dormir, pode ir. Vou entender! — Ela sorriu.

— Não estou me sentindo bem, apenas isso. Vou tomar algum remédio. — E saiu correndo para o banheiro. Alguns instantes depois, ele retornou mais aliviado. — Me desculpe. O que está acontecendo com papai?

— Ele tem trabalhado demais, como sempre. O *stress* é grande em nossa profissão. Ele se recusa a fazer um *checkup*, o que acho temerário em vista da sua idade. Conhece sua teimosia. Se tentasse falar com ele...

— Desde quando ele me ouve? — Ela viu um ressentimento contido.

— Você será o único médico da família, ele terá que te ouvir, Rafael. Um café? -o aroma do mesmo invadira toda a cozinha.

— Não acho que me fará bem.

— Coma alguma coisa e fique aqui comigo. — A mãe parecia triste e isso o incomodou.

— Vocês dois estão bem? — Era uma pergunta delicada, mas que estava em sua mente há muito tempo. Precisava saber o que estava acontecendo com eles.

Sílvia ficou pensativa, sem saber o que responder à pergunta direta do filho.

— Estamos tentando recuperar nossos caminhos. Foram muitos desvios e desencontros, algumas mágoas e dúvidas, mas creio que algo maior prevalece: nosso amor.

Desta vez, foi ele que ficou pensativo, olhando fixamente para a mãe.

— Será que isso é o que move vocês? — Ele tinha tantas dúvidas acerca da fidelidade do pai, e sabia que a mãe tinha conhecimento disso. Valeria a pena insistir?

— É um assunto delicado, meu filho. Talvez você jamais possa compreender nossa relação, afinal eu mesma já tive meus questionamentos. Dediquei toda minha vida a ele, mesmo que o inverso não tenha ocorrido. Alguns desencontros da jornada nos fazem refletir se tudo isso vale mesmo a pena. E, colocando na balança, o que pesou foi a força do meu amor. E acredito que ele possa fazer a diferença em qualquer situação.

O jovem ouvia com atenção, sentindo que deveria dar seguimento à conversa, mas não naquele momento. Estava exausto, precisava dormir.

— Podemos conversar melhor outro dia. Estou cansado demais para assimilar.

Sílvia caminhou até ele e deu-lhe um abraço apertado.

— Podemos, sim. Vá dormir! — E enquanto bebericava seu café, pensava no que o filho lhe falara. Decidira dar uma chance ao marido, no entanto, a mágoa ainda imperava, e ela precisava expurgá-la definitivamente de seu íntimo para não comprometer sua relação. Rafael percebia o que acontecia com eles, por mais que tentasse ocultar!

Tommy entrou na cozinha e brincou com ela, que sorrindo disse:

— Se você pudesse falar o que me diria, hein? Vamos dar um passeio? — E ele se agitou.

Passava do meio-dia quando o telefone tocou. Era Ricardo, pai de Cadu.

– E Renato? Devo me preocupar ou não? – perguntou atencioso.

– Você o conhece tão bem quanto eu. A teimosia impera. Poderia atendê-lo em seu consultório? Ele confia tanto em você.

– Ele precisa de um cardiologista, sou cirurgião e não creio que ele necessite de tanto. Anote o nome de um profissional mais obstinado que ele. – E passou as informações. – As dores cessaram por completo? Algum outro sintoma que queira relatar? – Era o profissional que agora falava com ela.

Conversaram alguns minutos, e ela encerrou a conversa perguntando sobre Clarice, a esposa. Estavam todos ainda consternados, porém a vida seguia em frente. Prometeu fazer-lhes uma visita assim que possível. Antes de se despedirem, ele perguntou:

– Como está Rafael? Tem superado bem a ausência do meu filho? Sei o quanto eram amigos e deve estar sendo difícil para ele também.

Ela contou-lhe os últimos eventos preocupantes, assim como suas condutas reprováveis.

– Sílvia querida, isso vai passar. É uma forma de se indispor com a realidade, a qual não aceita. Essa rebeldia tende a decrescer. Confia, mas esteja vigilante e atenta. Quando somos jovens, desprezamos vários conselhos, acreditando que nossa vontade sempre prevalecerá. Custe o que custar! Já falaram com Cláudio sobre o que está acontecendo?

– É uma decisão que diz respeito a Rafael. Não posso mais obrigá-lo a fazer o que não pretende. Conversei com ele e ficou de refletir. Espero que busque essa ajuda.

– Assim também espero, Sílvia. Ela será providencial nessa fase traumática. Bem, se precisar de algo, basta ligar. E diga ao Renato que exijo sua presença ao médico indicado. Fui claro? – E riu do outro lado da linha.

— Se ele nos ouvir, pensará que estamos tramando contra ele. Mais uma vez, agradeço.

— Já sabe, pode me ligar a qualquer momento. Amigos são para essas ocasiões.

— Eu sei, Ricardo. Lembranças a Clarice e Luiza. Rogério já viajou? Cadu havia comentado sobre seu novo trabalho.

— Ele já viajou, sim. Ficará fora, inicialmente, seis meses. Depois, uma incógnita. Luiza está superando bem. Ela e Cadu eram muito unidos, e eu ficava a imaginar como se comportaria frente ao que aconteceu. Mas ela está se saindo muito bem. Como ela mesma disse, a estratégia é dar um passo por vez. Ensinamentos de nosso filho amado! Nosso Cadu plantou muitas sementes e agora é o momento da colheita. – Sua voz embargou. – Bem, minha amiga, um bom final de semana.

— Para vocês também.

Ao se despedir, imaginou como eles estavam lidando com tamanha dor, que é a perda de um filho ainda tão jovem. Elevou seu pensamento a Deus pedindo que olhasse por aquela família com todo seu amor! Nesse momento de ligação sincera com o Pai Maior é que nos reabastecemos de novas energias e coragem para prosseguir. Nem percebeu que o marido tinha entrado na sala. Ele parecia melhor.

— Conseguiu descansar um pouco? – E se aproximou dele.

— Estou melhor, sim. Com quem falava ao telefone? – E ela lhe contou com detalhes a ligação do amigo médico e de suas solicitações, ou melhor de sua imposição: a visita a um cardiologista.

— Creio que não preciso falar mais nada. Na segunda agendo uma consulta para você. E não estou pedindo, é uma ordem de Ricardo. Quer comer algo?

— Não pretendo sair hoje. Não me sinto ainda disposto. Neuza deixou algo para nós?

— Vamos ver! – E seguiram para a cozinha, local onde as pessoas mais se aproximam dentro de um lar.

Rafael surgiu quando eles estavam almoçando.

– Está melhor? – perguntou, dirigindo-se ao pai.

– Estou, sim. Almoça conosco? – E afastou uma cadeira para o filho. – Sua cara está péssima. Já se viu no espelho? – Sorriu.

– A sua também – e se sentou participando da refeição. Há muito tempo isso não acontecia naquela família.

– Rafael, uma jovem te ligou. Disse que você não atendia o celular. Chama-se Mônica. Seria a jovem daquela noite? – questionou a mãe.

– Sim. O que ela queria? – perguntou sem dar muita atenção.

– Disse que tinha novo programa para hoje à noite. E que sua presença era essencial.

– Você está saindo com ela, meu filho? – perguntou o pai.

– Ela precisava de companhia e saímos para uma reunião na casa de alguns amigos. Somente isso. – E continuou a comer.

– Esses amigos eram os mesmos daquela noite? – A mãe parecia visivelmente preocupada.

– Não. E não estava regada a drogas. Ela ficou comigo todo o tempo e não consumiu nada ilícito. Já acabou o interrogatório? Pensei que estivéssemos almoçando! – Seu tom já estava irônico, e, antes que os ânimos se exaltassem, a mãe decidiu interromper os questionamentos.

– Exatamente isso! Estamos almoçando! Continuemos, então. Apenas para concluir, ela pediu que ligasse. Recado transmitido! – E continuou o almoço como se nada tivesse acontecido, sob o olhar sério do marido, que ia dizer algo, mas foi contido por ela.

No final do sábado, Rafael já tinha novo programa com Mônica. Ela insistira que a balada era imperdível, mas que a companhia dele era mais. Ele riu e concordou em sair com ela novamente. Ela não o atraía fisicamente, mas gostava de seu jeito irreverente de ser. Além do que tinha excelente senso de humor. Era o que ele mais necessitava no momento, tudo para esquecer sua triste vida. Não tinha intenção de se envolver emocionalmente com ninguém, muito menos com uma garota que mal saíra da adolescência.

A noite foi intensa, assim como Mônica. Ela era sedutora, ele tinha que admitir. Os homens a olhavam com cobiça, e ela os olhava com desdém, abraçando Rafael mais forte, enviando uma mensagem a eles. Em dado momento, ela disse que ia ao banheiro e custou a retornar. Quando voltou estava diferente, rindo alto e quando Rafael olhou suas pupilas, percebeu que elas estavam muito dilatadas. O rapaz ofereceu um olhar reprovador, e ela se achegou bem perto e disse em seu ouvido.

– Tudo para deixar a vida mais colorida. Quer um pouco? – E segurou seu braço tentando levá-lo para um local mais discreto.

– Pare com isso e vamos embora – e segurou firmemente seu braço. – Não lhe disse que estou fora! Acho que não entendeu bem. Vamos? – e tentava levar-lhe embora.

No mesmo instante, surgiu um rapaz pouco mais velho que Rafael, conhecido por sua fama de encrenqueiro. Não muito diferente da sua própria fama.

– O rapaz está sendo inconveniente, Mônica? Se quiser eu o despacho – falou, encarando fixamente Rafael, que ainda a segurava com energia.

– Creio que o assunto não lhe diz respeito. Não tenho a intenção de discutir com você, portanto, deixe-nos em paz. Já estamos de saída, não é mesmo, Mônica?

– Sinto muito, mas minha noite está apenas iniciando, meu querido! Não vou a lugar algum! – e soltou-se dele.

Ela parecia completamente dopada, e ele não a deixaria sozinha nessas condições. Usaria todos os artifícios para tirá-la de lá. Se ela conseguira a droga, a noite estaria apenas começando para ela. E já antevia o que estava prestes a ocorrer. Se ela consumisse novamente em excesso, os danos poderiam ser inimagináveis. E desprezando o outro, Rafael falou com a jovem de forma suave:

— Mônica, querida, tenha planos para esta noite. Não quer ir embora comigo? Só nós dois, o que acha? – E beijou seu pescoço.

Ela olhou para ele num misto de curiosidade e euforia, beijando-o com paixão.

— É assim que eu gosto, querido! Você me convenceu. Vamos? – E abraçou-o sob o olhar atônito do encrenqueiro. Ela apenas disse: – Agradeço sua intervenção, mas não preciso da sua ajuda. Até! – E saíram de lá.

Rafael a conduzia para fora da balada sem saber o que faria com a jovem. Era tudo um teatro, pois não tinha intenção alguma de dormir com ela. Apenas quis preservar sua integridade física. Precisava apenas encontrar uma forma de convencê-la a ir para casa.

Já na rua, ela o questionou sobre seus planos.

— Espere para ver! – E conduziu-a gentilmente para seu carro. No trajeto, ela parecia incomodada e logo entendeu que havia sido enganada, quando ele estacionou na porta de sua casa.

— Pronto, Mônica, está entregue. Não está em condições de fazer absolutamente nada e não pretendo ficar com você nessas condições. Quanto consumiu? – Seu olhar era sério.

— Isso só diz respeito a mim! – Ela estava furiosa com ele. – Você me enganou! É tão idiota quanto todos eles! O que pensa estar fazendo? Quer me salvar? Ora, não se iluda, meu caro. Minha vida é meu patrimônio e faço dela o que quiser! – já alterara a voz.

— Escute uma coisa, e que isso fique bem claro, não pretendo salvar sua vida, não pretendo me envolver em seus problemas, pois esses não me faltam. Não quero ser conivente com o que você faz, apenas isso. E, portanto, melhor não te ver mais! Assim fica bem para você? – Ele saiu e abriu a porta do carro para que ela saísse. – Estou com sono, boa noite! – A frieza dele a tocou profundamente.

— Não vá! Fique comigo! Eu tenho muito medo! Eu lhe peço! – e ela o abraçou. – Eles querem que eu morra! Não permita isso, quero viver! – E começou a chorar.

Rafael sentiu algo estranho quando ela o abraçou. Ele ficou estático, sem ação. Um frio intenso percorreu seu corpo, apesar da temperatura amena da noite. Seus sentidos o fizeram manter-se alerta e algo o impulsionava a sair dali com urgência. Mas como estava sempre contrariando tudo, indo sempre defronte aos problemas, decidiu ficar. Ela precisava de ajuda, porém nem imaginava o que fazer. Entrou na casa silenciosa e viu um bilhete sobre a mesa. Uma mensagem de Dora, a governanta, dizendo que um familiar estava muito doente e ela havia sido chamada para ajudar. Deu algumas orientações à jovem, pedindo que ela ligasse, caso necessitasse de algo, a qualquer momento. Pelas palavras, notava a extrema preocupação com ela. Bem, pensou ele, pelo menos alguém se importava! Não estava totalmente abandonada à própria sorte. Mônica estava sonolenta e pediu que ele a levasse para seu quarto, onde se deitou como estava e pediu que ele permanecesse ao seu lado àquela noite. O jovem estava confuso quanto à sua decisão, mas não iria deixá-la sozinha. Ela pegou sua mão, como garantia de que ele não iria embora. E adormeceu! Rafael fez o mesmo!

CAPÍTULO 11

PRESENÇA INDESEJÁVEL

O que Rafael percebera, com seus sentidos físicos, era a presença de companheiros do mundo espiritual com intenções menos dignas.

O vício, qualquer que seja, é sempre devastador. Compromete o equilíbrio orgânico, causando dependência física, debilitando órgãos, desperdiçando energias vitais essenciais à vida da matéria. E compromete a parte espiritual do ser, atraindo companheiros desencarnados que ainda se comprazem no vício e nele ainda se encontram ligados, usufruindo através do viciado encarnado as sensações que o inebriam. Um espetáculo infeliz e lamentável, que poucos se atentam.

Ao lado de Mônica estavam seus companheiros de vício, desejando a todo custo que ela permanecesse com as mesmas atitudes nefastas, pois isso lhes era providencial. Para isso, estimulavam seus sentidos para que ela sentisse a necessidade premente de manter-se nessa condição. Apenas isso lhes importava!

Ao lado de Rafael, seus desafetos que desejavam sua queda e seu infortúnio, permanecendo ao seu lado, incentivavam-no à bebida e, porque não, a outros vícios, com o intuito de minar o equilíbrio de suas forças. Ele os atraía todas as vezes que se jogava irracionalmente à bebida.

E ambos, Rafael e Mônica, viviam invigilantes e descuidados quanto às condutas que deveriam oferecer para que sua existência fosse favorável. Um quadro perturbador, mas cujas responsabilidades apenas lhes pertenciam. Era escolha deles recusar esse assédio inferior! No entanto, a fragilidade emocional era o que imperava nesses dois jovens, tornando-os presa fácil desses irmãos manipuladores.

Assim age o vício, qualquer que seja, em nós! Por que alguns se entregam facilmente a eles e outros não? As tendências inferiores que trazemos e aqui estamos para eliminar são o ponto de partida para esse processo doloroso e maléfico. Resistir às tentações deve ser a regra, porém, se a vontade for débil, se a confiança em sua capacidade de se modificar esse quadro for mínima, as chances de que o vício se instale serão elevadas!

Era o que acontecia com esses dois jovens! Entretanto, ninguém está abandonado à própria sorte. Tudo estava sob o olhar atento do Pai Maior!

Raul, mentor espiritual de Cadu, acompanhava esse doloroso quadro, tentando enviar seus pensamentos a Rafael, que, mesmo sem compreender o significado exato de suas percepções, decidiu permanecer ao lado da jovem àquela noite para que males maiores não ocorressem. Os infelizes companheiros tentavam incutir ideias inferiores a ambos, porém sem sucesso. Rafael, tomado de preocupação com a jovem, decidiu retirá-la da área, conduzindo-a para casa. Acreditava que havia sido sua ideia, mas fora a inspiração de Raul para que isso se realizasse, reduzindo o poder de atuação desses irmãos.

Mas eles não desistem com facilidade e lá iriam permanecer se não fosse a presença de Raul e alguns irmãos da luz, que decidiram agir. Enquanto Rafael conduzia Mônica para seu quarto, esses abnegados companheiros surgiram no local, tentando conversar com eles, que, ofuscados pela luz que se fez presente, temerosos de serem retirados à força, saíram por si só, abandonando o local deixando um rastro de energias deletérias como símbolo de seu poder.

— Não irão nos aprisionar novamente! – disse um deles.

— Sairemos daqui, porém voltaremos! – disse outro.

— Vamos procurar outros que nos satisfaçam. Vamos! – E seguiram em busca de uma nova vítima.

A situação parecia provisoriamente controlada, o que satisfez Raul e amigos.

— Bem, façamos uma limpeza fluídica no ambiente. É o que podemos fazer, por ora. Tudo dependerá das condutas que eles oferecerem a seguir. Não podemos interferir nas escolhas que eles realizam para suas vidas. Quando perceberem que essas condutas negativas são fonte geradora de muitos sofrimentos, eles deverão aboli-las. Até lá...

Em seguida saíram...

Na manhã seguinte, Rafael acordou e decidiu ir embora. Mônica continuava dormindo. Parecia uma criança, e sentiu um estremecimento ao imaginar o que poderia ter-lhe acontecido. No entanto, não estaria ao seu lado todo o tempo para protegê-la. Não era sua função! Onde estava a família? Por que não se importavam com ela?

Pensou em sua mãe, lembrando que mandara uma mensagem assim que lá chegou. Esperava que ela tivesse lido e não estivesse preocupada. Ao pegar o telefone, verificou que a mãe lhe respondera com um simples "ok". Respirou aliviado. Ia saindo quando a porta se abriu, e Dora entrou, se deparando com Rafael à sua frente.

— Não é nada do que está pensando – disse ele constrangido.

— Não precisa me dar explicações, meu rapaz. Já vi de tudo nesta casa e não me surpreendo com mais nada. – disse ela sorrindo. Já passara dos cinquenta anos, e tinha uma aparência jovial e simpática.

– Apenas dormi aqui porque ela me pediu. Estava assustada com algo. Devo confessar que ela usou novamente a droga. Se pudesse impedir, eu o faria, mas foi tudo muito rápido e não tive tempo. Assim que percebi, eu a trouxe para casa.

– Você tem boa lábia, meu jovem. Mônica é sagaz e dificilmente se deixa enganar. Que artifícios se utilizou? – perguntou Dora, tentando deixar o rapaz à vontade.

– Admito que usei um método convencional. Usei meu charme, que andava meio embotado, mas deu certo. – E sorriu. – Consegui convencê-la a sair de lá – ficou sério novamente e disse: – Não sei se estarei ao seu lado quando isso novamente acontecer.

– A situação é crítica, eu sei. No entanto, parece que ninguém consegue perceber a seriedade do problema. Tenho tanto medo que uma fatalidade ocorra. Já sugeri que a levassem para uma clínica, mas o medo que isso se torne público e possa comprometer a vida deles e os negócios, é o que impera. Infelizmente, meu jovem, nem todos aqui estão preocupados. Rafael é seu nome, não é mesmo? Ela falou muito de você!

– É uma boa menina, apenas necessita de condução. Sinto muito, mas preciso ir.

Rafael ia saindo, quando a jovem abriu os olhos.

– Obrigada! – e ofereceu um sorriso maroto dizendo. – Você me enganou, mas na próxima você não me escapa!

Rafael apenas sorriu e saiu, acompanhado de Dora.

– Cuide dela! Ela tem muito carinho por você!

– Eu sei, meu jovem. Mas pouco posso fazer por ela. Tenho receio do que possa acontecer quando não estivermos por perto. Mais uma vez agradeço sua boa intenção. Que Deus o abençoe. – Ela não se intimidou e ofereceu um abraço que ele não pôde recusar.

– Bom dia para você também! – e saiu pensando no que ocorrera. Cadu iria se divertir com os últimos acontecimentos.

Ele se preocupando com alguém que não fosse ele! Um grande progresso em sua complicada existência. Que falta Cadu fazia em sua vida. Ele saberia o que fazer para ajudar aquela tresloucada jovem. Ele não sabia! Não queria mais pensar em Mônica, nem tampouco estar novamente ao seu lado. Sentiu um profundo temor! Não sabia se era por ela ou por ele!

Sua mãe o recepcionou assim que chegou.

– Obrigada por avisar, meu filho. Está tudo bem? Disse que precisava ajudar uma amiga. Ela está bem?

– Agora está. – Viu que a mãe estava arrumada e perguntou: – Vai sair?

– Vou almoçar com seu pai. Não quer nos acompanhar? – seria providencial, assim poderia conversar com o filho, ainda distante.

– Preciso estudar. – E com um sorriso tímido disse: – Se quiser trazer algo, ficarei feliz.

Nesse momento o pai chegou e ia comentar algo, mas decidiu se calar. Ele nunca sabia sobre o estado de espírito que Rafael iria oferecer após uma noite regada à bebida.

– Vamos almoçar? – perguntou atencioso.

– Vou estudar, mas agradeço.

Os dois saíram comentando sobre o filho. Será que as coisas iriam se acalmar? A mãe ainda acreditava que um profissional seria uma presença essencial na vida de Rafael, mas essa ideia tinha que ser compartilhada com ele. O tempo diria...

Cadu, em convalescença num hospital de uma colônia espiritual, tinha essa mesma preocupação com o amigo. Mesmo a distância, as vibrações que Rafael irradiava chegava até ele, que nada podia fazer por enquanto. Raul o orientara a cuidar de seu restabelecimento, inicialmente. Depois, poderia agir de maneira a auxiliar o amigo encarnado. Desde, é claro, que isso fosse permitido pelos companheiros superiores. Raul trataria dessa questão no momento certo.

Cadu decidira caminhar um pouco, o que foi autorizado por uma solícita enfermeira de nome Laís. Ela se ofereceu para acompanhá-lo. Conforme andava pelo majestoso jardim, algumas lembranças começaram a aflorar. Já conhecia aquele lugar!

— Gostava de caminhar e admirar a beleza e a paz que este lugar proporciona.

— Recordando-se de ter estado ali, porém não na condição de enfermo. Ele prestava serviços no acolhimento a irmãos recém-desencarnados. Um sorriso aflorou, e Laís percebeu:

— Está se lembrando de sua tarefa? Já trabalhamos juntos, meu querido amigo. Lembra-se de mim? — E seus olhos límpidos o levaram a outros tempos.

— Por que não me disse antes? Aos poucos, as recordações estão aflorando e vou me lembrando. Parece que estive aqui há tão pouco tempo! Me recordo de você agora.

— Coube a mim a tarefa de cuidar de você, o que muito me felicitou. Laços de afeto nos unem e a distância jamais iria rompê-los. Bem-vindo! – disse a jovem enfermeira.

— Minha amiga querida, agradeço seu empenho e solicitude. Espero me recuperar o mais rápido possível. Temos tarefas a realizar, assim disse Raul. E, certamente, ele se referia a meu antigo trabalho. — Um ânimo novo se apoderou dele.

— Ainda não sei qual a tarefa que lhe está designada, mas se for permitido auxiliá-lo, pode contar comigo, em qualquer empreitada! – Pareciam velhos amigos conversando.

— Porém, antes de iniciá-la, tenho um compromisso inadiável e urgente. Imagino que deva saber do que se trata? – questionou o jovem, ostentando preocupação no olhar.

— Posso imaginar, meu amigo. Prefere que o chame pelo nome que utilizou nesta última encarnação? – brincou ela.

— Acostumei-me a Cadu, pode assim me chamar.

— Sei qual o motivo de suas preocupações e não são infundadas. Trata-se de seu amigo, que o tempo os tornou tão próximos e que sente que é sua responsabilidade. Não vou questionar se os seus motivos são válidos, pois isso apenas lhe concerne. Creio que pretende lhe prestar seu auxílio fraterno, pois assim sente a necessidade. E não serei eu a contrariá-lo, pois em seu lugar faria o mesmo. Acredita que ele corre perigo?

– Tenho sentido sua angústia, e isso está atingindo as fibras de meu coração. Suas súplicas são reais e seus temores não são infundados. Ele tem um longo caminho de equívocos que o tempo não perdoa, nem tampouco seus adversários mais ferrenhos, que tentam a todo custo envolvê-lo em suas teias nefastas, com o intuito de minar-lhe todas as suas forças. Trazê-lo para cá com rapidez são seus planos e, caso ele não modifique suas tendências, é o que, fatalmente, irá ocorrer. Prometi que jamais o abandonaria e não posso permitir que ele se perca novamente. – Uma sombra percorreu seu olhar.

– Não preciso dizer que a tarefa que a ele pertence, ele mesmo terá que se incumbir. Não posso avaliar essa situação com o mesmo olhar que você oferece. Faça o que estiver em suas mãos e entregue o restante ao Pai Maior. Porém, lembre-se de que foram concedidas a seu amigo as mesmas oportunidades de refazer os caminhos equivocados de outrora que foram concedidas a você. A parte que a ele compete não é sua responsabilidade, Cadu! Envie-lhe suas energias de amor, esperança e conforto. É o que pode oferecer a ele neste momento. Quando se sentir mais fortalecido, Raul o auxiliará nessa questão. Tenha fé!

E Cadu se calou, realizando a doação que ora estava em suas mãos. Pensou no amigo deixado no plano terreno, perseguido por seus desafetos e por seus próprios erros. Sentiu que seu amor se irradiava com destino certo, e a paz voltou ao seu coração. Continuaram o passeio por mais alguns minutos e, em seguida, retornaram.

Raul estava à sua espera quando ele adentrou o salão e sorriu:

– Vejo que se sente melhor, Carlos Eduardo. Laís tem cuidado de você com empenho?

— Uma querida amiga, agora me recordo. Uma companheira de tarefa de outros tempos.

As lembranças estão cada vez aflorando mais. Sinto-me a cada instante renovando minhas forças. Em pouco tempo estarei novamente de posse de meu pleno equilíbrio.

— Fico feliz com seu empenho em se restabelecer. Sei os motivos e não sei se me alegro por isso. Conversei com meus superiores, que têm a mesma opinião acerca do problema que o aflige. Não sabemos se será conveniente uma interferência no que ora ocorre com Rafael. Estive próximo dele e percebi a luta que está travando intimamente. Reconheço que ele tem se esforçado nesse propósito. O assédio, entretanto, é intenso e constante, o que dificulta a retomada de seu equilíbrio. É um jovem batalhador, mas sua fibra é ainda frágil, absorvendo todas as emoções torturantes e nelas se envolvendo. Conta com companheiros encarnados que nutrem reais sentimentos por ele, mas seu ímpeto e impulsividade o dominam, o que contribui para seu destempero. Uma realidade dolorosa e seu afastamento contribuiu para que ele se sinta abandonado. Por todos os seus débitos a quitar, coloca-se em posição de réu confesso. Ainda não se conscientizou que cabe apenas a ele próprio mudar o padrão em que se coloca, saindo da condição de vítima para a de infatigável trabalhador que reconhece sua dívida e deseja a quitação total. Ele é instável emocionalmente, procura problemas em sua vida e não vigia seus pensamentos e sentimentos. O que podemos esperar? Você era sua muleta, e isso não estava colaborando para sua reabilitação. Ele iria permanecer eternamente nessa condição se você lá estivesse. Veja isso com outro enfoque, meu filho. Agora ele está por si e precisa compreender que essa condição não irá se alterar se ele nada fizer nesse sentido. Chorar sua ausência não irá possibilitar-lhe resolver suas pendências. É preciso trabalhar para que essa condição se altere. Cuide-se, readquira suas forças e aguarde o tempo certo. E ele ainda não chegou! Posso apenas observá-lo, quando assim me for permitido. A tempestade não deu trégua e assola o mundo íntimo desse nosso irmão. Cabia a ele se precaver quanto a esses momentos tumultuados, porém ele esqueceu-se dessa tarefa. Ou será que você as realizava por ele? – a pergunta foi direta.

– Falando assim, sinto-me responsável pela condição em que ele se encontra.

– Gostaria de lhe dizer que está enganado, assim seu coração se abrandaria. No entanto, você tem consciência que o excesso de proteção que lhe ofereceu o tornou dependente de seu estímulo? Agora, isso está sendo um empecilho para a retomada de seu equilíbrio. Muitas vezes oferecemos nosso amor, atenção, cuidados, além do necessário. Coloque-se na condição de um pai ou de uma mãe que procura proteger o filho de todo sofrimento que puder lhe advir. O resultado é que esse filho não aprende a lidar com os problemas, nem tampouco de utilizar as potencialidades que traz em si. Você fazia o trabalho que a ele competia, sinto lhe dizer. Porém, a culpa em nada irá modificar o quadro em questão. Isso pode comprometer seu restabelecimento. Apenas quis alertá-lo, Carlos Eduardo, que no afã de ajudar podemos prejudicar involuntariamente aqueles que amamos, tolhendo-os e impedindo que conheçam seus talentos.

– Sei que tem razão e admito que fui condescendente demais com Rafael. Porém, meu erro não justificará outro. Quero poder contribuir para sua retomada e sua readequação a esta existência que ele planejou visando recuperar o tempo perdido. Quero auxiliá-lo no que for possível. Peço sua ajuda para interceder por ele! – Seus olhos estavam marejados.

Raul ficou a observar o jovem à sua frente, com tantos méritos adquiridos pelo esforço e trabalho. No entanto, não conseguia prosseguir, deixando o amigo nas condições em que se encontrava, ainda mais reconhecendo que parte da responsabilidade lhe pertence. O sofrimento do jovem sensibilizou Raul.

— Acalme-se, meu jovem. Não permaneça nesse padrão inferior de vibração, pois não irá contribuir com seu amigo, nem tampouco irá lhe favorecer. Quando for possível iremos visitar Rafael e poderá comprovar com seus olhos a condição em que ele se encontra. Mediante essa observação, terá mais dados para avaliar o problema e estabelecer seus objetivos. Mas torno a dizer que deve manter seu equilíbrio se deseja ser útil. Teremos uma palestra edificante esta noite e gostaria que me acompanhasse. – seu olhar fraterno e gentil, encheu o coração de Cadu de paz e confiança.

— Uma inesquecível lição que eu estava a desprezar: o valor do tempo e sua ação curadora e esclarecedora. Perdoe minha impulsividade, Raul. Tentarei manter-me no controle das minhas emoções. Agradeço sua benevolência comigo, mesmo sabendo que não sou merecedor. – E ofereceu um tímido sorriso.

— Quisera que todos assim se comportassem, Carlos Eduardo. Porém, mediante o apego à vida material e sem cuidar de educar-se espiritualmente para este momento, a maioria retorna com suas emoções em completo desalinho, atormentados com a perspectiva do "nada", como se ele existisse...

— Naquela noite do meu desencarne, você me disse que outros dois jovens também haviam retornado à pátria espiritual. Como eles se encontram? – perguntou Cadu.

As feições de Raul se tornaram mais sérias e ele falou

— Infelizmente esses companheiros desprezaram lições essenciais sobre a manutenção da vida material, cometendo graves delitos, infringindo regras básicas e aqui chegaram em total alienação. Na verdade, podemos caracterizar que seu retorno se deu por suicídio, mesmo que assim não aceitem. Eram jovens demais na Terra, desconheciam o real significado da existência física e se descuidavam de seu corpo material, o único capaz de auxiliá-los enquanto encarnados na quitação de seus débitos. A situação deles é precária e levará tempo até que se conscientizem de que a responsabilidade foi deles, em especial do motorista, que assumiu os riscos quando dirigiu sem estar em condições de assim proceder. Lamentável a condição que apresentam, mas como o Pai não relega ao abandono a nenhum de seus filhos, chegará o momento em que eles despertarão para suas realidades e suplicarão o auxílio. E serão atendidos em suas rogativas. E isso, também acontecerá no tempo certo.

– Gostaria de ajudá-los, se assim me fosse permitido.

– Quando for possível, meu jovem. Tudo dependerá deles! Bem, agora tenho uma reunião para cuidar de seus interesses. Descanse e mais tarde venho buscá-lo.

– Mais uma vez, obrigado!

Raul apenas sorriu e saiu do quarto, deixando Cadu pensativo, procurando as lembranças que o auxiliariam a retomar seu controle. Elas surgiam de forma gradativa e a orientação de Raul assomou: tudo vem no tempo certo. Algumas lembranças de vidas anteriores afloravam e Rafael estava em todas elas. Em algum momento de sua jornada evolutiva eles haviam sido pai e filho e, talvez tenha sido a partir dessa existência que essa ligação se estabeleceu de forma tão intensa. A única certeza que ele tinha era de que precisava ajudá-lo, custe o que custasse!

CAPÍTULO 12
UM FATO NOVO

Em qualquer situação, há uma verdade inquestionável: a vida continua e segue seu ritmo...

Rafael continuava tentando se equilibrar, esquivando-se dos problemas e focando em seu interesse prioritário, que era sua faculdade. Durante a semana, procurava realizar as tarefas que lhe competiam, ainda em dúvida quanto a qual especialização seguir.

Seus pais estavam mais próximos e o irmão, cada dia mais distante, o que não mais perturbava Rafael. Já se acostumara ao seu descaso. Sempre havia sido assim!

Mônica ligava quase que diariamente, mas ele atendia quando estava disposto, outras vezes enviava mensagens curtas, dizendo que não podia falar. Ela era mesmo muito carente, assim ele concluíra.

Era fim de tarde, ele tinha acabado de retornar da faculdade, quando recebeu a visita de Luiza, a irmã de Cadu. Não a encontrara desde o enterro do amigo. Eles eram tão parecidos, que a simples presença da jovem causaria mais sofrimento, por isso a evitava.

Quando ela sorriu, parecia que o amigo lá estava. Um sorriso capaz de iluminar tudo à sua volta. Sentiu um aperto no coração. Ela se aproximou e o abraçou. Rafael sentiu-se tão confortado nesse abraço que assim permaneceu.

— Saudades de você, Rafa. Tem fugido de mim na faculdade? Vejo você de longe várias vezes e, subitamente você sai do meu campo de visão. Queria muito saber de você. Está bem?

— Vamos caminhando, não é assim que tem que ser? Quanto a fugir de você, isso jamais aconteceria, sabe disso. Não tenho muita disposição para conversar, talvez não queira falar de mim, pois minha vida está tão vazia, que não teremos assunto.

— Não é isso que fiquei sabendo. Sua vida não parece monótona, pelo que sei. — Ela viu o constrangimento dele e logo se arrependeu. — Me desculpe, nada tenho com isso.

— E o que a jovem ficou sabendo a meu respeito? — disse ele sorrindo.

— Que você tem saído com alguém nas últimas semanas. Quando me contaram quem era, fiquei tensa. Conheço Mônica há algum tempo e sei o quanto ela é problemática. Fora outras situações que acho que você já deve saber. E me preocupei com meu amigo querido! Vocês estão saindo? — Uma sombra pairou em seu olhar.

— Está com ciúmes? — Ao ouvir isso, ela ficou rubra.

— Pare com isso, estou apenas preocupada. Ela não é companhia para você. Têm amigos que você não vai aprovar. Posso dar a ficha completa dela, se quiser.

— Não se preocupe, pois apesar de parecer que estou saindo com ela, o que realmente aconteceu nessas últimas semanas, foi apenas como amigos. Ela é muito carente, complicada, não tenho intenção de me envolver afetivamente com ela. Estou esperando você crescer! — E deu uma risada descontraída. Ele adorava amolar o amigo dizendo que estava esperando Luiza crescer para namorar com ela. Cadu olhava para ele com aquele olhar divertido e jamais botou fé na brincadeira.

Luiza relaxou também e sorriu. Poderia ser verdade, mas ele jamais a levaria a sério. Esse seria seu segredo! Desde adolescente sonhava um dia namorar o amigo do irmão, mas sabia que isso jamais iria acontecer. Cadu não aprovaria e Rafael não iria olhar para ela com outros olhos que não os de irmão. Mas por que não sonhar? Quando soube do envolvimento com Mônica, e sua fama nada convencional, imediatamente seus sentidos ficaram em alerta. Ela não era uma companhia adequada ao temperamento explosivo e instável de Rafael. Os dois eram dinamite pura, pensava ela! Precisava alertá-lo, por isso decidiu visitá-lo, com o pretexto de convidá-lo para o jantar de aniversário de casamento de seus pais. Eles não estavam propensos a uma festa, mas Luiza insistira para um jantar apenas com os amigos. Poderia ter ligado, mas preferiu ir pessoalmente, assim o encontraria. Ela decidiu fazer o jogo dele e disse:

— Eu já tenho vinte e dois anos, portanto já cresci. O que está esperando? — E seu olhar fixou no de Rafael e assim permaneceu, como se uma energia intensa os conectasse.

— Não brinque com fogo, menina! Não me olhe assim! — E tentou brincar, pois sentiu-se realmente incomodado. Jamais olhara para ela de outra forma que não como a irmã caçula de Cadu. Mas o que viu o perturbou. Será?

— Você sabe que não estou brincando. — E ela parecia querer confrontá-lo, o que ele recusou prontamente. Não iria entrar em um terreno desconhecido naquele momento.

— Pare com isso, Luiza. Você veio aqui apenas me visitar? — Tentou desviar o foco.

A jovem abaixou o olhar, insatisfeita, percebendo que ele jamais iria olhar para ela com outros olhos. Retomou o controle novamente e disse:

— Estava com saudades, mas vim para convidar você e seus pais para um jantar em casa. É aniversário de casamento deles e decidi fazer uma reunião, mesmo com a insistente recusa deles, dizendo que não era momento propício. Cadu, certamente, aprovaria, pois é uma data que sempre comemoramos. Dessa vez serão trinta anos de união e não poderia passar em branco. Disse que convidaria apenas os mais íntimos, por isso estou aqui. Posso contar com vocês? – Seu olhar novamente se fixou no de Rafael.

— Quando será? – A notícia não o entusiasmou, mas ele não poderia recusar o convite. Conhecia aquela família desde criança e os amava intensamente. – Falarei com meus pais ainda hoje.

— Será no próximo sábado. E para um grupo restrito, apenas para animá-los um pouco. Eles estão reclusos demais. Papai está praticamente dormindo no hospital ou fica no consultório até tarde. Mamãe não tem conduta diversa, permanecendo na faculdade dedicando-se aos seus alunos. Rogério viajou. Estou me sentindo muito só, pois até meus amigos estão fugindo de mim. – E olhou com carinho para ele.

— Me desculpe, Luiza. Você me conhece e pode imaginar o que tem sido minha vida nessas últimas semanas. Parece que essa dor jamais irá cessar. – Seu olhar ficou sombrio.

— Você poderia ter ligado, Rafa. Sua presença preenchia minha casa de alegria. Tudo está tão triste. Cadu era a alma daquele lar e sua partida deixou um imenso vazio. – E derramou algumas lágrimas, sensibilizando Rafael que a abraçou ternamente.

— Eu sempre estarei por perto, minha amiga querida. Posso ter um jeito estranho de demonstrar isso, mas conte comigo em qualquer situação. Quando sentir-se muito só, venha para cá, não é mesmo Tommy? – E chamou o cachorro que apareceu com seu rabo abanando fazendo muita festa para a visitante.

— Meu amiguinho, senti saudades! Prometo vir mais vezes te ver, assim aproveito e mato as saudades do seu dono. – e sorriu perante o carinho que ele demonstrou.

— E retomaram a conversa sobre os mais variados assuntos. Antes de sair, ela pegou em seu braço e disse com cautela:

— Promete que não vai se envolver com Mônica? Ela não é companhia para você e pode lhe trazer problemas, acredite.

— Ficarei atento quanto a isso. Já disse que não tenho intenção de me envolver com ela ou com outra mulher. Assim você fica tranquila? Não sabia desse seu lado ciumento.

— Tenha cuidado e não brinque comigo! — E seu semblante ficou sério.

— Volte outras vezes, sua presença é sempre luz em minha vida. — E abraçou-a com todo carinho. Ela era realmente especial! Assim como Cadu!

Despediram-se e Rafael ficou observando-a sair. Aquele olhar que ela lhe dedicou! As brincadeiras com ele! Tudo havia sido estranho demais, afinal jamais poderia supor que ela tivesse algum interesse nele. Pela primeira vez em todos esses anos percebeu que ela crescera, não era mais aquela adolescente imatura de antes. E isso o perturbou demais. Não, ela só poderia estar brincando com ele, pensou. Aquele jogo de palavras insinuando coisas! Que ela estivesse preocupada com seu relacionamento com Mônica, isso era fato. Mas daí a cogitar outras coisas... Ela era como uma irmã, jamais pensou numa relação diferente dessa! Entretanto, aquele olhar...

Ficou ainda alguns instantes pensando nas infinitas possibilidades de sua mente estar divagando excessivamente. Voltou aos seus estudos, imaginando o que Cadu pensaria acerca disso. Pela afinidade existente entre os dois irmãos e, conhecendo-o tão profundamente, ele talvez não aprovasse um relacionamento entre eles. Quando ele brincava com Cadu acerca da jovem, que cada dia estava mais bonita, dizia para jamais brincar com os sentimentos de qualquer mulher, em especial os da sua irmã. Analisando isso com outro olhar, essas palavras poderiam dizer outras coisas. Talvez ele já tivesse detectado o interesse por parte de Luiza, mas não alimentava ilusões. Rafael era um jovem complicado demais! Seria isso?

— Meu amigo, que falta você faz! — E redirecionou seus pensamentos para o estudo.

No final daquela semana, Mônica lhe convidou para uma festa, que, de acordo com sua avaliação, seria a festa do ano. Ele poderia imaginar o tipo de evento que seria e seus instintos disseram que deveria recusar o convite. Porém, a insistência dela foi tamanha que ele se prontificou a acompanhá-la mediante algumas condições.

— Você ficará ao meu lado todo o tempo, fui claro?

— É exatamente o que pretendo, querido. Não quero olhares furtivos para nenhuma outra garota, entendeu? Você é só meu! — E ele ouviu uma risada do outro lado.

— Escute uma coisa, minha jovem, eu não sou de ninguém. Vou apenas acompanhá-la e cuidar para que não se envolva em problemas. Sou seu amigo! — Ele não queria que ela alimentasse outro tipo de relação entre eles.

— Não quero ser sua amiga, apenas. Você sabe o que desejo e está fazendo jogo duro comigo. Não me acha atraente? Não faço o seu tipo? — disse com voz chorosa.

— Te acho uma mulher muito bonita, porém não quero me envolver com ninguém, já disse. Tenho outras prioridades no momento e você também deveria ter. Não voltou a estudar? — a pergunta soou direta. Ela nada respondeu de pronto. Após alguns instantes, disse com a entonação grave:

— Não sei para que o estudo me serviria. Ele não vai preencher o vazio da minha existência. Outras coisas, sim!

— Pois você está equivocada, Mônica. Por pior que seja sua vida, ela pode melhorar se assim se propuser. É o que eu tenho ouvido nos últimos meses. O tempo auxilia muito, tenho de admitir. Você é tão jovem! Faça algo que possa preencher sua vida. O caminho que está trilhando é apenas ilusão. Isso apenas vai te afastar cada vez mais de seus objetivos maiores. Uma sábia lição deixada por um amigo inesquecível. – Eram palavras de Cadu a ele próprio em seus momentos de revolta e insatisfação. Mônica ficou silenciosa, pensando que ele também não a compreendia! Sentiu-se só mais uma vez!

– Você pode ter razão, mas podemos deixar esse assunto para outra ocasião? Você passa aqui para irmos juntos, então? – Ela tentava desviar o assunto que tanto a incomodava.

– Você sempre age assim com quem se preocupa com você? – Ele parecia irritado com a impertinência dela.

– Não fique bravo comigo, querido! Gosto quando você está mais solto! – E riu.

– Sei do que você gosta, Mônica. Te pego às 22 horas. Tenho que estudar, até mais. – E desligou o telefone, imaginando se havia sido uma boa escolha.

Não muito distante de lá, Luiza avaliava o convite do mesmo evento com sua amiga Raquel.

– Se for comigo, talvez me anime para a festa – disse Luiza para a amiga.

– Você sabe que não gosto desse tipo de evento. Sabe o que vai rolar...

– Você não pode evitar todos os lugares! – disse Luiza. – Se agir assim sempre estará se preservando, mas não se aperfeiçoando. Basta estar vigilante quanto às energias com que irá se defrontar.

– Sua tese é bem interessante. Continue... – Raquel gostava da mente lógica da amiga.

– Se você evitar todos os locais que julga inadequados pelas energias inferiores que apresentam, como irá se fortalecer? Como aprenderá a lidar com essas situações? Por outro lado, se você estiver preparada para o que irá enfrentar, ficará imune às contaminações fluídicas, não é com isso que você se preocupa? Ainda não entendi o que significam, mas gostaria de conhecer melhor seus argumentos.

Raquel ria do outro lado do telefone com as teorias que a amiga apresentava. Em tese, ela estava correta, afinal só aprendemos a nos defender de algo quando sabemos o que estamos enfrentando. Era lógico, porém, ela era avessa a esse tipo de lugar por sentir-se deslocada. Mas tinha de admitir que ela estava certa.

– Você é mais inteligente do que imaginava. Posso lhe dizer que tudo o que disse tem fundamento, mas a questão é que eu não gosto desses locais muito cheios. Me sinto sufocada. – tentava argumentar com Luiza.

– Raquel, pare de buscar desculpas para sua vida. Você precisa sair mais, conhecer pessoas, estabelecer novas relações e isso não vai obter permanecendo reclusa em seu castelo. – E ela mesmo riu da alegoria. – Ninguém está lhe pedindo para mudar seus hábitos, apenas para ter novas experiências. Não pretendo ir sozinha à essa festa e somente irei se me acompanhar.

A amiga ficou silenciosa alguns instantes, e depois finalizou:

– Sei o motivo de tamanho interesse por essa festa. Acho que tem um nome, não? Será Rafael? – E deu uma risada.

– Pode ser, mas também será uma festa muito interessante para seu experimento. Pense nisso! – insistia.

– Você não está entrando em um terreno perigoso, amiga? Talvez ele nem esteja lá.

– Minha intuição diz que ele estará e que preciso estar por perto. – Ao dizer isso sentiu arrepios por todo o corpo e ficou em alerta. Decidiu contara à amiga sobre seu sonho. – Raquel, tive um pressentimento, aliás foi um sonho e nele meu irmão pedia para eu cuidar de Rafael. Ele falava comigo, porém não conseguia vê-lo. Foi algo estranho, mas muito real. E jamais deixei de atender um pedido de Cadu, ainda mais quando se refere a Rafael, que ele sempre cuidou e protegeu. Era uma relação muito estranha e pouco convencional, pois Cadu parecia mais um pai que um amigo. Estava atento a cada problema, situação conflituosa, enfim, estava ao seu lado em qualquer momento.

Acho que foi um sonho ou sei lá o que pode ter sido, mas a questão é que eu preciso estar nessa festa e não me pergunte o motivo, pois não saberia explicar. Você entende disso melhor do que eu. – e ficou quieta.

Raquel ficou a refletir nas palavras da amiga e elas tinham fundamento. Era esse um dos motivos para não querer ir à festa, algo lhe dizia que seria turbulenta e perigosa. Assim sua intuição lhe soprava: cautela, atenção, perigo. E agora comprovara que isso era justificado, pois a amiga lhe dissera exatamente a mesma coisa. O que fazer? Elevou seu pensamento ao Pai Maior pedindo que a ajudasse em suas decisões. Após alguns instantes decidiu que deveria ir com ela, não a deixaria sozinha por nada.

– Você é sempre tão insistente? Você me convenceu, te acompanho. Porém com a condição de não se envolver em problemas. Combinado?

– Não me meto em problemas e você me conhece. Quero estar lá, é o que preciso fazer. Você é uma amiga maravilhosa? – As duas conversaram mais alguns instantes e se despediram.

A festa ocorreria num clube privado e com um público seleto, naquela mesma noite, sexta-feira. Luiza disse que iria de carro, pois não tinha pretensão de beber, afinal estava numa tarefa muito especial.

Assim que desligou, Raquel, que era espírita desde muito jovem, com uma percepção muito aguçada, sentiu que a situação era delicada sob vários aspectos. Percebeu uma nuvem sombria envolvendo Rafael, a quem conhecia por intermédio da amiga. Isso a deixou em estado de alerta, pressentido o perigo a rondar. O problema é que sua amiga estava prestes a se meter em algo instável, com energias inferiores ao redor, podendo também se colocar em situação hostil. Muitas vezes, ao interferir em planos alheios, trazemos para si as mesmas energias, que se não soubermos discerni-las, podemos absorvê-las e comprometer nosso equilíbrio e integridade. Isso poderia ocorrer com Luiza, o que ela não poderia permitir. Falou com sua mãe sobre as suspeitas e pediu que ambas orassem solicitando proteção e a intervenção divina, se assim fosse necessário.

    Após as preces, ambas se entreolharam e o que pressentiram as deixou de sobreaviso.

    – Minha filha, esse jovem precisa de ajuda espiritual, e você já percebeu. Luiza é destemida e zelosa, porém não está habilitada para cuidar de um problema de tamanha gravidade. Esse jovem é detentor de muitos débitos, não que não os tenhamos, que fique bem claro. Ele se propôs a resolver essas pendências e julgava que daria conta de tudo. Não posso afirmar algo que desconheço, mas situações semelhantes verificamos a todo instante em nossos trabalhos espirituais. Sinto que ele se encontra paralisado e incapacitado de solver todos os compromissos assumidos. Talvez esperasse que o amigo o auxiliasse nessa prova. Mas com o desencarne dele, tudo parece ter se alterado à sua frente. Está fragilizado, com suas energias debilitadas, sua vontade de seguir em frente está comprometida, o que significa abertura de sua guarda, abrindo caminho para esses companheiros se aproximarem e colocarem em ação, planos nefastos a seu respeito. É uma situação delicada e que requer extremo cuidado, em especial por parte de Luiza, que pode, ao interferir em planos alheios, comprometer sua própria segurança. Fale com ela sobre isso, afinal ela confia em seu julgamento. Convide-a para conhecer nossa casa espírita. Peça que procure a orientação e relate seus temores acerca do amigo. Talvez ele ainda não se encontre em condições de lidar com isso, porém ela, se pretende auxiliar, deve ter em mente a responsabilidade que estará trazendo para si. Falarei com meu dirigente e talvez possamos realizar uma assistência a distância para esse jovem, de quem preciso de todos os dados. – A mãe sorriu e complementou: – Ninguém estará desamparado de Deus e cada filho amado deve recorrer a Ele nos momentos de maior apreensão. Cabe a nós, seus filhos ainda rebeldes, entender que depende unicamente de nós, num ato de humildade, aceitar que somos ainda imperfeitos e precisamos de ajuda!

A filha sorriu e se dispôs a falar com a amiga em ocasião propícia sobre o delicado assunto, que envolvia o amigo e ela também.

A mãe de Raquel, Marta, era médium há muitos anos, buscando a Doutrina Espírita em sua juventude, em função da sensibilidade extrema de que era portadora, causando muitos problemas e grande desconforto. Desde então, passou a ser assídua frequentadora da casa espírita que a acolheu com todo carinho e, em seguida, passou a estudar os fundamentos dessa consoladora doutrina. Passou a trabalhar na casa como médium, intermediando comunicações de irmãos desencarnados e sofredores, muitos desconhecedores das causas de seus sofrimentos. Um trabalho que a mantinha sintonizada com as equipes espirituais superiores que efetivamente comandam os trabalhos espirituais de uma casa espírita. Educou seus três filhos nessa doutrina e todos possuíam vastos conhecimentos. Raquel era também médium, e estava aprimorando suas faculdades mediúnicas para poder trabalhar com elas, em breve. E ela iria ajudar Luiza mais do que imaginava...

CAPÍTULO 13
AUXÍLIO INESPERADO

O dia foi intenso para Rafael. E a noite prometia... Avisou a mãe sobre a festa e que ela não se preocupasse com ele.

— Filho, sei que tem andado atarefado, mas aquela questão que conversamos sobre procurar Dr. Cláudio novamente foi analisada? — Ela estava séria.

— Não tive tempo para pensar — respondeu laconicamente.

— Estamos falando de sua vida, Rafael, você necessita de ajuda. Sinto uma angústia ainda imperando e isso me preocupa. E, sua conduta apenas tem mostrado que minha preocupação é justificada. Não quero entrar em atrito com você, porém não é a postura que deveria pautar sua vida. Todos os finais de semana você excede todos os limites e sabe a que me refiro. É angustiante para mim ficar de espectadora passiva e nada fazer para modificar esse quadro à minha frente. Preciso que colabore comigo! — Sua voz mostrava toda a aflição que trazia.

O jovem ficou pensativo e apenas respondeu:
— Não se preocupe comigo, é só isso que lhe peço. Tudo ficará bem! — E beijou o rosto da mãe, num gesto de rara demonstração de carinho. — Não fique acordada! — e saiu.

Sílvia torcia as mãos, sentindo-se impotente e com pressentimentos nada favoráveis.

Rafael sentiu a mesma coisa que a mãe, mas decidiu não se ater às sensações estranhas que o acompanhavam durante todo o dia. Mônica o aguardava sorridente:
— Meu acompanhante está deslumbrante! — extraindo um sorriso de Rafael.
— Essa frase deveria ser minha! — e beijou seu rosto.
— Só isso? Não mereço mais? — perguntou ela insinuante.
— Talvez, porém é só isso que posso oferecer. Vamos? — E mostrou-se irritado.
— Você vai se render aos meus encantos, escute o que digo! Por ora, me satisfaço apenas com a companhia. Vamos, querido!

Ele ia responder, mas decidiu permanecer calado. Ela brincava demais com as palavras!

A festa se localizava num clube privado, reservado a um seleto número de convidados, preferencialmente os que gastavam em excesso e sem limites. Mônica adorava esse tipo de evento! Em meio a todo luxo, outros divertimentos estavam previstos, além da bebida farta. A música eletrônica tocava em todos os salões, com os convidados se entregando a um frenético movimento.

Analisando sobre outro enfoque, o do mundo espiritual, isso certamente chocaria aos presentes invigilantes. Um espetáculo deprimente e assustador, com entidades do mundo espiritual sorvendo as energias dos encarnados, comprazendo-se com as sensações materiais que ainda sentiam necessidade, estimulando-os ao consumo exagerado do álcool e do fumo. E estes, aceitavam esse assédio de forma passiva, sem a consciência do que ocorria ao seu redor.

Luiza e Raquel sentiram a atmosfera perniciosa desde que adentraram o local.

— Não lhe disse? Me sinto mal nesses lugares, por isso tento evitá-los.

— Entendo, Raquel, mas pense que é por uma boa causa. Quem sabe você não tenta doutrinar alguns desses jovens, alertando-os para os perigos que correm? — Luiza brincava com a amiga, que sorriu dizendo:

— Se eu tentar isso, serei expulsa da festa no exato instante. Já que estamos aqui, que sirva de um experimento. — E saiu a caminhar pelo salão pouco iluminado.

— Você vê algo que não se encontra em nossa realidade? — perguntou Luiza com o semblante sério.

— Quer saber se vejo espíritos?

— Você os vê em toda parte assim como me vê? — Luiza estava curiosa a esse respeito.

— Já lhe disse que eles estão ao nosso redor. Não é porque não os vemos que eles não existem. Eles estão numa realidade extrafísica, ou espiritual se preferir, e podem nos influenciar de forma positiva ou negativa. Os bons espíritos sempre irão nos auxiliar, nos orientar, pois se preocupam conosco. Os levianos, os maus, os vingativos, os que ignoram as leis divinas, estes desejam o nosso desequilíbrio sofrimento, pois acreditam que assim merecemos. Amiga, essas explicações poderiam ficar para outro momento, não concorda? Definitivamente, não era ocasião para tantas explicações. Mas, respondendo à sua pergunta, sob determinadas condições, eu os vejo, sim!

— Esse assunto me interessa muito e gostaria de saber se pode me levar ao seu centro espírita. Tenho tantas dúvidas! E tantas perguntas! Mas deixemos para outra ocasião. Vamos ver onde está Rafael e aquela doida!

— Terei imensa alegria em lhe apresentar a casa onde frequento e que tanto tem me ensinado acerca dessa doutrina.

Vamos marcar! – E lembrou-se da recomendação da mãe sobre Rafael. Ia comentar algo, quando Luiza apontou ao longe o amigo e pegando o braço da amiga, se dirigiu até ele.

Rafael sorriu ao vê-las e disse:

– Luiza! Não sabia que gostava deste tipo de festa. Mônica, esta é uma querida amiga, Luiza. E você é Raquel, não é mesmo? – As duas amigas sorriram e cumprimentaram Mônica, que ofereceu um sorriso nada amistoso.

– Nós já nos conhecemos, não é Mônica? – perguntou Luiza, fixando seu olhar no dela.

– Talvez, sua fisionomia não me é estranha. Oi! – disse secamente. – Rafa, quero te apresentar uns amigos. Com licença. – Pegou o braço do jovem saindo a caminhar por entre os convidados.

– Nos vemos por aí – disse Luiza, sentindo algo inexplicável, como uma tensão, um sinal de alerta, tudo muito confuso. Raquel teve a mesma sensação e disse:

– Essa garota vai causar problemas, e seu amigo pode se colocar em situação perigosa. Não sei porque estou dizendo isso, mas é o que sinto. Tente falar com ele.

– Não vai adiantar. Você viu? Ele já está bebendo, o que faz sem restrições. Isso o impede de observar com bom senso o que ocorre ao seu lado. Não me dará ouvidos – respondeu Luiza com pesar.

– Fiquemos por perto, então. Ele não pode nos impedir de permanecermos onde quisermos.

– Sim, mas façamos com cautela. Não quero me indispor com ele, senão como poderei ajudá-lo? Eu também não gosto dessa jovem. Meu maior receio é que ela o instigue a algo reprovável e que ele aprecie. Sabe do que estou falando! – E ficou a observá-lo de longe, pressentindo que algo de mal poderia ocorrer.

Mônica não se lembrava de onde conhecia Luiza, por quem sentiu súbita animosidade. Teria ela algum interesse em Rafael? Se assim fosse, queria distância dela, e apresentar uns amigos havia sido um excelente pretexto.

Rafael não gostou dos amigos de Mônica, todos jovens desocupados, ricos, fúteis, que apenas aproveitavam a vida, assim como ela. Aliás, não entendia o que estava fazendo ao lado dela! Talvez sentisse que ela precisava de ajuda, assim como ele! Doía ver o sofrimento que ela ostentava! Começou a sentir-se sufocado, queria sair de lá! Olhou para ela e viu tamanha desarmonia em seu olhar, que isso o sensibilizou ainda mais. Jamais imaginou viver uma situação como essa. Pegou mais uma bebida, pensando que isso o acalmaria!

Mônica, num dado momento, virou-se para ele e disse:

– Já volto! – Ia sair, quando ele segurou seu braço e disse:

– Onde vai?

– Apenas ao banheiro feminino, querido. Lá você não pode entrar. Fique na porta e comprove. – Seu olhar parecia turvo e estranho. Rafael não gostou do que viu.

– Ficarei te esperando na porta. Vamos? – E seguiu com ela.

Mônica parecia apreensiva e seguiu com ele. Ficou apenas alguns minutos e quando voltou, parecia outra pessoa, mais confiante e decidida.

– Demorei?

Rafael estava, agora, convencido de que ela se drogara no banheiro novamente. Furioso, disse:

– Você está brincando com fogo e não pretendo me queimar com você. Se tiver um mínimo de lucidez, vamos embora daqui agora.

Ela apenas sorriu para ele e disse:

– Preciso de ar, vamos conversar lá fora. – E abraçou-o, dizendo baixinho em seu ouvido:

– É a única forma que eu tenho de aceitar a minha vida. Só assim consigo enxergar um pouco de cor em meio à escuridão que vivo. Fique comigo!

Rafael não se conteve e perguntou:

– Quem foi que lhe forneceu? Onde ele ou ela se encontra? Quero saber agora! Fale!

A jovem nada respondeu. Ele a deixou lá e saiu em direção ao banheiro, entrando com fúria e olhando cada canto do lugar. Na última porta, apenas encostada, ele empurrou com força, se deparando com uma jovem assustada, com uma bolsa que tentou esconder da vista dele. Rafael pegou a bolsa e viu vários papelotes de cocaína. Arrancou das mãos da jovem, jogando tudo no vaso sanitário, em seguida puxou a descarga. Ele não sabia o que aquilo significava em termos de dinheiro, mas pouco se importou. Após o ato, anunciou:

— Se eu fosse você, daria o fora agora daqui antes que eu chame alguém que faça isso!

Ela recobrou o equilíbrio e, furiosa, disse:

— Isso não fica assim! Vai ter volta! — e saiu caminhando lentamente.

As demais ocupantes do banheiro estavam atônitas com a entrada intempestiva daquele rapaz e apenas observaram os movimentos dele. Tudo foi rápido. Quando Rafael percebeu o que havia feito, disse apenas:

— Peço desculpas. Já estou saindo! — E rapidamente deixou o local, sentindo que sua atitude poderia lhe custar um alto preço. Caminhou rapidamente pelos salões, tudo sendo observado por Luiza e Raquel, que se entreolharam assustadas. O que acontecera?

O jovem saiu e procurou por Mônica e a encontrou conversando com um homem mais velho que a maioria que lá estava. Rafael havia sido apresentado a ele logo que chegaram. Viu a jovem mexendo as mãos em total desarmonia, como se discutisse com ele. Quando ele se aproximou, disse:

— Vamos embora. Já deu por hoje — Sem considerar a presença ao lado da jovem.

— Ainda é cedo, não é, Mônica? A festa está apenas começando, não vai querer sair agora!

— Mônica, estou indo embora, venha comigo! — E ela não o encarava diretamente.

— Creio que ela não deseja ir, não é mesmo? — E pegou firme no braço da jovem, que levantou o olhar e tentou sorrir.

— Ainda é cedo, Rafa! Ainda nem me diverti como pretendo! Fique comigo!

— Mônica, sei o que fez e o que pretende fazer se aqui permanecer. Posso não ser um exemplo a seguir, mas sei o que quero para minha vida. Aquela jovem no banheiro não vai te oferecer mais nada, pois acabei com o estoque todo. A não ser que tenha outra pessoa a lhe fornecer!

O olhar do homem ficou tenso e, sem perder o domínio de suas emoções, disse:

— Acho que você está sendo inconveniente, meu rapaz. Conheço Mônica há muitos anos e cuido dela como se fosse uma irmã. Você a está julgando de forma muito severa. Creio que nossa conversa se encerra aqui. Minha querida, fique, deixe-o ir. Você não ficará sozinha. A diversão mal começou! — E ofereceu um sorriso gelado e perturbador.

Mônica estava dividida, tentada a ir embora, mas precisava de mais um pouco da droga. Apenas algo que a fizesse se esquecer de sua triste. Olhou Rafael com ternura e disse:

— Gostaria que ficasse, mas já que insiste em ir embora... — E saiu caminhando.

Rafael encarou com frieza aquele homem à sua frente, que nem sequer sabia o nome:

— Se algo acontecer a ela, juro que procurarei você até no inferno.

— Ela sabe o que faz. Se a conhecesse tão bem quanto eu, saberia que ela é muito infeliz. Deixe-a viver como pretende! E cuide melhor de sua vida!

— Isso é uma ameaça? — enfrentou o rapaz.

— Apenas um conselho! — E foi embora.

Rafael ficou a observá-lo, tentando entender o significado de suas palavras até que o viu conversando com aquela jovem que portava as drogas no banheiro. Os dois voltaram o olhar para Rafael, que sentiu um estremecimento. Viu quando ele pegou o celular e falou rapidamente com alguém. Foi nesse instante que ele compreendeu tudo! Era aquele homem que estava por trás das drogas que Mônica tinha acesso. Sentiu uma fúria crescer dentro dele, e a única coisa que pensou foi em levar Mônica embora de lá a todo custo. Quando pretendia voltar para dentro do salão, sentiu-se puxado violentamente por trás. E, ao se virar, sentiu um forte golpe no rosto. Caiu e, antes que pudesse se levantar, recebeu novo golpe. Ficou sem ar por instantes, e uma luz forte se acendeu, orientando-o a reagir. Levantou-se e partiu de encontro ao homem que o atacara, socando-o com toda a energia que lhe restara. O tumulto começou, outro homem se aproximou e prendeu-o por trás. O que o atacara inicialmente estava com raiva redobrada e começou a bater com toda a sua fúria. A cada golpe, Rafael sentia que suas defesas iam esmorecendo, sem conseguir mais reagir. Sua vista se turvou e não sentia mais nada, quando, subitamente o agressor estancou.

Rafael, já no chão, olhou à sua frente, tentando entender o que estava acontecendo. Antes do tumulto se instalar, Luiza e Raquel observavam ao longe a cena que se desenrolava, já percebendo que algo estava para acontecer. Quando viram que aquele homem tentava bater impiedosamente em Rafael, as duas amigas correram em direção dele.

Luiza sabia que precisava impedir aquela ação covarde. Aproximou-se e gritou:

— Parem com isso imediatamente. Raquel, chame a segurança já! – E a amiga correu em direção aos seguranças no mesmo instante. – O que pensam estar fazendo? Pretendem matá-lo? Se eu fosse vocês, sairia daqui agora, pois em pouco tempo, terão muito o que explicar. – Raquel conversava com alguns seguranças, que se dirigiam para o local da confusão.

Os dois homens envolvidos na briga se entreolharam e em seguida correram de lá.

Luiza não entendia o que acabara de fazer, mas dera resultado, pois os homens se afastaram de Rafael, que continuava estendido no chão.

– Você está bem? – e segurava sua cabeça com todo carinho. – Olha o que fez! Está sangrando muito! Você é louco, Rafa?

O jovem estava ainda atordoado. Olhou a jovem segurando seu rosto e pensou ter visto Cadu à sua frente. Apenas conseguiu dizer:

– Você está sempre comigo, Cadu! – E fechou seus olhos, sob o olhar aflito da amiga.

– Rafa, fale comigo! Você está bem?

Quando Raquel chegou com os seguranças da festa, os homens já haviam fugido.

– Ele está bem? – perguntou a amiga.

– Não sei, parece que desmaiou. Vocês podem ajudar?

Os seguranças levaram Rafael para um lugar reservado, distante do tumulto. Um homem vestido de branco lá se encontrava e passou a examinar o jovem desacordado. Luiza beirava o desespero e torcia as mãos, preocupada com o que presenciara. Por que ele estava brigando?

Após os exames iniciais, o médico deu seu diagnóstico:

– Ele parece bem. Está apenas desacordado. Os golpes foram fortes, causando algumas escoriações, mas assim que ele acordar poderemos investigar melhor e, se necessário, conduzi-lo a um hospital para alguns exames. O rapaz parece forte e não vejo algo mais sério. Vamos aguardar. Vocês o conhecem?

– É nosso amigo e não sei como isso aconteceu. Ele poderá nos dizer assim que acordar.

Isso aconteceu em apenas alguns instantes. Ele abriu os olhos e observou tudo ao seu redor com atenção.

– Onde estou? – Tentou se levantar e sentiu muita dor numa das costelas.

— Tenha cuidado! Pode ter alguma costela fraturada – disse o médico, e continuou sua avaliação. – Acho melhor você fazer alguns exames.

— Talvez, mas vou ficar bem. – E olhou Luiza ao seu lado. – O que está fazendo aqui?

— Cuidando de você! O que foi aquilo?

— Uma longa história. – E levantou-se cuidadosamente.

— Armou uma grande confusão, Rafa. Quem eram aqueles trogloditas? Por que estavam batendo em você? Creio que mereço uma explicação. – E cruzou os braços, aguardando que ele iniciasse o relato, mas Rafael não estava disposto a dar explicações. Sentia que Mônica estava em perigo, especialmente depois do que aconteceu.

— Luiza, agradeço o que fez por mim, mas preciso ir. Mônica pode estar em perigo. – A simples menção à Mônica, fez com que Luiza ficasse com o semblante sério.

— Ela colocou você em perigo. Você precisa ir até um hospital, não sabemos se houve mais alguma coisa. Por favor! – ela pretendia tirá-lo de lá a qualquer custo.

— Eu ficarei bem, já disse. Porém, ela já não posso afirmar... – Ele estava empenhado em procurar a jovem mesmo naquele estado.

Raquel presenciou toda a conversa e decidiu intervir:

— Vou procurar por ela e aviso o que aconteceu. Assim está melhor? Enquanto isso, procure recuperar-se. Luiza ficará com você.

— Meu jovem – disse o médico – , tenho que concordar com essas duas jovens, que apesar da pouca idade parecem ter maturidade suficiente para avaliar o que lhe aconteceu. Descanse um pouco, tenho que atender outro paciente. Pode ficar aqui, voltarei logo mais e te avalio novamente. – E saiu deixando os dois sozinhos.

Luiza foi a primeira a quebrar o silêncio que lá se instalou:

— Meu pressentimento estava certo! Precisava estar aqui, nesta festa! Quando vai aprender a se cuidar? Precisa ser tudo dessa forma? — seu olhar era firme.

— Está parecendo Cadu! Essa tarefa não lhe pertence! E eu sei me cuidar sozinho. Não iniciei essa confusão. Esses covardes me atacaram a mando de alguém.

— Como isso aconteceu? Conte-me tudo.

Rafael iniciou sua narrativa. Ao término, Luiza estava com todos os seus sentidos em alerta, prevendo consequências funestas. Jamais se deve se envolver com esse tipo de pessoa, porém agora estava feito!

— Onde estava com a cabeça agindo dessa forma? Você jogou tudo no vaso? — Ela imaginou a cena e ficou radiante, no entanto sabia que aquilo teria um custo alto. — Não devia ter sido tão impulsivo! O que pretende fazer?

— Nada, a não ser levar Mônica daqui. Ela está determinada a acabar com sua vida, mas não posso permitir que isso aconteça. — Ele falou de forma tão enfática que Luiza percebeu o tamanho da preocupação dele pela jovem. Estaria envolvido afetivamente com ela? Sentiu certa angústia com essa possibilidade e decidiu perguntar:

— Você está gostando dela? — A pergunta foi direta e o tomou de surpresa.

— Eu apenas me preocupo com ela! — essas palavras não a convenceram.

CAPÍTULO 14

UM NOVO OLHAR

— Você está gostando dela? – ela repetiu a pergunta, fixando seu olhar no dele. Uma dúvida surgiu, causando hesitação no jovem.

— Por que quer saber? – rebatendo a pergunta e enfrentando o olhar.

— Você sabe o quanto ela é problemática, confusa, deprimida. Será que é companhia para você? Me perdoe, nada tenho com isso, porém sabe o quanto você é importante para mim? Eu o conheço desde sempre e não consigo ficar passiva perante uma situação perturbadora como essa. Quero sua felicidade! – E seu olhar se encheu de lágrimas. – Não vejo um caminho iluminado se permanecer ao lado dela, e isso me enche de angústia. Ela não pertence ao seu mundo!

— E que mundo é esse? Nossos mundos não são tão diferentes assim. Temos nossos fantasmas, nossas fragilidades, nossas dúvidas, na verdade pertencemos a um mesmo reduto: o dos infelizes e torturados! – Sua voz ficou fraca e carregada de emoção.

– Jamais entendi você, meu amigo! Você tem tudo e ao mesmo tempo parece tão desprovido de recursos para enfrentar sua realidade! Jamais pude te compreender. Creio que apenas Cadu conseguia acessar esse seu mundo. Porém, ele não está mais aqui, Rafa. Precisa sair dessa situação torturante e buscar as respostas que até hoje não conseguiu! Sua vida está apenas iniciando e no entanto, muitas vezes você mais se assemelha a um velho, que não consegue mais sonhar, pois sente que o tempo passou. Tente ver a vida sob outro enfoque, caso contrário finalizará sua existência sentindo um vazio imenso que jamais pôde ser preenchido. E, se assim acontecer, será por sua própria obra e de mais ninguém, pois a vida é seu patrimônio!

Ele abaixou o olhar e avaliou as palavras de Luiza. Ela conseguiu tocar no centro nevrálgico de suas emoções. Foi como se um duro golpe o assolasse novamente, ficando sem ar, sem chão. Ela era tão jovem, como podia conhecer de forma tão plena seu mundo íntimo? Eram palavras duras, porém verdadeiras. Ela descrevera exatamente o que ele sentia. Era tão parecida com Cadu, porém mais contundente e direta. Ele sabia o que falar e como falar, poupando-o de dissabores. Ela o instigava com palavras duras, exigindo dele uma avaliação imediata da vida. Era isso que ele não precisava, pois não sabia como proceder! Ficou confuso!

– Sei que você pode estar me odiando agora com tudo o que estou lhe dizendo. Não sou Cadu, não sou aquele ser lindo e generoso que tanta falta faz em minha vida e na sua! Sou uma pessoa comum, com muitas imperfeições, apenas com o desejo sincero de auxiliar uma pessoa especial. Mas só sei fazer do meu jeito, Rafa! Espero que me compreenda e não se magoe comigo. Aliás, me desculpe. Não tenho o direito de invadir sua vida e lhe dizer se está certo ou não. Se Mônica é objeto de seu afeto, como posso impedi-lo ou criticá-lo? Faça o que sua consciência orientar – E ficou calada, com as lágrimas escorrendo pelo rosto. Esperaria a amiga retornar e depois iria embora. Sentia-se uma completa idiota!

Rafael ouviu atentamente as palavras de Luiza e sabia que ela estava certa em suas colocações. Queria que sua vida fosse diferente e menos confusa, mas ela era o reflexo de quem ele era na intimidade. Suas emoções desconexas, seu temperamento instável, suas reações impulsivas compunham a essência de seu ser! Procurava os problemas, as situações de risco, encontrando em seu caminho o sofrimento e a insatisfação. Cadu o orientava a refletir, a ponderar, a avaliar e só depois a agir, evitando assim a infinidade de problemas que ele colocava em sua vida. Entretanto, sozinho era uma tarefa impossível de se realizar. Precisava de ajuda para orientá-lo em suas ações. Cadu, sua mãe, agora Luiza, todos apontavam para a mesma necessidade. Mas ele parecia ter uma trava que o impedia de buscar ajuda. E por quê?

Perdido em seus pensamentos sequer percebeu que Raquel retornara. Ela falava com Luiza, que parecia tensa.

– Procurei-a por toda parte. Conversei com o segurança, e ele disse que uma jovem com a descrição que fornecia acabou de sair acompanhada. O que dizemos a Rafael?

– A verdade. Não podemos ocultar-lhe nada. – E contou-lhe tudo o que sabia sobre Mônica.

Ele pegou seu celular e tentou ligar, mas ela não atendia. Pensou em ir até sua casa, mas não estava em condições de dirigir, sentindo-se ainda combalido.

– Precisamos encontrá-la. Podem me ajudar? – havia súplica em seu olhar.

As duas se entreolharam e apenas com o olhar decidiram:

– Você não está em condições de resolver nada sozinho. Não seria mais conveniente ir direto a um hospital e depois partimos para encontrá-la? – Luiza estava convencida de que ele necessitava verificar se havia gravidade nos ferimentos.

O jovem sorriu e apenas pediu que elas chamassem o médico que o atendera. Em alguns instantes ele adentrou a sala e ouviu a solicitação do rapaz.

– Você é médico? – questionou curioso.

– Ainda não, mas em breve. Talvez faça a opção para ortopedia. Pode me ajudar?

– Podemos tentar, mas será apenas como emergência, depois prometa cuidar como se deve. – Em alguns minutos, Rafael conseguia se movimentar com menos dor. – Esta faixa deve ser provisória, não se esqueça. Preciso que tome esse medicamento para dor. Faça as compressas de gelo, que vai melhorar o aspecto do rosto.

Rafael agradeceu e acompanhado das duas jovens saiu da sala de atendimento médico à procura de Mônica. Procuraram em todos os salões, em cada lugar possível, mas ela realmente não estava mais lá. Decidiu ligar para a casa dela, e Dora atendeu sonolenta. Ele perguntou sobre a jovem e ela foi procurá-la em seu quarto, na esperança que ela lá estivesse. Retornou aflita, dizendo que ela não estava. O jovem disse que tiveram um desencontro, mas que a encontraria. Desligou com a promessa de avisar assim que tivesse notícias.

Não havia sinal de Mônica, nem tampouco daquele homem tenebroso que o ameaçara e convocara os outros dois para lhe darem um corretivo. Certamente ele era o fornecedor maior da droga que ela consumia. Era uma cliente rica e contumaz. Naquele instante devia estar com ela oferecendo tudo o que ela desejava. Só de imaginar a cena, Rafael estremeceu. O que acontecia com aquela garota? Desejava morrer assim tão jovem?

Já estavam desistindo, quando ele viu um dos jovens que ela lhe apresentara e decidiu perguntar sobre Mônica. Ele já estava totalmente alcoolizado e apenas disse:

— Ela disse que ia para uma festa melhor que essa. Duvido! — E ria alto abraçado com uma moça nas mesmas condições que ele. Rafael tentou descobrir o local, mas ele foi evasivo, dizendo que não sabia.

Raquel tentava controlar suas emoções e percepções que fluíam intensamente. A situação era crítica, era fato, e poderia apenas pedir ajuda aos mentores da luz para que os inspirasse sobre qual caminho seguir. Luiza observava a amiga concentrada e com o semblante tenso, questionando-a:

— Está tudo confuso, não? Acredita que Mônica esteja correndo perigo?

— Minha percepção diz que sim, mas não sei como ajudá-la — respondeu Raquel.

Rafael se aproximou e disse a elas:

— Preciso de uma luz, me ajudem! Não tenho ninguém a quem recorrer a não ser vocês.

— Ficará devendo essa, meu amigo! — brincou Luiza. — Pensemos juntos. Tente se lembrar de algum amigo dela, de alguma outra festa ou qualquer fato relevante.

Rafael ficou pensativo, e, quanto mais pensava, mais a cabeça doía. Sentia-se num labirinto tentando encontrar a saída, que a cada instante parecia mais distante.

Subitamente, veio a imagem de um dos amigos de Mônica, e teve uma ideia.

— Luiza, não estou em condições de dirigir. Podemos verificar um possível lugar?

— Podemos! Vamos para onde? — E os três saíram do local.

Já passava das duas da manhã, e as ruas estavam desertas àquela hora. Rapidamente chegaram ao endereço. Havia muita movimentação na rua, o que deduziram que algum evento ocorria lá. A cobertura do prédio estava toda iluminada e Rafael decidiu subir, porém foi contido pelas jovens.

— Você não vai nesse estado. Deixe comigo — disse Luiza. Resoluta, se dirigiu à entrada do prédio. Falou alguns momentos com um segurança e em seguida subiu.

Os dois jovens sorriram perante a atitude de Luiza.

— Essa noite está sendo surpreendente em vários aspectos, especialmente no que diz respeito à nossa amiga. Não conhecia suas habilidades — afirmou Rafael.

— Você precisa conhecê-la melhor. É uma garota incrível. Um tanto ousada... — e sorriu.

Meia hora depois, Luiza surgiu acompanhada de Mônica, que caminhava trôpega.

— Trabalho realizado. Vamos embora daqui rápido — falou Luiza.

Rafael viu o estado que Mônica se encontrava e ficou penalizado. Ela sequer conseguia compreender o que estava acontecendo. Raquel estremeceu quando ela entrou no carro, sentindo as energias deletérias que a acompanhavam. No mesmo instante, se ligou a seu mentor individual pedindo que a envolvesse em seus fluidos salutares.

— Como conseguiu essa façanha? — questionou o amigo com a gratidão no olhar.

— Tive de utilizar alguns recursos pouco convencionais, algumas ameaças, dizendo que a família dela era influente e coisas afins. Disse que poderia, com um telefonema, acabar com aquela festa deplorável, regada a drogas e outras coisas mais, e que se Mônica me acompanhasse, tentaria conter a família. Usei o nome do pai dela, e creio que o resultado foi positivo, pois em questão de minutos, Mônica apareceu, e aqui estamos. O estado dela é crítico e não sei como seu corpo físico resiste a esse assédio cruel. Faça algo por ela, antes que seja tarde demais, já que ela é importante para você. — Essas últimas palavras foram permeadas de emoção.

— Não é o que você pensa! Não sei porque tenho tantos cuidados por ela, o que eu não tenho sequer por mim. Sinto que preciso ajudá-la e não consigo ficar imune a isso. Só pode ser herança de Cadu. Creio que ele aprovaria minhas ações. – E sentiu a emoção dominá-lo. Parecia que o amigo estava por perto, uma sensação inesquecível!

– Não precisa me dar explicações, Rafa. Conte comigo quando precisar. Volto a dizer: você é muito importante para mim, jamais se esqueça.

Raquel sentiu a presença de companheiros iluminados junto a eles, como a dizer que tudo estava sob o olhar atento de Deus e de seus enviados. Uma emoção intensa a dominou.

Todos permaneceram calados durante o trajeto até a casa de Mônica. Dora já havia sido avisada e a esperava ansiosa. Seu maior temor era receber uma trágica notícia sobre ela, o que poderia acontecer se nenhuma providência fosse tomada com presteza. Assim que chegaram, Dora já os aguardava e com lágrimas nos olhos agradeceu ao pequeno grupo. As jovens auxiliaram a governanta, levando-a até o quarto, onde adormeceu de imediato, falando coisas ininteligíveis. Só entenderam o que ela disse acerca de Rafael: não me deixe na escuridão. Isso sensibilizou as duas amigas.

Rafael permanecera no carro com fortes dores. Luiza viu seu rosto contraído.

– Vamos para um hospital? Precisa ver se algo mais sério aconteceu. Papai avisou que ficaria lá essa noite, pois estava com um caso crítico. Vamos até lá, eu te peço!

Somente agora ele relaxara, após toda a tensão reinante, sentindo que as dores se intensificaram. Apenas com um olhar, Luiza compreendeu e se dirigiu ao hospital. Lá chegando, pediu a presença do pai, Em poucos minutos, Ricardo apareceu, apreensivo com a visita inesperada. Olhou o estado de Rafael, percebendo o problema à sua frente.

– O que aconteceu com você, meu jovem? – perguntou. Em seguida, chamou uma enfermeira pedindo que o levasse para ser examinado.

— Papai, prometo dar todas as explicações, mas cuide dele. Creio que possa ter alguma fratura ou algo pior. Cuide dele! — E o abraçou, sentindo-se protegida depois de todas as aventuras que viveu naquela noite.

— Vou ver qual seu estado. Me aguardem! Sua mãe sabe o que está acontecendo? — seu olhar estava sério.

— Ela apenas sabe da festa. Não quero deixá-la apreensiva, prefiro poupá-la. Contarei quando tudo se acalmar, papai.

As duas amigas se olharam e sorriram.

— Só você para me colocar numa situação como essa. Não sei como ainda confio em você!

— Não vai dizer que a noite não foi interessante? Há quanto tempo não tínhamos tantas emoções? — Luiza abraçou a amiga com carinho. — Falando sério, não sei o que faria se não estivesse comigo. Obrigada!

Raquel permaneceu nesse abraço e disse baixinho em seu ouvido:

— Fomos muito auxiliadas, minha amiga. Cadu deve ter pedido para cuidar da irmã que só se mete em problemas! Porém, algo necessita ser feito. — ela se afastou e sob o olhar atento de Luiza, continuou: — Mamãe me pediu que lhe desse um recado que diz respeito a Rafael. Ela acredita que ele se encontra imerso em energias inferiores por conta do próprio padrão que está vivendo nessas últimas semanas. Se algo não for feito, tudo pode se complicar. Se você não tivesse ouvido seus pressentimentos, o que teria acontecido a ele? Essa ligação com Mônica, que ele insiste em manter, e até acredito que existem razões para isso, é fonte de mais problemas. Daí a comprometer sua integridade é algo questionável! Porém, acredito que ele não tem consciência disso, se jogando cegamente às situações de risco, desprezando valores essenciais. Ele é impulsivo e não avalia o perigo, mesmo quando ele está bem à sua frente. Sinto que ele tem grande desprezo pela própria vida, e isso já é um sinal de que algo está distorcido, em termos de como ele encara sua existência. Creio que ele necessite de ajuda psicológica, mas a parte espiritual dele se encontra comprometida, precisando também cuidar. Não sei o quanto você acredita em meus argumentos, em minha crença. – e se calou.

Luiza pegou a mão da amiga e disse:

– Acredito que tudo o que está me dizendo procede, porém é tudo muito recente. Preciso conhecer melhor sua doutrina e encontrar as respostas a tantos questionamentos. Só posso agradecer a Deus ter colocado você em meu caminho. Tudo o que me falou quando Cadu morreu trouxe paz ao meu coração tão aflito. Você me ajudou tanto naquele momento, que serei eternamente grata. Depois de nossa conversa, passei a questionar tudo o que aprendi acerca da vida e da morte. Jamais pensei sob esse enfoque, de que a vida continua, de que o espírito é eterno, que podemos ir e vir tantas vezes forem necessárias e, assim, entre tantos desencontros, temos nova chance de reencontrar e fazer tudo de forma diferente. É assim que funciona, não é mesmo?

– Você entendeu muito bem o que conversamos naquele dia e traduziu de forma simples e didática o significado da Doutrina Espírita.

– Sei que Cadu está vivo e isso me encheu de esperança de um dia reencontrá-lo. Éramos tão próximos, tínhamos tanta afinidade que deduzo que já o conhecia de outras vidas. Ele sabia o que eu estava sentindo apenas me olhando. Era mágico! Ele era um ser tão generoso, bondoso, sábio, cuidava de cada detalhe, de cada problema do caminho com tanta lucidez e benevolência, que só posso crer que ele era um ser evoluído. Bem, muito mais do que eu e o Rafael, que somente lhe trazíamos problemas. – E ambas riram.

– Não pense assim, afinal os problemas são desafios que precisamos vencer, arestas que precisamos aparar e isso faz parte de nosso processo de evolução. Todos temos muito a aprender, inclusive ele, seja aqui ou no plano em que se encontra. Se fôssemos evoluídos, não estaríamos ainda vivendo neste planeta. Estaríamos em mundos mais felizes!

— Bem, entendi o recado e quero muito conhecer essa doutrina com mais atenção. Posso acompanhá-la nessa viagem? — e seus olhos se iluminaram.

— Será um grande prazer! Temos muito a aprender, amiga! Todos nós! Agora preciso muito de um café. Vamos? — E as duas amigas saíram pelos corredores vazios em busca de uma máquina de café.

Meia hora depois, Ricardo retornou com o semblante mais descontraído.

As duas jovens o encararam com a preocupação no olhar.

— Como ele está? — questionou Luiza.

— Uma costela fraturada, muitos hematomas pelo corpo, algumas escoriações, mas nada grave, fiquem tranquilas. Agora, aguardo as explicações.

E Luiza narrou toda a odisseia da noite, em detalhes, pois sabia que não adiantava ocultar nada do pai, que a conhecia como ninguém.

— E essa garota, onde ela está? E como está?

— Está em sua casa. Essa garota é aquela que você já sabe. — Luiza o lembrou da ocasião em que a moça havia tido uma overdose, e Rafael a levara ao hospital. Então ficou preocupado com a família de Rafael.

— Não notificaram as autoridades? Isso é crime e vocês sabem. Rafael pretende fazer algo a respeito? Até para se preservar de possíveis retaliações futuras. O que ele fez, e eu talvez fizesse o mesmo em seu lugar, pode lhe trazer sérias consequências. A surra foi apenas um aviso. Aliás, poderia ter sido mais grave se vocês não tivessem chegado. Foi algo intrépido e temerário. Onde estava com a cabeça, Luiza? Você sabe que o desfecho poderia ser diferente. Agir daquela maneira foi uma ousadia reprovável de sua parte, anote isso! Bem, preciso falar com Sílvia e Renato sobre o que aconteceu. Está quase amanhecendo e sei que eles acordam cedo. – Ia pegar o celular, quando a filha o conteve.

– Não faça isso, papai. Sabe que Renato não tolera essa exposição injustificada e vai crucificar Rafael. Como sempre faz! – Sua voz continha certa ironia. Todos se conheciam há muito tempo e sabiam como era o relacionamento entre pai e filho, sempre às turras e repleto de críticas.

– Você ainda vai defendê-lo? Rafael precisa amadurecer e viver a vida de forma mais regrada e convencional. Entendo que ele sinta a falta de Cadu, mas ele precisa reagir, afinal ele está vivo e tem a chance de refazer os caminhos que escolheu. – A simples menção ao filho lhe trouxe uma emoção, que ele reprimiu. – Todos sentimos a falta dele e nem por isso cometemos tantos deslizes quanto Rafael.

– Papai, você está com a razão, mas deixe que nós o levemos para casa e lá explico como tudo aconteceu. Se Rafael for inquirido no estado em que está, sabe o que pode advir. Por favor, papai! – O olhar da jovem era de súplica, o que fez o médico refletir.

– Mas conte exatamente tudo o que aconteceu, sem ocultar nenhum detalhe, porque, se eu for questionado é assim que farei. Dei-lhe um sedativo, mas ainda está acordado. Vamos falar com ele. – E as duas o acompanharam até onde Rafael se encontrava.

– Vamos, Rafael? Papai já te liberou. – Luiza foi até o jovem e o auxiliou a se levantar.

– Rafael, peço apenas que fique em repouso alguns dias, só assim a dor reduzirá. Conte tudo o que aconteceu. Seus pais são advogados e podem instruí-lo sobre o que fazer. Devo alertá-lo que essa gente é perigosa e não tem escrúpulo algum. Não se coloque na mira deles. Preserve sua integridade. Cuide-se, filho!

– Obrigado, Dr. Ricardo. Vou pensar em tudo o que disse.

– Assim espero, Rafael. – E virando-se para a filha disse: – Depois quero as duas em casa. Temos muito a conversar, mocinha. – Ela foi até ele e deu um beijo.

– Obrigada, papai. Já te disse que é o melhor pai do mundo?

– Já. Todas as vezes que pretende obter algo de mim! – Ele sorriu e a abraçou.

Os três saíram sob o olhar preocupado de Ricardo. E de outros habitantes do mundo espiritual. Raul acompanhara o grupo durante toda a noite, e seu semblante era tenso!

CAPÍTULO 15
NOVOS CAMINHOS

Raul prometeu a Cadu que cuidaria de Rafael e assim procedeu, porém não era uma tarefa fácil de ser realizada, mediante as posturas por ele adotadas. O jovem permanecia envolto numa nuvem sombria e acompanhado de seus desafetos, que aguardavam a oportunidade de colocar em ação seu plano nefasto. E Rafael permitia esse assédio, desconhecendo que isso já se tornara contumaz. A ausência de crenças sólidas conduz os seres ao materialismo e à indiferença, deixando de observar a verdadeira essência da vida e os motivos de aqui estarmos encarnados.

Rafael tentava caminhar, no entanto seus pés permaneciam fincados nas marcas do passado, que o tornaram réu no tribunal da vida. E a cobrança tende a chegar, cedo ou tarde, afinal ninguém escapa impune. Talvez seu maior empecilho fosse a dificuldade de se auto avaliar, temeroso com o que iria se deparar. Ele sabia intimamente que era um devedor, que cometera muitos erros e teria de quitar as dívidas contraídas, porém de nada se lembrava. Mas o esquecimento do passado não o redimia. Ele trazia tudo gravado em sua consciência, e isso refletia em suas condutas atuais. Um temor, uma insatisfação, a ausência de paz íntima, tudo era reflexo de um ser endividado e que não sabia quando iria conseguir efetuar o pagamento. Era uma criatura torturada e aprisionada na prisão que ele mesmo edificara, como forma de punição pelos equívocos praticados nas encarnações anteriores. Assim era Rafael. E era esse ser amargurado que Cadu precisava apoiar e caminhar ao lado, mostrando que jamais estamos sós em nossa jornada evolutiva.

Raul sabia das pretensões de Cadu, sabia das dificuldades dessa empreitada, ainda mais situando-se em planos tão distintos. Mas prometera interceder em seu favor, e até que essa decisão fosse tomada, cuidaria do jovem em sua caminhada torturante.

Aquela tumultuada noite foi o suficiente para que ele constatasse que a tarefa demandaria tempo, habilidade e fibra espiritual. Cadu era portador desses requisitos e tudo faria nesse sentido. O temor de Raul era de que Rafael não teria o tempo a seu favor, mediante os eventos que se sucederam naquela noite. Ele literalmente se envolvia em problemas. Quando não os possuía, saía em busca deles. Se tivesse senso crítico e avaliasse seus atos, certamente seria merecedor do equilíbrio, porém, essa condição não lhe pertencia.

Encontrou Cadu descansando e o acordou:

— Como se sente, Carlos Eduardo? Disseram que esteve muito agitado esta noite.

— Foi Laís que disse, quero crer. Ficou ao meu lado durante toda a noite. Tentei dormir, mas foi difícil conciliar o sono, pois algo me impedia. Uma sensação de que algo estava para acontecer, e isso não era nada agradável. Senti um temor muito grande.

— Talvez você devesse permanecer adormecido mais tempo, assim ficaria imune aos apelos que lhe enviam. Ainda está fragilizado e isso é natural. Sei que pode se esforçar mais, meu filho. Por que está tão disperso? Do que tem medo? Não confia na sabedoria divina que a todos provê? Onde está sua fé inabalável? – Seu olhar era firme, porém carregado de amor.

Cadu sentiu-se envergonhado e não sabia o que dizer ao seu mentor espiritual.

– Não fique desolado, isso faz parte de um processo que tende a se estabilizar, mas que necessita de sua ampla participação. "Ajuda que o Céu te ajudará", ou seja, faça a parte que te compete e o restante entregue nas mãos amorosas do Pai Maior. Já se esqueceu de tudo que conquistou com seu trabalho incessante na causa do bem? Encontrou facilidades no caminho? Certamente que não, mas enquanto trabalhou ativamente seus esforços foram sempre recompensados. Basta olhar um pouco para trás e verificar o quanto já caminhou. Fruto exclusivo de seu trabalho! Sempre foi um exemplo a seguir para todos os que acompanharam seus passos. Porém, aprende aquele que quer! Segue em frente aquele que deseja encontrar a paz da sua consciência, e isso só é possível quando se entregar ao trabalho com o próximo, reabilitando-se perante seus erros.

– Pensei que desta vez seria mais simples, em função de tudo que já aprendi. Mas em se tratando de sentimentos, de afeto, tudo parece se transformar em areia movediça novamente, mesmo quando já se sentia em terreno firme. Quando colocamos nosso coração à frente de nossas resoluções necessárias, tudo se complica. Preciso ficar bem, me equilibrar, pois só assim darei continuidade ao que me propus. No entanto, ainda me sinto conectado às energias daqueles que deixei. Sinto seu sofrimento, suas dúvidas, seus medos, e isso me afeta diretamente. Quando isso irá cessar? – Havia dor em seu semblante.

– No tempo certo! Ainda não entendeu essa simples lição? Aprenda a esperar o tempo, ele é soberano em suas ações. Todas as vezes que seu coração se entristecer, lembre-se de que as separações são sempre provisórias e os reencontros serão possíveis. Somente poderá oferecer segurança, equilíbrio, ponderação, quando tudo isso já estiver presente em você. Pretende ajudar seu amigo, então reafirme seu compromisso com sua reabilitação, e que ela seja breve e permanente. Laís apenas me relatou seu estado de ansiedade, temendo que cometesse qualquer ato do qual pudesse se arrepender.

— Quanto a isso, pode se tranquilizar. Sei o quanto é valoroso esses recursos a mim concedidos, não iria desprezar em nenhuma hipótese. Pode me dar alguma notícia de meu amigo? Sinto que sua situação é cada dia mais desfavorável.

— Não tenho a intenção de te enganar, é um momento delicado, mas você deixou alguém em seu lugar, que tem mais energia e menos condescendência aos erros de Rafael. Por essa você não esperava. — E sorriu para Cadu.

— Não entendi — disse o jovem curioso.

— Sua irmã decidiu assumir o papel que antes lhe pertencia. E, posso dizer, que tem grande chance de obter êxito. Não tem a mesma tolerância e complacência que você, o que pode ser fator positivo. Ela tem uma sensibilidade apurada e percebeu que Rafael necessita de suporte. Mas, ao contrário de você, não compactua com seus erros e os aponta diretamente. — havia repreensão nas palavras de Raul.

— Você tem razão, afinal acobertei muitas de suas falhas morais, acreditando que a benevolência seria o estímulo a repensar suas escolhas. Esperava maturidade, no entanto ele apenas devolveu rebeldia e insatisfação. Reconheço que falhei, mesmo pensando estar no caminho correto. Também sou ainda muito imperfeito. Espero, apenas, que possa reverter esse quadro. Fico agradecido a Luiza por assumir esse papel, impondo-lhe condições e apontando seus equívocos de forma direta. Ela é uma jovem excepcional em todos os sentidos. Tenho uma dívida de gratidão com ela e parece que essa apenas se elevou — ofereceu um sorriso triste.

— Meu jovem, o aprendizado é conquista diária para o espírito. Jamais isso irá cessar e cada oportunidade deve ser aproveitada na íntegra. Muito me felicita saber que já recobrou a lucidez, percebendo a real situação do momento. Teremos muito trabalho pela frente, mas podemos agora contar com um esforço extra, Luiza. Creio que no que parecia apenas sombras, já podemos perceber uma nesga de luz, anunciando notícias alentadoras no caminho. Venha comigo, vamos dar um passeio.

Cadu se levantou com os ânimos redobrados. A conversa com Raul lhe fornecera novas esperanças e a confiança, sua amiga dileta, retornou ao seu convívio.

— Posso acompanhá-los? — perguntou Laís sorridente. — Gostaria de levá-lo a um lugar especial, isso se Raul não se opuser. — E, mentalmente, os dois trocaram ideias.

— Creio que será importante, mediante o seu quase pleno restabelecimento.

— Aonde irão me levar? Já estou curioso! — perguntou Cadu.

— Você vai gostar! Contenha sua ansiedade! — E saíram do local, entrando em um longo corredor, com várias salas, cada uma delas com uma destinação específica.

Conforme caminhava, percebia que as lembranças afloravam e sentiu-se parte integrante daquele lugar. As informações fluíam naturalmente. E Cadu sorriu dizendo:

— Um lugar especial onde a caridade e o amor imperam. — E continuou a caminhada, já sabendo aonde iria chegar. Olhou aos dois e perguntou: — Marília ainda permanece aqui?

— Foi um longo tratamento que demandou esforços conjuntos. Ela já se encontra em condições favoráveis e sua visita a alegrará profundamente. Vamos? — E seguiram pelo longo corredor que dava para um pátio amplo e acolhedor, depois uma nova ala.

— Já estive aqui tanto tempo, como não havia percebido? — Seu olhar brilhava.

— Carlos Eduardo, você trabalhou aqui por longo tempo na recuperação de dementados, com uma habilidade diferenciada e reconhecidamente responsável por muitos êxitos. No entanto, precisava retornar ao plano material para dar continuidade à sua jornada evolutiva. Uma nova experiência foi por você solicitada, a qual concluiu a contento, deixando um rastro de luz por onde passou, semeando muitas sementes que irão germinar no tempo certo. Inclusive em Rafael, mesmo que aparentemente seu coração não esteja em condições de plantio. Alguns de seus tutelados já se encontram em condições satisfatórias, planejando com a equipe responsável pelos reencarnes uma nova experiência carnal para sanearem e reequilibrarem suas energias espirituais.

– Marília se encontra entre esses irmãos? – A pergunta foi direta e carregada de emoção.

– Você fez um excelente trabalho com ela, e os resultados foram efetivos. Ela retornará desde que as condições sejam propícias. Sabe a que me refiro, não? – Raul perguntou.

– Sei que tudo irá depender dos caminhos que Rafael trilhar, daí minha preocupação que ele não falhe em sua proposta. Receber Marília na condição de filha muito amada será a garantia de sua plena recuperação. Ela cometeu muitos desatinos em nome de um amor doentio, comprometendo sua jornada evolutiva assim como Rafael. Ambos necessitam de uma nova chance, mesmo que em papéis distintos desta vez. Quando a deixei, ela estava iniciando a retomada de seu equilíbrio emocional. Estava mais desperta e propensa a reavaliar suas condutas pretéritas. Ainda teria um longo caminho a percorrer, mas já dera o primeiro passo. Como ela se encontra hoje? Poderia vê-la?

– É isso que pretendemos fazer, Cadu – disse Laís.

Caminharam por mais alguns metros e se depararam com uma porta larga que dava para um salão oval e aconchegante, com muitas poltronas espalhadas, como se fosse uma ampla sala de estar. Alguns companheiros de branco sinalizavam suas funções, atendendo com carinho cada um dos que lá se encontravam. Encontraram Marília conversando com outra jovem. Ela aparentava a idade de uns trinta anos e seu semblante ainda ostentava marcas de sofrimento. Quando Cadu se aproximou, ela se virou como se atraída magneticamente por ele:

— Muito me felicita vê-la tão disposta. — E sorriu para a mulher que o encarava com estranheza, como a recordar aquela fisionomia tão familiar. Em seguida, abriu um largo sorriso e levantou-se para abraçá-lo.

Cadu recebeu com emoção aquele gesto caloroso e permaneceu nesse abraço. Foi ele o primeiro a falar:

— Você parece muito bem. Eles têm lhe tratado bem na minha ausência? – disse com um sorriso radiante.

— Não tanto como você faria, mas não posso reclamar. Estava saudosa! Por onde andava, meu bom amigo? – perguntou Marília com a voz suave.

— Em tarefa abençoada, mas já estou de volta. Em breve, voltarei às minhas atividades, sinto muita falta de meus pacientes tão amados. – E olhou para Raul que o observava com carinho.

— Você faz muita falta aqui. Tem um jeito especial de auxiliar.

— Mas você está muito bem, volto a dizer. Raul me disse que seu progresso foi intenso e que em breve retornará à matéria. Como se sente quanto a isso? – Cadu perguntou.

O olhar da mulher se tornou menos caloroso e mais confuso.

— Tenho ainda tantas dúvidas, não sei se darei conta de tudo que pretendem para mim. Já estou convencida de que terei de trilhar esse caminho, porém as incertezas são muitas. Será que conseguirei oferecer a ele esse tipo de amor? – Seus olhos ficaram marejados por um instante.

— Marília querida, cada nova oportunidade nos oferece a chance de refazer os caminhos equivocados de outrora. São novos desafios que nosso espírito necessita para que a evolução se processe, mesmo que nos pareçam sombrios num primeiro olhar. Não se esqueça, porém, de que o véu do esquecimento a protegerá de todas as dúvidas. Encare de forma positiva essa possibilidade de se defrontar com ele, num novo papel, desta vez para que os laços de afeto e amor sejam refeitos e reestruturados. Assim se faz necessário para que ambos possam dar prosseguimento à própria jornada evolutiva. Não sofra por antecipação, pois temos ainda um tempo para assimilar essa ideia e trabalhar para que não haja imprevistos. – Raul aprovava o discurso de Cadu, percebendo que ele já estava reassumindo suas antigas funções, de maneira natural.

– Seu retorno me deixa muito feliz e mais segura. Suas palavras sempre sensatas e verdadeiras me enchem de coragem. Ficará por aqui? – perguntou a mulher.

– Em breve! Mas voltarei a visitá-la outras vezes e conversamos mais um pouco. O que acha da ideia? – disse Cadu, com um sorriso a iluminar todo o ambiente à sua volta.

– Aprovada! Você traz luz para este local, volte mais vezes, meu amigo querido. Preciso muito de você! – E seu olhar se tornou manso e sereno.

Raul e Laís estavam radiantes perante a postura do rapaz, percebendo que a visita fora favorável à sua plena recuperação. E saíram caminhando pelos corredores.

– Agradeço a oportunidade concedida. Estar aqui me renovou as energias. Espero poder retornar outras vezes – disse Cadu, sentindo-se reconfortado.

– Certamente que sim! Por enquanto, apenas como visitante. Quando estiver pronto, poderá reassumir sua antiga função. Estou muito satisfeito com sua postura. Confio em você, meu rapaz. Há muito trabalho a ser feito. O pai de Marília é o grande perseguidor de Rafael, e seu propósito é trazê-lo de volta ao Plano Espiritual, crendo que aqui terá a chance de executar sua vingança. Ele está renitente quanto ao seu plano e temos grande dificuldade em acessar seu campo mental. Sua obstinação em fazer justiça o fez articular alianças, fortalecendo-se de forma significativa. E você tem consciência de que não é tarefa difícil encontrar os desafetos de Rafael, que são em número significativo. Sei o quanto ama seu amigo, mas, para ajudá-lo de forma plena, necessita olhar a situação de forma objetiva, sem alardes, porém de forma verdadeira. Os caminhos que ele está trilhando definirão o retorno que a vida lhe concederá. Olavo e seu grupo são ferrenhos defensores da justiça pelas próprias mãos e isso Rafael terá de administrar.

– Olavo não se preocupa em saber as condições em que a filha se encontra?

– Infelizmente, ele colocou uma venda em seus olhos que apenas o permite enxergar o ódio pelas ações indébitas que Rafael praticou contra sua amada filha. Ele está com a ideia fixa da vingança, com um padrão inferior que o impossibilita de acessar seu campo afetivo. Em momento algum, sua preocupação foi em saber qual a real condição dela, afinal ele sabe que é um espírito e que ela sobreviveu à morte do corpo físico. Se isso ocorreu com ele, certamente que a filha se encontra na mesma condição, portanto ainda viva. Como ela se encontra, onde, são perguntas que ele ainda não se deparou. Tentamos chegar até ele, visando explicar esses fatos, no entanto, foi tarefa inglória. Ele e seus comparsas fogem à qualquer aproximação de um de nós. Eu disse que a situação era complexa e que demandaria muito trabalho, Carlos Eduardo. Entende agora nossa preocupação?

Cadu ficou pensativo e após alguns instantes perguntou:

– Marília conhece a condição do pai?

– Não achamos conveniente informá-la, pois poderia prejudicar seu tratamento. Ela ainda oscila momentos bons e outros nem tanto, portanto ainda não é momento. Temos mobilizado todos os esforços para que sua recuperação e readaptação seja célere. Rafael tem uma programação a ser realizada e Marília consta desses planos. É nela que temos focado para que tudo seja resolvido em tempo hábil.

— Olavo pode entretanto, comprometer tudo o que temos realizado. Talvez, devêssemos estar atentos a ele, procurando resolver inicialmente o que lhe diz respeito. Quando lhe solicitei uma atenção a Rafael, foi pela possibilidade de ver nossos planos desfeitos, caso Olavo consiga implementar sua vingança. Aí teremos que retornar à estaca zero e isso é inviável, deve admitir. — Cadu raciocinava rápido, antevendo complicações futuras.

— Quais são seus planos? — Raul estava curioso.

— Creio que Marília deve ser nossa maior preocupação, assim como tem sido até então. Quando ela se encontrar na posse plena de seu equilíbrio, podemos programar um encontro entre pai e filha. Isso pode fazê-lo repensar seus planos de vingança. É uma possibilidade. Porém, nada poderá ser feito se ela continuar nas condições ainda vigentes. Peço permissão para ajudá-la. Sei que possuo condições de acelerar seu tratamento, pois temos interesses comuns. Ela sabe do meu relacionamento com Rafael e o quanto desejo que eles resolvam as pendências existentes. Temos uma ligação afetiva e isso me favorece. Ela confia em minhas ações, e isso é favorável no que tange à sua recuperação. — Cadu estava empenhado em auxiliar.

— Creio que isso tenha fundamento, Carlos Eduardo, no entanto, ainda necessita de um período maior para se recuperar. Desperdiçar energias que ainda não lhe sobram talvez não seja uma alternativa viável. Preciso falar com meus superiores antes de resolver essa questão — disse Raul.

— Vou acelerar minha recuperação, pode confiar. Não posso ficar de mãos atadas, consciente de que posso contribuir para a solução desse impasse. A situação de Rafael ainda é crítica? — A preocupação de Cadu era nítida.

— Você o conhece melhor do que eu. Ele é inconsequente em muitas ações, compromete seu equilíbrio a cada instante, é invigilante quanto ao que pensa e faz. Uma situação pouco confortável, deve concordar. Deveria ter aprendido com você pelo menos a virtude da sensatez — disse Raul contrariado.

— Mesmo assim, mediante esse quadro tão sombrio, não existe a possibilidade de uma pequena luz surgir em seu caminho? – questionou Cadu.

— Os esforços são para esse sentido. Luiza tem sido uma colaboradora receptiva às nossas inspirações e creio que possamos intensificar nossa atuação. Ela tem uma amiga espírita que pode auxiliar. Porém, tudo dependerá de Rafael.

— Essa amiga espírita se chama Raquel, eu a conheci. É uma garota sensível e uma médium com muitas faculdades a serem utilizadas. Pode ser um excelente recurso.

— Certamente. Talvez Luiza consiga levar Rafael ao centro espírita. Isso seria providencial, pois ele se depararia com uma outra realidade, distante da que ele hoje se encontra. Mas já vou lhe antecipando que talvez isso possa não se concretizar, em função da inflexibilidade de seu amigo. Ele tem muito a aprender!

— Todos nós temos, Raul. Inclusive eu e você. Mas se estivermos unidos no mesmo propósito, unindo esforços, podemos nos ajudar mutuamente e os resultados podem ser favoráveis. – Cadu estava mais confiante.

— Um passo por vez, meu jovem. É assim que se caminha!

CAPÍTULO 16
REFLEXÃO NECESSÁRIA

Luiza acompanhou Rafael até sua casa com o firme propósito de ajudar o amigo nas explicações sobre os acontecimentos.

Sílvia já estava acordada e ao ver o filho naquele estado empalideceu.

— Meu filho, o que aconteceu? Você está bem? – perguntou ela aflita.

— Não se preocupe, mamãe, estou bem. Não foi nada sério. – No mesmo instante, o pai entrou na sala e, ao ver o filho naquelas condições, ficou estático, sem palavras. Sentiu suas pernas bambearem e sentou-se.

Luiza decidiu intervir e disse calmamente.

— Por favor, sentem-se. Meu pai já examinou Rafael e disse que não existe nenhum problema sério a se preocuparem. Apenas uma costela quebrada e algumas contusões. Não façam julgamentos infundados nem tomem nenhuma atitude precipitada sem antes ouvir o que aconteceu. Rafael, posso começar? – O rapaz assentiu e sentou-se completamente exaurido.

Luiza e Raquel relataram, então, os fatos desde o início. Os pais não as interromperam durante a narração dos acontecimentos. No final, ambos olharam o filho, cada um com uma expressão diversa. A mãe demonstrou extrema preocupação e encarando-o disse:

– Essa jovem é fonte de muitos problemas, Rafael. Sei que suas intenções foram louváveis, porém não pode se esquecer de que ela é responsável por suas condutas e depende exclusivamente dela se afastar desse vício que a atormenta. Você já tem problemas suficientes para encarar os dela. Poderia ter ocorrido algo mais grave se as duas não estivessem por perto. Não quero sequer imaginar qual teria sido o desfecho. – Ela torcia as mãos em profunda aflição e foi até ele abraçando-o ternamente. A emoção predominou, e Sílvia nada mais disse.

O pai, por sua vez, estava tenso e seu semblante assim permaneceu ao dizer:

– Sabe o tipo de complicação que você trouxe para si desnecessariamente? Essas pessoas são perigosas e capazes de atos infames e cruéis. Você os desafiou e esse foi apenas um recado que lhe foi dado. Sabe quem é esse homem? Costuma encontrá-lo nas festas que participa? – O olhar inquisidor do pai fez com que o jovem reagisse.

– Está me colocando no mesmo patamar que ela, e isso não procede! Não sou nenhum viciado irresponsável que frequenta festas regadas a todo tipo de divertimentos escusos. Não conheço aquele homem, foi a primeira vez que o encontrei, se isso é justificável a seus olhos. Não faz parte do rol de amigos. – Ia continuar quando Luiza segurou seu braço delicadamente.

– Seu pai está certo em suas preocupações, Rafael. Ele precisa conhecer todos os fatos, caso haja outra represália. Não se sinta ofendido apenas porque ele se preocupa com suas condutas.

Assim agem os pais conosco. Se você analisar com mais critério tudo o que aconteceu, agora como um espectador apenas, o que pensaria de tudo o que aconteceu se o envolvido fosse seu próprio filho? Acalme-se e veja sob outro enfoque. Tenho certeza de que vai compreendê-lo. – A firmeza das palavras e do olhar da amiga fizeram-no se conter.

Renato olhou com gratidão para a jovem e decidiu buscar as palavras certas.

– Desculpe, filho, não tive intenção de colocá-lo na mesma condição que essa jovem. Mas devo confessar que meu maior temor é vê-lo ligado a esse tipo de gente. Você será um médico em breve, sabe do que estou falando. É uma linha tênue que separa esses dois mundos e qualquer um pode adentrá-lo inadvertidamente e lá permanecer, seja por curiosidade apenas ou as propensões que cada um traz. Tenho tanto medo por você! – E seus olhos ficaram marejados. O jovem sentiu-se tocado pelas palavras sinceras do pai e ficou constrangido perante tudo o que aconteceu.

– Só posso dizer: sinto muito. Não queria trazer problemas para vocês dois. Sei que minha vida não tem sido um modelo de conduta, porém não esperava que isso chegasse ao ponto que chegou. Mônica é uma jovem solitária, carente, irresponsável e achei que poderia ajudá-la, mas estava equivocado. Não me sinto em condições de oferecer a ajuda que ela necessita. Ela precisa de muitos mais cuidados. Sei que vão dizer que nada posso fazer nesse sentido, e estão certos. Luiza e Raquel, não sei como agradecê-las pela noite repleta de aventuras. – E sorriu para as jovens. – Estou cansado e preciso dormir. Ao levantar-se, seu rosto se contraiu.

– Papai orientou repouso, Rafa. Espero que assim o faça. – E tirou da bolsa uma caixa de medicamentos. – Ele pediu para que tomasse este remédio. – Foi até ele e o beijou. – Já vou indo, porque tenho a segunda etapa de explicações, agora para minha mãe. – Bom dia a todos. – As duas se dirigiram para saída com Sílvia a lhes acompanhar e com o olhar de gratidão de Renato.

– Luiza, querida, agradeço o cuidado com Rafael. Sabia que Cadu deixaria alguém em seu lugar. – E a abraçou com muita emoção.

– Onde ele estiver continuará velando por Rafael. – E seu olhar se enterneceu

– Tenho certeza! – Sílvia agradeceu a Raquel com o mesmo carinho e as duas saíram.

Na sala, Rafael foi até o pai e perguntou:

– Pode haver maiores implicações? – Só agora tinha dado conta de todos os atos reprováveis da noite.

– Não se preocupe com isso, pois agora é tarefa minha. Procure apenas descobrir o nome do tal homem. Vou averiguar cuidadosamente. Vá descansar e siga as orientações de Ricardo. Avise se não estiver se sentindo bem. – E o abraçou com carinho. – Fique bem, meu filho. É só isto que peço: repense suas ações.

– Vou ficar. – E o jovem saiu para seu quarto, deixando o pai sob forte emoção. Quando Sílvia retornou, o encontrou em prantos.

– O que mais aconteceu? Vocês brigaram? – Ela estava apreensiva.

– É tudo minha culpa! – E as lágrimas escorriam por seu rosto. – O que faço para que o tempo volte?

– Nada, Renato. Não tem como alterar o que já foi. Mas pode modificar o que virá, pois está em suas mãos. Rafael precisa de nós integralmente. Sem críticas ou julgamentos, ele apenas necessita de nosso amor. Vai ficar tudo bem! – E o abraçou.

O amor une as pessoas, e, quando estas parecem se distanciar, a vida providencia situações, às vezes perturbadoras, para uni-las novamente, reafirmando o compromisso por eles assumido. Sílvia e Renato tinham uma extenuante tarefa pela frente com o intuito de reajustar as próprias emoções e, auxiliar o filho a retomar o caminho correto em suas ações. Para isso, seria fundamental que estivessem juntos e unidos no mesmo propósito. A programação conjunta de ambos era de conduzir Rafael a mudanças de comportamento, oferecendo os exemplos dignos e pautando suas vidas em ideais nobres. Haviam se distanciado de tal meta e agora pressentiam o quanto precisavam se esforçar para dar prosseguimento aos objetivos traçados anteriormente, reassumindo suas verdadeiras funções, a de orientadores. Despertaram antes que situações inevitáveis e desastrosas ocorressem, e era essencial uma ação rápida e direta, com o fim de reestruturar as emoções desgovernadas de Rafael, que estava a ponto de se perder, falhando em sua programação. Nossa consciência será sempre nosso guia infalível!

Em seu quarto, Rafael sentia-se estranhamente triste e confuso. Sua vida estava tomando um rumo diverso do que pretendia, como se algo o impulsionasse a essa direção. Rememorou os últimos acontecimentos, a entrada de Mônica em sua vida logo após a morte de Cadu, as complicações que ele havia trazido para si sem saber como resolvê-las, os problemas decorrentes de seu envolvimento com a jovem. Nada fazia sentido! Não entendia como isso acontecera e nem porque sentia-se tão cuidadoso com a jovem, afinal não tinha interesse algum nela. Ela o atraíra e o prendera em suas teias, e agora sentia que não podia deixá-la, mesmo que todos fossem contrários a essa ligação. Sentia que o caminho era sombrio, mas ao mesmo tempo não podia permitir que ela trilhasse sozinha. Só não entendia os motivos de agir assim. O que Cadu diria sobre isso? Diria que ele era inconsequente, certamente. No entanto, ficaria ao seu lado. Assim era Cadu! Sentia que esse vazio deixado por sua ausência jamais seria preenchido e uma angústia pungente se apoderou dele. Não entendia Deus! Levar embora pessoas como seu amigo e deixar outras desnecessárias cometendo tantas atrocidades por aí! Deus não era alguém muito justo, assim ele pensava.

Deitou-se na cama com cuidado, sentindo todo seu corpo doer e soltou um gemido. Como deixou que isso acontecesse? Não sabia se sentia mais raiva dele próprio ou daqueles que o atacaram covardemente! Seus reflexos estavam comprometidos pelo excesso do álcool, por isso aquilo aconteceu. Aliás, essa condição estava sendo comum em sua vida.

Sempre tivera uma vida saudável. Mas agora não se lembrava da última vez que tinha praticado algum esporte. Sentiu-se sonolento e deixou-se embalar pelo sono restaurador. Dormiu até o fim do dia e foi despertado pelo telefone.

— Alô! Rafael, como você está? — A voz parecia distante ou ele que ainda não acordara.

— Oi, quem é? — perguntou sonolento.

— Sou eu, Mônica. Preciso ver você! Algo aconteceu! — Sua voz estava aflita.

— Desculpe, mas não posso. Não tenho condição alguma de sair de casa. O que foi?

— O que você fez ontem? Não sei do que ele está falando. Ele disse que tenho que pagar pelo que você fez! O que aconteceu? Não me lembro! — A jovem estava confusa.

Rafael tentou ligar os fatos e concluiu que o assunto em questão era sua atitude na noite anterior, jogando a droga fora. Só podia ser isso! E aquele ser desprezível estava se aproveitando da ingenuidade dela. Como ela era a cliente, teria de arcar com os prejuízos. Uma atitude mesquinha que definia o caráter daquele homem, o tipo de pessoa de quem Mônica deveria estar distante. Não tinha intenção alguma de se indispor novamente com essa gente e assim decidiu:

— Pague o que você lhe deve e esqueça-o. Faça isso por você! Fique longe dele, eu lhe peço. É um cara perigoso, capaz de tudo para conseguir seus intentos. Aliás, qual o nome dele?

— Por que quer saber?

— Curiosidade, apenas. — Mônica disse o nome e continuou sua conversa. Rafael anotou o nome que o pai solicitara.

— Não sei do montante que ele está me cobrando. Disse apenas que se eu pagasse, tudo ficaria esquecido. Você tem algo a ver com isso? Não me recordo de nada da noite passada – disse a jovem com a voz entrecortada.

— Isso está se tornando uma constante, não percebe? Esse vício a está matando aos poucos. É isso que pretende para sua vida? – A voz de Rafael era firme.

— Talvez, ainda não me decidi. Por acaso está preocupado comigo?

— Já lhe disse que não vou acompanhá-la nessa triste viagem. Vou ficar por aqui!

— Pensei que se preocupasse comigo, mas percebo que até você vai me decepcionar! – A voz dela era um sussurro apenas.

— Escute, Mônica, faça algo antes que seja tarde. É claro que me preocupo com você, que é tão jovem e tem tanto a viver. Por que quer morrer? O que a faz crer que se drogando sua vida vai se transformar? O que a impede de ser feliz?

Ela permaneceu calada do outro lado da linha, talvez refletindo nas perguntas que ele lhe fazia. Rafael queria muito que Mônica despertasse para a vida e iria insistir!

— Bem, deixemos para outra hora esses questionamentos. Não tenho resposta para eles. Você não me disse se está bem. Lembro vagamente de alguém falar sobre uma briga. Acho que era aquela sua amiga que depois me tirou da outra festa. Falou algo sobre de você.

— Estou bem, não se preocupe. Peço apenas que pense em tudo que estou falando.

— Vamos nos ver hoje? Que horas você passa aqui?

— Sinto muito, mas não estou em condições de sair hoje. Nem nos próximos dias. – E ele contou o que havia acontecido na noite anterior, deixando a jovem em pânico.

— Você andou brigando por minha causa? Está machucado? Posso vê-lo – ele arrependeu-se de ter lhe contado sobre a briga.

— Mônica, aproveite o fim de semana e fique em casa. Seu guarda-costas está incapaz de exercer a função e para que não se meta em complicações, aproveite e veja um filme.

Ele ouviu uma gargalhada e ficou tenso.

— Não dá, Rafael. Não tenho pretensão alguma de ficar em casa no sábado à noite. Ainda mais porque meus pais estão por aqui e farão um jantar para alguns amigos. Nada me fará permanecer aqui esta noite. – Ela estava decidida.

— Seus pais não estão vendo o que você está fazendo com sua vida? – A pergunta soou direta.

— Como você se ilude, querido! Acredita que eles se importam comigo?

— Creio que terei uma conversa séria com eles assim que puder. Você está caminhando numa corda bamba, e eles precisam tomar conhecimento.

— Bem, querido, você está se tornando muito chato e vou desligar. Tenho planos para hoje e preciso me organizar. Cuide-se! Nos vemos outro dia!

Ele sequer despediu e ela desligou o telefone. Rafael estava tenso, pressentindo novos problemas à frente. Levantou-se bruscamente e sentiu sua cabeça girar. Lembrou-se de que não se alimentava desde o dia anterior. Foi até a cozinha e no caminho encontrou o irmão. Lucas o encarou com desprezo e disse:.

— Seu estado está deplorável. Não sei mais que atitude esperar de você! A cada dia que passa mais me convenço de que você é um perdedor. – As palavras foram proferidas com ironia e olhar acusador.

Rafael não queria entrar em embate com o irmão, pouco se incomodando com ele, e ia seguir sem falar nada, mas ele pegou seu braço e o segurou:

— Escute com atenção: você não vai envergonhar nossa família mais do que tem feito. Papai tem sido condescendente demais com você. Não se meta em meu caminho, fui claro? Não pretendo defender moleque irresponsável nos tribunais.

O jovem se desvencilhou e disse apenas:

— Fique longe de mim e saiba que jamais vou precisar de sua ajuda. Me deixe!

Sílvia estava chegando à cozinha quando ouviu a discussão entre eles.

— Lucas, não quero confusão. Deixe Rafael em paz. Você não sabe de nada!

— Você é que pensa! Sei com quem ele se meteu ontem à noite e deveriam se preocupar com a situação dele, que pode se complicar. Ele se mete com marginal, é o que encontra!

— Não é nada do que está pensando, meu filho. Não fale o que desconhece. Seu pai e eu já tomamos conhecimento do que aconteceu e tomaremos as providências cabíveis. Não pense você que estamos passivos perante o que sucedeu. — Sílvia tentava explicar.

— Mamãe, aquele cara é um traficante e você ainda pretende defendê-lo? Só se mete com traficante quem precisa dele. Eu avisei que Rafael precisava de mais atenção! Viu no que deu? Vocês dois são tolerantes demais com as irresponsabilidades dele. — Lucas já elevara a voz, e isso irritou Rafael.

— Escute aqui, o único moleque é você que fala o que não sabe! Não se meta com minha vida, entendeu? Me esqueça de uma vez por todas! — E saiu da sala antes que a coisa se complicasse ainda mais. O irmão tinha a capacidade de tirá-lo do sério!

Silvia conversou mais alguns instantes com o filho e depois saiu em direção à Rafael.

Encontrou Rafael sentado na varanda, com o cachorro a lamber-lhe o rosto.

— Pare que ainda está doendo! Vá pegar sua bolinha, vai! — E o cachorro saiu a correr pelo jardim em busca de seu brinquedo.

— Está melhor, meu filho? — Ela colocou a mão em seu ombro com carinho.

— Estou, não se preocupe. Estava com fome, mas agora já perdi por completo. Por que ele age assim comigo? Não sou bom o suficiente para conviver com ele? Sempre está a me criticar, tenha fundamento ou não.

— Não fique assim. Lucas é apenas diferente de você, tem outras prioridades na vida e essas se contrapõem a tudo que você pensa e faz. Aprendi a respeitar as diferenças entre vocês e amá-los cada um a seu jeito.

— Você é mãe, é capaz de fazer isso facilmente. Comigo é diferente. Sinto uma hostilidade sempre presente, e por mais que tente entender não encontro uma explicação para isso. Ele sempre me tratou com distância e frieza desde os tempos de criança. E não consigo me lembrar de ter dado motivos para isso em algum momento.

— Quando você nasceu, ele sentiu muito ciúmes de sua presença. Achei que com o tempo isso passaria, mas isso não aconteceu. Quero crer que seja apenas isso. Procure relevar tudo o que ele lhe falou, afinal, a verdade sempre prevalecerá. Vamos, eu faço algo para você comer, assim pode tomar o remédio que Ricardo prescreveu. — E se dirigiram para a cozinha.

Instantes depois, Renato chegou com o olhar tenso.

— Está melhor, filho? Já descobri o nome do tal traficante, frequentador assíduo dessas festas milionárias. Um cara influente, que jamais conseguiu ser preso. Já pode imaginar os motivos para que isso aconteça. Tive conhecimento de seu envolvimento em alguns crimes, porém sem que a polícia conseguisse provar a sua culpa. É realmente uma pessoa perigosa, de quem recomendo distância.

— As notícias correm rápido! Até Lucas já sabia do que ocorreu nessa noite — disse o jovem.

— Mais do que imagina! — disse o pai pesaroso.

— Sinto muito pelo constrangimento que o fiz passar. Não foi minha intenção!

— Sei que não foi, Rafael, no entanto peço que evite um confronto com ele novamente. Sua amiga falou algo sobre o incidente? – perguntou Renato.

E Rafael contou-lhes sobre o telefonema de Mônica.

— Ela não se lembrava do que aconteceu em função do seu estado. Ela corre perigo levando a vida de forma tão desvairada.

— Mas este não é seu problema. – Dessa vez o pai falou de forma enérgica. – Não gostaria de vê-lo em companhia dela, pois você e esse homem fatalmente se encontrarão. É momento de cautela extrema, e em nome de sua segurança peço-lhe que fique distante dessas noitadas. Preserve-se, filho. Não quero ter surpresas dolorosas.

— Escute seu pai, Rafael. Foque em seus estudos e deixe essa jovem de lado. Fique longe de confusões desse gênero. Essa jovem deve ter pais que cuidem dela – disse a mãe.

— Infelizmente não, mamãe. É muito triste observar um total abandono por parte de quem deveria zelar com todo empenho. – E abaixou o olhar.

— Nem tudo é como ela diz ser, meu filho. Já pensou que ela pode ser apenas uma jovem rebelde que dita as próprias regras? Não creia em tudo que ela lhe diz, pois pode ter fundamento ou não! Agora, alimente-se. Sente-se, também, Renato, façamos um lanche juntos.

O marido sorriu e assentiu. Ele tentava retomar o controle da família e tudo faria para que isso se concretizasse.

CAPÍTULO 17

INVESTIDA INFELIZ

Todos os eventos ocorridos naquela noite estavam sendo observados por um espectador do mundo espiritual, que se contorcia de raiva perante o desfecho. Outros companheiros sombrios acompanhavam-no de perto, envoltos nesse mesmo padrão inferior.

– *Idiotas! Por que não realizaram nenhuma ofensiva? Eu o quero aqui o mais rápido possível, entenderam?* – Sua voz era cortante.

– *Não pudemos fazer nada, chefe! Aquelas intrometidas se colocaram no nosso caminho e o desfecho você já sabe. Não pudemos evitar, pois elas estavam bem acompanhadas, se é que me entende.*

– *Quem estava com elas?* – perguntou ele apreensivo.

– *Aquele que você já encontrou outras vezes. Ele se coloca sempre entre nós!*

– *Não adianta tentar me impedir, pois vou executar minha vingança, custe o que custar! Ele vai voltar para cá, e em meus domínios ninguém poderá atrapalhar meus planos. Jamais o perdoarei pelo que fez à minha querida Marília! Jamais!* – E fechou os punhos com raiva e com o olhar feroz.

– *Temos de ser cautelosos, pois a cada instante uma nova interferência desses seres da luz ocorre e prejudica nossos planos. Não é só você, Olavo, que deseja vingar-se desse crápula. Sabe tudo o que ele me fez! Ele também tem uma dívida comigo e a cobrarei no tempo certo.* – Esse outro espírito trazia uma cicatriz profunda no rosto.

– *Aurélio, ele irá pagar tudo o que nos deve. Todo sofrimento terá, então, um fim. Com a vingança executada, poderemos continuar nossas vidas.* – Um novo brilho se fez.

– *Que vida? Estamos todos mortos! E tudo o que aconteceu tem um culpado! Ele pagará caro pelo que nos fez. Mas não sei a que vida você se refere!* – disse o espírito, confuso.

– *Se morremos e ainda podemos agir como se estivéssemos vivos, deve haver algo mais que ainda não compreendemos. Isso não é o limbo, nem tampouco o inferno. Não sei exatamente como isso irá se resolver, mas quero buscar explicações* – disse Olavo.

– *Precisamos nos organizar melhor. Induzi-lo a essa vida regada a prazeres mundanos não está sendo suficiente para minar-lhe as forças. Uma ação mais letal é o que necessitamos empreender. Tentar afastá-lo de tudo o que possa favorecê-lo. E de todos que tentam ajudá-lo. Ele está travestido de bom moço, vai ser médico, pode acreditar nesse absurdo? Como ninguém consegue vê-lo através de nossos olhos? E tudo o que ele praticou contra suas vítimas? Ficará impune? Ele teve a chance de retornar, e nós ficamos aqui com toda nossa dor! Não posso permitir que ele se safe desta vez, como nas anteriores! Aquele amigo que o acompanhava e impedia nosso acesso a ele já não* se encontra mais entre os vivos. O caminho está livre! – disse Aurélio.

– Mas de nada adianta se não formos eficientes! Não podemos falhar novamente! Nossa investida contra ele deve ser talhada para ser implacável! Ele carrega a culpa em seu íntimo, e sabemos que por muito pouco já não estaria aqui entre nós. Porém, ele é sempre beneficiado, e isso eu não consigo compreender! Essa jovem desvairada será nossa aliada sem mesmo o saber. Aurélio, você deve retornar e permanecer ao lado dela, inspirando-a a manter esse infeliz nas suas rédeas. Ela é um instrumento dócil aos nossos planos, visto que permanece alienada e distante da coerência a maior parte do tempo. Será nossa aliada nessa luta atroz de trazê-lo de volta aos nossos domínios.

– E você, Olavo, tente se aproximar dele e pelo fio mental, proceda a hipnose sutil, adentrando sua mente, induzindo-o a atitudes contrárias ao bom senso. A família deve abandoná-lo à própria sorte. – E deu uma gargalhada. – Os demais devem impedir o acesso de tantos quantos queiram ajudá-lo.

– Quando esses irmãos da luz se aproximarem, devem todos bater em retirada. Não adianta medir forças com eles. Sejamos cautelosos e hábeis para que a nossa ofensiva siga de forma gradual e constante. – Olavo estava convicto de que seu plano seria vitorioso.

– Quanto àquelas jovens, mantenham uma distância segura. Podem ser soldados encarnados visando auxiliá-lo a qualquer custo. Assim como aquele que já partiu. – Ficou pensativo uns instantes, para em seguida dizer: – E se ele for o responsável por tudo o que impede nossa vingança? – Aurélio ficou preocupado.

– Estamos em maior número, não se esqueça – disse Olavo confiante. – Agora, ao trabalho, não temos tempo a perder.

E partiram cada qual para suas tarefas. Rafael sequer poderia conceber que um plano de destruição estava sendo arquitetado contra ele. Se assim fosse, manteria suas defesas em atenção e vigilância. No entanto, ainda trazia em seu âmago as imperfeições de outrora que o conduziram a tantos deslizes e comprometimentos. Era uma longa jornada para a reconciliação consigo mesmo e com todos os que foram vítimas de seus graves delitos. Porém, a encarnação era a oportunidade de quitar esses débitos e dependia apenas dele a escolha da porta estreita, que o levaria à sua remissão, ou da porta larga, das facilidades e da ilusão. Era uma decisão pessoal e intransferível que a ele competia! A chance lhe fora dada, caberia a ele aproveitá-la!

Raul encontrou Cadu auxiliando Laís com alguns pacientes.

– *Não lhe concedi autorização para trabalhar, meu caro!*

– *Estava apenas colaborando com ela com palavras de conforto e esperança. Não pode me negar isso, Raul. Já estou me sentindo estável e em harmonia. Não consigo ficar ocioso, você me conhece.* – Seu olhar era carregado de amor.

– *Sei, Carlos Eduardo, no entanto tudo deve seguir um caminho determinado. Cada coisa ao seu tempo. Nada mudou em sua ausência. Temos de seguir as regras e essas ainda dizem que deve ter cautela. Faz pouco tempo que retornou para cá e tem uma adaptação a ser feita. Isso não ocorre de forma instantânea.*

Laís decidiu intervir em favor do amigo:

– *Desculpe-me, Raul. Uma emergência ocorreu e pedi a ajuda de Cadu. A reprimenda deve ser a mim direcionada. Pedi apenas sua participação nas preces que iria efetuar. E posso lhe garantir que ele continua um auxiliar competente* – disse Laís.

– *Vocês dois pensam que me enganam e vou fingir que obtiveram êxito.* – respondeu Raul com um sorriso cativante. – *Se é trabalho que almeja, assim lhe será concedido. Conversei com meus superiores sobre Marília, e eles permitiram que você retome de onde parou. Ela estará sob sua supervisão imediata com vistas a conseguir seu reequilíbrio o mais rápido que puder. Olavo, seu pai, está com o firme propósito de executar sua vingança contra Rafael, com chances efetivas, o que nos solicita ações rápidas. Talvez ela seja um elemento poderoso na reavaliação dos planos do pai, cujo intento é apenas fazer justiça com as próprias mãos. Ele ainda acredita que isso trará sua paz de volta. Lembre-se, apenas, que Marília custou a aceitar sua nova encarnação, temerosa de que Rafael não a receberia com amor. É uma linha tênue que ela estabeleceu em sua recuperação: de um lado pairava a revolta pelo abandono, de outro a possibilidade de estar novamente ao seu lado. Em ambos, ela teve que reavaliar o perdão, virtude essencial para que a programação pudesse lhe ser favorável, lhe devolvendo a paz há tanto tempo dela distante. Foi uma longa jornada, meu filho, e não podemos permitir que ela retroceda. O contato com o pai lhe trará recordações infelizes e dolorosas, e isso somente poderá ocorrer quando ela estiver de posse de seu pleno equilíbrio. Dependerá de sua atuação, fazendo-a refletir sobre sua evolução, que somente ocorrerá quando nos despojarmos das emoções menos dignas que ainda insistem em nos acompanhar. O perdão é ferramenta essencial na reconquista da paz e nos liberta do peso do rancor e do ódio, capazes de envenenar nossa alma, impedindo-nos de caminhar para o progresso. Que esta seja a tônica de seu discurso, Carlos Eduardo.*

— *Agradeço imensamente sua intercessão. Farei tudo ao meu alcance para consolidar o estado de Marília. Quando posso iniciar?* – perguntou Cadu, cheio de entusiasmo.

— *Descanse ainda este dia e reflita em suas reais possibilidades. Conte comigo e com Laís em qualquer situação* – ponderou Raul com um sorriso. – *Terá muito trabalho pela frente e necessita estar plenamente recuperado.*

— *Quanto a Rafael, alguma notícia?* – questionou o jovem.

— *Está sob nossa supervisão, fique tranquilo. Quando tiver novas informações eu falarei com você. Agora, descanse um pouco mais e deixe esses problemas conosco.*

Laís seguiu com Cadu, e Raul observava com certa preocupação a situação reinante. Tinha um carinho genuíno pelo jovem e tudo faria em seu auxílio. Porém, mesmo com todos os esforços empreendidos, a atuação de Rafael seria determinante para que sua vida prosseguisse, e sua programação executada.

No domingo pela manhã, Luiza foi visitar Rafael.

– Passei para saber como você está – cumprimentou sorrindo.

– Ainda dói, mas tende a melhorar nos próximos dias. Assim seu pai avisou.

– Estou surpresa com você. São onze horas da manhã, em pleno domingo, e você está sentado tomando um sol com esse amigão ao seu lado. Uma cena digna de ser registrada para a posteridade – brincou Luiza.

– Não deboche de mim, menina! Respeite os mais velhos! – disse o jovem com um sorriso.

– Há quanto tempo não fazia isso? Você passava os domingos curando a ressaca e dormindo o dia todo. Tenho meus informantes, quase doutor!

– Algum interesse em minha pessoa? Você será psicóloga e já está tentando conquistar seu primeiro cliente? Sinto dizer, mas meu caso é muito mais complexo e demanda um psiquiatra. Cadu dizia que eu deveria me especializar em Psiquiatria, com a finalidade de entender a minha verdadeira essência. Acho que ele estava certo! – e deu um longo suspiro.

– Ele faz muita falta, eu sei. Mas o que ele desejaria que fizéssemos é seguir em frente com nossas vidas. E assim tenho procedido, Rafa. Você deveria fazer o mesmo em vez de tentar a cada instante detonar a própria vida – disse ela séria.

– Já está tentando me analisar! Desista, sou um caso perdido – disse o jovem com a tristeza estampada no olhar.

– Não existe caso perdido, meu amigo. Nem para mim, nem para Deus! Sei que você terá um futuro grandioso, apenas ainda não se deu conta de seu valor. Você se deprecia demais, julgando-se uma pessoa repleta de imperfeições. Todos nós as possuímos em maior ou menor grau, pois a imperfeição é inerente a toda criatura. Se você já admitiu que possui muitos defeitos, tente saná-los. Procure trabalhar naquilo que tanto o incomoda e o faz sofrer. Você é quem decide ser feliz ou não!

– Anda lendo muitos livros de autoajuda? Isso não é simples como parece.

– Não disse que seria simples, mas que seria possível. Você é um rapaz cheio de virtudes, mas ainda não acredita em seu potencial. Errar faz parte do processo de aprendizado. Isso quem diz é mamãe. Aprendi muito com ela. É claro que a faculdade auxilia nossa formação profissional, mas as verdadeiras lições não se aprendem nos bancos escolares, mas com aqueles que verdadeiramente nos amam – disse Luiza com sabedoria.

– Você parece mais velha do que é, com tanto a ensinar. Talvez tudo o que diz seja verdade, mas se eu ainda não sinto essa verdade, ela deixa de fazer sentido. Você vê coisas que eu não vejo em mim, e nesse aspecto você e Cadu são muito parecidos. Eu só tenho a agradecer por ter amigos tão leais e generosos. – O olhar dele era triste, o que não passou despercebido a Luiza.

– Não consigo entender essa tristeza estampada em seu olhar. Eu sempre notei e jamais pude compreender isso. O que está oculto em sua alma? – perguntou ela.

Ele ficou silencioso, refletindo sobre a difícil questão. Nem ele tinha essa resposta, apenas sabia que essa dor latente sempre esteve presente. Não podia dizer como ela nascera, nem os motivos que a geraram, mas ela estava lá, corroendo suas entranhas, como a lhe dizer que a felicidade não lhe pertencia. Era assim que se sentia! Não sabia dizer quando isso iniciara, talvez sempre estivesse presente. Os motivos eram indetectáveis! Sentia, apenas, que não merecia a felicidade!

– Não sei. Mas existe algo dentro de mim que insiste em declarar que a felicidade não foi destinada a mim. Simplesmente, é assim! Não sei explicar. – Seu olhar se entristeceu ainda mais, e ela percebeu que seus olhos estavam marejados. Pensou em falar algo, mas não sabia o que dizer, e apenas o abraçou com a força do seu amor.

Após alguns instantes disse:

— Rafa, querido, a vida lhe mostrará que todos podem ser felizes. E você será! Acredite!

— Você é irmã de Cadu, minha amiga querida, quer me adular porque estou debilitado, então não vale! – disse, com um sorriso desanuviando o semblante.

— Vale sim! Eu vejo um futuro lindo e feliz!

— Você será psicóloga ou cartomante?

— Pare de brincar comigo! Não me leva a sério? – perguntou a jovem.

— E é para levar? Você gosta de mim e vai dizer coisas para me agradar.

— Bem, se é assim vou embora. Mas antes quero saber se você falou com seus pais sobre o jantar da semana que vem.

— Que jantar? – Sílvia chegava com alguns copos de suco.

— Rafael! – repreendeu Luiza.

— Não tive oportunidade, mas já que está aqui faça você mesma o convite.

— Vamos fazer um jantar em comemoração ao aniversário de casamento dos meus pais e gostaríamos da presença de vocês.

— Estaremos lá, certamente. Não é mesmo, Rafa? – perguntou a mãe.

— Não perderei por nada desse mundo – implicou o jovem.

— Meus pais ficarão felizes com sua presença. E eu também! Espero vocês! Agora preciso ir, eles estão me esperando para almoçar. Vim apenas saber notícias de nosso doente.

— Está se comportando muito bem, diga a Ricardo. Ficará de repouso esses dias depois voltará à faculdade na quarta. Agradeça a seu pai por mim, ele sempre é tão atencioso.

— Espero vocês, então. Até! – E se despediu. Rafael a acompanhou até o portão.

— Você é um amor, Luiza. Tenho uma dívida de gratidão com você.

— Vou cobrar no tempo certo! – disse, depois beijou seu rosto com carinho e saiu.

Olavo observava toda a cena com certa apreensão. Sentia que aquela jovem poderia comprometer seus planos e teria de fazer algo a respeito. Ela parecia determinada a auxiliar Rafael, e isso era inaceitável. No entanto, ao olhar para Luiza, lembrou-se da sua própria filha, e isso o perturbou. Viu-a saindo e percebeu o jovem sozinho, momento propício para adentrar sua mente e enviar pensamentos deprimentes com o intuito de desestabilizá-lo.

Rafael pensava na conversa que tivera com Luiza instantes antes. Não sabia identificar os motivos de sua tristeza, pois ela sempre estivera presente. Em alguns momentos, sentia que não era amado pelos pais, e isso ocorria desde a infância. Lembrava-se de algumas discussões entre os pais e não entendia o significado dessas brigas. Uma frase, no entanto, sempre o deixava muito inseguro. Era quando seu pai confrontava a mãe, e ela afirmava categoricamente que ele jamais duvidasse de sua palavra. O que aquilo queria dizer ele jamais soube. Apenas sentia-se estranhamente triste e deslocado naquela família. Sentia que era sobre ele que falavam, mesmo sem citar nome algum. O pai ficava furioso, e quando isso acontecia, ele sequer dirigia uma palavra ou atenção à criança. Rafael ficava tristonho e irritadiço, talvez como uma forma de defesa. Tudo era muito vago e pouco concreto, mas essas lembranças sempre o atormentaram e o faziam sentir-se um estranho naquela família. O irmão adorava esses momentos e se dizia o preferido do pai. Isso apenas potencializava a sensação de inadequação de Rafael. Apenas a mãe lhe dirigia intenso amor, mas exagerando em sua demonstração, mimando-o além do necessário.

Por que estava se lembrando de tudo isso agora? Por que tocar nesse assunto que tanto o sensibilizava? Sentiu um arrepio percorrer-lhe o corpo, estremecendo. Existiria um lugar para ele neste conturbado mundo? Se estamos todos fadados a ser feliz, em algum momento, como dissera Luiza, por que ele não sentia que isso aconteceria? Só percebia sombras ao seu lado, e essas pareciam lhe dizer que jamais a felicidade acompanharia seus passos. Por que? Não merecia, assim como os demais?

Uma angústia pungente se fez presente e ele se viu transportado para um lugar distante dali, deprimente e desolador, onde muitos gritavam seu nome e o atacavam. Foi tudo muito rápido, mas o suficiente para deixá-lo em pânico. Olhou ao redor, e lá estava Tommy, solicitando sua atenção, correndo pelo gramado e pedindo seu carinho.

– Amigão, acho que estou enlouquecendo. O que está acontecendo comigo?

Ficou ainda alguns instantes olhando para o vazio, tentando interpretar a visão aterradora que não fazia sentido algum. Só poderia estar perdendo a razão. Seria isso? Teria ele algum distúrbio psíquico que o fazia ter comportamentos insanos? Dr. Cláudio, durante todo o tempo de tratamento, jamais disse qualquer coisa nesse sentido. Mas se ele constatasse qualquer desequilíbrio, não seria ao paciente que contaria. A insistência em continuar com as visitas, que foram escasseando até serem definitivamente interrompidas, o fez lembrar-se do interesse do médico por ele. Talvez ele já tivesse diagnosticado algo e falado com seus pais. E por que não insistiram para que continuasse? Sua cabeça começou a latejar de forma intensa, com pensamentos conflituosos e de baixo teor, já consequência do assédio de Olavo ao seu psiquismo, enviando ideias nefastas, as quais Rafael assimilava acreditando ser provenientes dele próprio. Assim ocorre com as obsessões, um mal tão temido, que se inicia de forma sutil, com invasões constantes às mentes invigilantes as quais se procura exercer um domínio. E assim ocorria naquele instante. Olavo, trazendo em seu âmago tanto rancor, desejava ardentemente que Rafael acatasse essas ideias como se fossem suas e, assim, gradativamente ele estendia seu domínio sobre ele. Verdugo do passado, hoje no papel de vítima desse assédio pertinaz com intenções de desestabilizar e causar profundo sofrimento. A vingança é a meta desses infelizes irmãos, e muitos tendem a atingir seus propósitos se a vítima não tomar qualquer providência de se libertar desse assédio. Dramas intensos são observados a cada momento, causando sérios comprometimentos a todos os envolvidos.

Rafael se submetia docilmente a essa invasão mental, debilitando gradativamente suas defesas emocionais, facilitando o trabalho de Olavo, que se comprazia vendo-o angustiado e sofrendo. Era esse seu maior objetivo: causar toda dor possível, como se isso pudesse aplacar seu próprio sofrimento. Ledo engano! A cada investida contra o jovem, mais intensa era sua própria carga, mais débitos ele contraía, intensificando ainda mais seu comprometimento com a lei divina.

O jovem sentia-se intensamente triste, desolado, debilitado emocional e fisicamente, sentindo a cada instante aumentar suas dúvidas sobre a validade de permanecer nessa infeliz condição. Um companheiro espiritual observava com preocupação o desenrolar dos acontecimentos. Após uma rápida análise, seguiu para relatar a Raul seus temores.

CAPÍTULO 18
OPINIÕES INFELIZES

Rafael retornou à faculdade apenas no meio da semana, sob o olhar curioso dos companheiros de curso. Paula soubera dos eventos do final de semana e foi até o jovem, com o intuito de conversar.

— Você está bem? – perguntou.

— Ficarei – disse laconicamente.

— Se precisar de algo com as matérias, conte comigo – disse solícita, percebendo que ele não estava com disposição para conversar.

Roberto se aproximou, e com o semblante sério, disse ao jovem:

— Tem alguns minutos? Preciso conversar com você. É importante!

Rafael pensou em recusar, mas o olhar que ele lhe enviou não lhe deu alternativa.

— Agora? – perguntou.

— Sim. Vamos até minha sala.

E os dois seguiram pelos corredores da faculdade.

— Feche a porta, o assunto é delicado.

— O jovem estava curioso e, ao mesmo tempo, preocupado com o que ele teria a lhe dizer. — Você sabe em que você se meteu, Rafael?

— Sobre o que está falando?

— Tomei conhecimento de fatos ocorridos, e agora, vendo em que condições ficou, posso imaginar a encrenca em que está metido. — Ele olhava com firmeza para o jovem.

Rafael estava prestes a se levantar, afinal era um problema exclusivamente seu e não precisava ter de dar explicações a seu professor. Mas se conteve e respondeu:

— Não precisa se preocupar, professor. Creio que isso não é da sua competência, mas agradeço seu cuidado comigo. Está tudo sob controle. — Ia se levantando, quando o professor lhe pediu.

— Primeiro escute o que tenho a dizer, depois pode sair. Conheço esse traficante melhor do que possa imaginar. — E revelou uma dor jamais percebida por Rafael. — Sabia que já fui casado? — A pergunta soou baixa e carregada de emoção.

O jovem não entendia onde ele iria com essa conversa, mas permaneceu calado ouvindo.

— A história é longa, porém serei conciso. Adriana, minha esposa, morreu há três anos de overdose, sem que eu pudesse ajudá-la de forma significativa. Celso, o nome desse ser desprezível, era seu fornecedor. Ele a conhecia desde muito jovem. Adriana teve problemas com uma doença crônica desde a juventude e fazia uso de drogas regularmente. No início, apenas para conter suas dores quando as crises aconteciam. Quando a conheci, ela estava ainda em tratamento, tentando encontrar métodos alternativos que a liberassem desse sofrimento. Eu estava iniciando minha carreira e conhecia alguns médicos que lhe deram esperanças de cura, porém o tempo foi passando, e ela sofrendo cada vez mais de dores atrozes. Então passou a fazer uso de analgésicos e outras drogas proibidas. Eu mesmo ministrei algumas vezes, vendo o quanto ela estava em sofrimento. Entre crises e momentos de paz, nos casamos e essa situação perdurou por apenas quatro anos, quando um novo tratamento surgiu. Ela entrou nesse programa especial, ainda experimental, visando obter sucesso na estabilização de sua doença. Os primeiros meses foram difíceis, mas ela conseguiu passar ilesa, o que significa que tinha se distanciado das drogas e desse crápula insensível. Celso era uma figura pública, oriundo de uma família rica, mas falida. Sempre conviveu com pessoas de alto poder aquisitivo dispostas a pagar pelas drogas, contribuindo cada dia mais para a proliferação desses vícios degradantes. Tentei o máximo que pude afastá-la dele, evitando festas e eventos que sabia serem regados a isso Poucos fazem ideia de como a droga circula livremente , tudo, porém, de forma velada. Uma das condições do tratamento que minha esposa vinha fazendo era justamente evitar o consumo de qualquer tipo de anestésico ou droga similar, que pudesse interagir de forma negativa com o medicamento utilizado. No entanto, numa pessoa potencialmente viciada, será difícil de modificar essa tendência. E ela não conseguiu! Sinto que tive uma grande parcela de responsabilidade em tudo o que aconteceu. Não vou me estender, pois creio que possa concluir sozinho o desfecho da história. Numa das festas em que não pude acompanhá-la, pois estava de plantão naquela noite, o pior dos meus pesadelos aconteceu. Deveria ter-lhe impedido de ir, mas ela me garantiu que não se aproximaria dele por nada deste mundo. Mas, infelizmente, não foi isso que aconteceu. E Celso sabia do tratamento de Adriana, pois eu mesmo o procurei pedindo que ficasse distante dela. Ele apenas disse quando o procurei: "não obrigo ninguém a nada, se ela é fraca, não é meu problema", numa frieza mórbida e calculista. E assim aconteceu. Fui chamado de madrugada com a notícia que abalou todas as minhas estruturas. Ela estava morta e nada poderia ser feito para reverter a situação. Simples assim! Eu queria acabar com ele, pois sabia que havia sido ele o responsável pela fatalidade com minha esposa. Eu o procurei e o ameacei, dizendo que tinha provas contra ele e que seria preso. Infelizmente, pessoas como ele têm muitos aliados, e, acredite ou não, acabei respondendo por um processo de calúnia e difamação. Fui ameaçado de morte, meus pais foram procurados. Diante disso tudo, a única alternativa que vi à minha frente foi me afastar daqui, indo fazer um curso fora do Brasil, distante dele e de tudo que me lembrasse de Adriana. Fiquei fora por dois anos e quando voltei, me deparo com a mesma situação de outrora. Nada mudou e nada vai mudar, meu jovem. Pessoas como ele vivem de forma absolutamente normal, cometendo todo tipo de contravenção, e permanecem impunes perante a lei. Não preciso dizer os motivos, pois creio que conheça o que ocorre nesse submundo. São pessoas perigosas e que não medem esforços para preservar a vida que levam, gastando polpuda grana para mantê-los distantes de suas negociatas ocultas. Um quadro lamentável, porém real. E é desse ser desprezível que peço que se acautele, Rafael. Só espero que o vício ainda não esteja impregnado em seu ser, saindo desse assédio o mais rápido possível.

— Professor, sinto muito por tudo o que aconteceu, mas creio que esteja fazendo um juízo pouco abalizado de mim. Ou talvez as informações que lhe chegaram não sejam as mais corretas. Não tenho problemas desse tipo, não sou ligado a vício algum. Será que todos estão pensando o mesmo que você? Agora entendo alguns olhares. Não tenho nada a ver com esse homem, apenas me coloquei em evidência, tentando cuidar de uma amiga. — E contou ao professor toda a odisseia daquela fatídica noite.

— Pelo que me contou, a situação é mais séria ainda. Como você se interpõe entre ele e seus compradores? Onde estava com a cabeça? — Seu semblante estava contraído.

— Não sei o que me deu. Simplesmente fiz e pronto. Não parei para refletir sobre o ocorrido e, se assim fizesse, creio que faria tudo novamente. Posso ter muitos defeitos, Roberto, mas não cheguei a tal ponto de insensatez, utilizando drogas ilícitas — disse o jovem com firmeza.

— Seu perfil não aponta isso e peço perdão pelo meu julgamento incorreto. De qualquer maneira, queria que soubesse o tipo de pessoa que ele é e do que é capaz de fazer. Essa sua amiga precisa se libertar de seu assédio. Posso até visualizar as consequências.

— Eu também e é isso que me angustia. Não posso fazer nada por ela, se insiste em continuar com essa desregrada vida. Meus pais são advogados e disseram o mesmo que você. Que eu a deixasse em paz e não me colocasse novamente em evidência.

Rafael lembrou-se então do irmão e entendeu o que ele estava a lhe dizer com "não envergonhar seus pais". Ele não tinha credibilidade alguma e todos o julgavam um perdedor. Sentiu-se estranhamente solitário em seu mundo, ninguém realmente o conhecia, sendo todos capazes de lhe conferir o descrédito perante suas ações. Até mesmo seu professor!

Roberto sentiu-se abalado perante o julgamento inadequado que fizera e tentou se desculpar com o jovem, sentindo-o fragilizado.

— Peço que me perdoe, Rafael. Minha intenção foi apenas a de alertá-lo, pois gosto muito de você. Sei que não está vivendo um bom momento e isso me fez agir de forma impulsiva e irrefletida. Conte comigo em qualquer situação e não me julgue mal. Somos ainda muito imperfeitos e capazes de cometer deslizes e equívocos a todo instante. Espero realmente que você se afaste desse homem para sua própria segurança. Você tem tanto a viver! Cuide para que sua vida seja plena de realizações! Com relação ao que lhe contei, peço discrição, pois jamais contei isso a outra pessoa. Somente meus amigos da universidade conhecem tudo o que se passou, e assim gostaria que permanecesse.

– Fique tranquilo quanto a isso. Apesar do que pensam de mim, tenho princípios, mesmo que não aparente. – E deu um sorriso triste.

– Precisa de mais alguns dias? Se quiser eu providencio um atestado. Vi suas feições contraídas a maior parte da aula – disse o professor atencioso.

– Vai melhorar, apenas fica difícil permanecer sentado por muito tempo. De qualquer forma, agradeço. Vou ficar, pois assim fico distante de todos esses problemas.

– Você é quem sabe. Já se decidiu quanto ao que conversamos sobre sua futura residência? Quais são suas prioridades? – perguntou Roberto.

– Talvez a ortopedia, apesar de julgar que a psiquiatria tenha mais sentido em minha vida. Cadu brincava comigo sobre isso, mas não tenho habilidade alguma para esse tipo de análise. Não é da minha competência auxiliar outros quando ainda não disponho de solução para minha própria existência – disse ele com convicção.

– Creio que a ortopedia seja uma opção, mas não descarte outras especialidades. Dê tempo ao tempo e a resposta aparecerá serenamente. Conte comigo para o que precisar. – E levantou-se para se despedir, pois tinha outras aulas. – E, mais uma vez, perdoe meu julgamento precipitado.

– Tudo bem, professor. Já estou acostumado com isso.

Rafael apertou a mão de Roberto e se despediu, deixando-o entretido em seus pensamentos. O rapaz corria perigo, mesmo que assim não acreditasse. Celso era vingativo e perseverante em seus propósitos. Rafael o insultara, e a surra havia sido apenas o aviso inicial. Precisava alertar seus pais, mas não queria deixá-los excessivamente preocupados. Ele tinha apenas vinte e cinco anos e uma vida inteira para viver. Não seria justo ver essa vida ceifada tão precocemente. Decidiu que iria conversar com eles no momento propício.

O jovem saiu da sala mais deprimido do que já se encontrava. Todos o julgavam sem antes conhecer seus propósitos. Seria ele indigno da confiança de todos? Sentiu-se triste, sozinho e abatido.

Olavo o acompanhava e se comprazia com o sofrimento do rapaz, estimulando ainda mais pensamentos deprimentes com o intuito de abalar ainda mais suas estruturas emocionais, tão debilitadas que se encontravam. Desejava ardentemente que ele sofresse por todo mal que ele cometera em encarnações passadas. Ninguém o iria demover de seu propósito de impingir toda dor possível, para que ele se conscientizasse que nenhuma infração fica sem resposta. Se Deus não se compadeceu do sofrimento de sua filha e nada fez para puni-lo, ele o faria. Faria justiça com suas próprias mãos!! Continuaria com a emissão de energias inferiores que envolviam Rafael e o tornavam mais triste e frágil. Assim, conseguiria conduzi-lo a comportamentos inaceitáveis, passivo e receptivo a essas emissões mentais. Se nada fosse feito, em algum tempo, Olavo conseguiria dominá-lo e subjugá-lo, conseguindo assim efetivar sua vingança. Sua intenção era trazê-lo de volta para sua realidade espiritual o mais rápido possível, o que poderia ocorrer em função do comportamento apresentado pelo jovem, desprezando a própria vida.

Raul a tudo presenciava, mas não era percebido por Olavo, que, se encontrava em um padrão vibratório inferior, e sua percepção era mais ilimitada. A preocupação voltou a dominar o mentor de Cadu, que precisava preparar uma ofensiva de forma célere, evitando que danos maiores ocorressem. Enviou pensamentos ao jovem que não os acatava, pois estava refratário ao seu padrão mental de teor mais elevado. Raul envolveu-o, então, em luz intensa, atingindo todo seu ser de forma plena. Rafael sentiu-se diferente por alguns instantes, porém, logo em seguida retornou ao padrão inicial, rejeitando o auxílio que lhe era direcionado.

Olavo percebeu que algo ocorria e decidiu se afastar provisoriamente, deixando, porém, a semente da desvalia inserida em seu mundo íntimo. Sabia que mais dia ou menos dia ela iria germinar de forma definitiva e estaria mais próximo de obter o que pretendia. Saiu de lá rapidamente, deixando Rafael só, porém conectado a seus intentos menos dignos e com grandes chances de sucesso.

Raul encarou a situação como de extrema gravidade, necessitando de ações imediatas para conter o assédio extremo que era direcionado ao jovem. Algumas diretrizes teriam que ser providenciadas, e decidiu retornar para conversar com Cadu. Ele precisava estar ciente do que estava ocorrendo e assim acelerar o processo de recuperação de Marília, pois só assim Olavo se sensibilizaria. E, talvez, alterasse seus planos...

O jovem seguiu para mais uma aula, percebendo os olhares que lhe eram direcionados. Não iria se justificar, pois a opinião deles pouco lhe importava. Estava sozinho em meio ao covil de lobos e riu sozinho da cena imaginada em sua tela mental. Nunca se importara com a opinião alheia a seu respeito e não seria agora que isso ocorreria.

A semana seguiu em seu ritmo incessante... Rafael focou em sua recuperação e em seus estudos. Mônica tentou lhe falar, mas ele simplesmente não atendeu suas ligações. Estava confuso com tudo o que acontecera, sem condições de ponderar sobre as implicações de seu comportamento impulsivo.

Na sexta-feira, Luiza foi até sua casa no final da tarde e o encontrou focado nos estudos. Seus hematomas estavam quase desaparecendo.

— Agora está voltando a ser aquele homem bonito de antes. Já está apresentável, Rafa. Amanhã conto com sua presença, combinado?

— Faz mesmo questão que eu vá? Tenho me sentido tão cansado de tudo, com nenhuma disposição para enfrentar uma festa. Vai ficar chateada comigo? – perguntou ele.

— Certamente que sim. Porém, meus pais ficarão decepcionados com sua ausência. Eles gostam muito de você. O que tem sentido? Cansaço físico ou outra coisa?

ela conversara com Raquel que lhe pedira que cuidasse de Rafael, pois sua situação espiritual era bastante delicada. "Comprometimentos do passado", apenas disse a amiga, "estão refletindo intensamente em seu momento atual." Acreditando ou não nessa interferência do mundo espiritual, ele precisava buscar ajuda urgente. Mas como dizer isso a ele? Rafael jamais acreditou em crença alguma. Ele se recusava a participar de qualquer culto ou coisa semelhante. Seria uma tarefa árdua adentrar nesse assunto espiritual com ele. No entanto, vendo seu semblante tão triste, ostentando tanta dor, ela decidiu que teria que conversar sobre a possibilidade de ele visitar um centro espírita. Ela combinara com Raquel que iria na semana seguinte para conhecer. Quem sabe ele não a acompanharia? Raquel enfatizara a necessidade de ele tomar um passe, uma transfusão de energias que poderia lhe conferir mais vitalidade, fortalecendo-o. Como Luiza não sabia como falar com ele, pensou que o jantar seria o momento propício. Decidiu insistir pela sua presença e, antes que ele respondesse, perguntou:

— Ou será que tem outros planos para amanhã?

Ele ficou pensativo por alguns instantes e em seguida disse:

— Até você pensa que sou um irresponsável! – Sua voz era carregada de tristeza, o que fez Luiza se arrepender da pergunta.

— Desculpe, Rafa, não quis dizer isso de forma alguma. Porém, sei que Mônica é insistente e pode ter convencido você a modificar seus planos. Não me interprete mal! Não penso que seja irresponsável, mesmo que assim possa parecer. Sei que será um médico brilhante, apenas ainda não se deu conta de seu valor. Suas atitudes desde que Cadu se foi não estão sendo as mais adequadas, tem que admitir. Isso, no entanto, não define seu caráter, meu amigo. Não sei porque você insiste em não se valorizar.

– Como posso me valorizar se todas as pessoas pensam o pior de mim? A cada instante percebo o quanto sou analisado de forma negativa. Parece que está escrito em minha testa "irresponsável". Talvez assim eu seja! – ele estava demonstrando seu pesar.

– Talvez você mostre exatamente isso aos outros, meu querido! Não pode julgá-los se você mesmo assim se considera! Os demais veem você conforme você mesmo se enxerga. Você não passa credibilidade porque não acredita em seu potencial de realizar de forma efetiva as tarefas que lhe são designadas! Mude sua postura frente à vida e passe a acreditar em seu potencial. Valorize-se e os outros farão o mesmo! – Seus olhos brilhavam enquanto ela falava.

– Você apenas quer que eu me sinta menos infeliz e agradeço seu empenho. No entanto, não consigo enxergar as virtudes que você me atribui.

– Rafa, tenho dito isso insistentemente: você precisa de ajuda! Não fuja mais de si mesmo e enfrente seus medos e inseguranças. É o único caminho que te conduzirá à paz íntima. Não se torture mais, meu amigo! Você merece ser feliz! Todos merecem encontrar a felicidade em seu caminho e não seria diferente com você. Precisa confiar!

– Por que perde seu tempo comigo? Já disse que sou um caso perdido. Não quero que se contamine com minha angústia. Você é uma jovem linda e com tanto a viver! Não se ligue a alguém como eu, que nada tem a lhe oferecer. Estou tão cansado de tudo! – O olhar que ele ofereceu a encheu de preocupação. Essa sua instabilidade emocional era fonte de tantos tormentos e ela não suportava vê-lo nessas condições. Ele realmente necessitava efetuar mudanças em sua forma de encarar sua existência.

— Por que está tão derrotista? Algo mais sucedeu que eu não saiba? O que te aflige?

— Já lhe disse que a felicidade não é conquista para mim. Mas fique tranquila, não vou decepcionar quem sempre me acolheu com tanto carinho. Estarei lá amanhã. É o mínimo que posso fazer em retribuição ao muito que recebi de seus pais.

— Não estará indo por mim? Quando vai me levar a sério? – perguntou Luiza com a voz dengosa e insinuante.

— Luiza, não brinque comigo! – sorriu Rafael.

— Esse coração já está comprometido? – instigou ela.

— Não, mas você merece alguém a sua altura. – E deu uma gargalhada imaginando o que aconteceria se eles tivessem algum envolvimento.

— Não entendi essa risada! Qual o seu problema comigo? Por que jamais me leva a sério? Eu já disse que sonho com você desde que era uma adolescente? – brincou ela.

— Já faz muito tempo, hein, mocinha? – O clima já se descontraíra.

— E não quer saber como eram esses sonhos? – disse ela, se aproximando do jovem.

— Eu posso imaginar! Pare com essa brincadeira, Luiza. Eu posso não responder por mim qualquer dia desses. Você sabe que se tornou uma jovem muito atraente e pode conquistar qualquer um que te mereça.

— Eu não quero ninguém, será que não entende? – Seus olhares se cruzaram e, pela primeira vez, ele sentiu que ela não estava brincando. Havia um brilho intenso em seu olhar que o deixou estático e sem ação. Jamais a olhou com outros olhos que não os de uma irmã. Agora aquele olhar profundo devassando todo seu mundo! Tinha tanto medo de magoá-la! Ele jamais faria isso com ela! Como fazer com que ela perdesse seu interesse por ele?

CAPÍTULO 19

REPARANDO ERROS

— Luiza, pare com isso, eu lhe peço. Você tem me auxiliado tanto, não gostaria de me afastar de você, mas assim farei se insistir nesse assunto. – Rafael a olhava com firmeza.

A jovem ficou pensativa e decidiu mudar suas ações.

— Não quero e não vou me afastar de você. Não se aborreça comigo, Rafa. Vou lhe dar um tempo para refletir sobre tudo o que conversamos. Posso te esperar amanhã? – A jovem o olhava com toda a ternura.

— Vou me render, desta vez. Conte comigo! E jogue esse charme para quem te mereça.

— Não vou discutir isso com você, pois sou eu quem devo saber o que é bom ou não para mim. Pode me desprezar o quanto quiser, pode não me levar a sério, pode me julgar uma pirralha impulsiva, mas eu cresci e tenho maturidade suficiente para realizar minhas próprias escolhas. – seu olhar tinha tanta convicção que perturbou Rafael.

— Se você me assediar, irei embora, combinado? — brincou ele.

— Se quer assim! — Virou-se e estava saindo quando ele pegou seu braço e disse:

— Só quero que seja feliz, você é uma pessoa tão especial! Uma das poucas que tornam minha vida menos árida. Faço isso para seu próprio bem! — O olhar dele estava tão límpido que sensibilizou Luiza. Instintivamente, ela o abraçou com todo o carinho.

— Eu sei, meu querido! Te vejo amanhã!

— Pode me esperar!

Enquanto ela saía, ele a observava com maior atenção. Luiza se tornara uma linda mulher e só agora constatava o quanto isso era verdade. Pela primeira vez ela o tocara de uma forma diferente, mas não queria pensar na absurda possibilidade de se envolver com ela. Será que deveria se afastar? Temia uma maior aproximação e o que poderia ocorrer. Não iria brincar com Luiza em nenhuma hipótese, pois gostava imensamente dela. Por que se sentia assim, sem direito a ser feliz? Por que isso lhe parecia tão distante? Sentiu uma angústia profunda e um desejo deliberado de fazer com que a dor cessasse. Mas como? Fugir de tudo? Talvez isso o libertasse desse sofrimento atroz. Definitivamente, a felicidade não estava ao seu alcance!

Mais uma vez Olavo se aproximara e enviara essas ideias infelizes que Rafael acatava como se fossem seus próprios pensamentos. A cada dia, a entidade procurava aumentar a intensidade do assédio, aprisionando o jovem e dominando sua vontade.

Olavo e seus comparsas se revezavam nessa obsessão, não dando trégua a Rafael, que se debilitava emocionalmente a cada momento.

Mônica tentou lhe falar ainda naquela noite, mas o jovem preferiu se manter a uma distância segura, conforme recomendação dos pais advogados. A mãe percebia o abatimento do filho e o questionou na manhã de sábado:

— Tenho notado que está distante e reflexivo. Algo mais ocorreu? — perguntou ela com preocupação.

Ele ficou silencioso alguns instantes sem saber o que responder. De repente, encarou a mãe com o olhar triste e perguntou:

— Você e papai me escondem algum segredo? — a pergunta saiu no ímpeto.

Sílvia empalideceu e sem saber o que responder apenas disse:

— Não, Rafael. Por que está perguntando isso?

— Não sei, mas sinto que existe algum fato oculto em meu passado. Lembro-me vagamente que, após suas brigas com papai, ele ficava dias sem me olhar diretamente. Isso sempre me incomodou, e não sei porque só agora decidi perguntar. Qual o motivo das intermináveis discussões entre vocês? — ele estava curioso

— Problemas normais de um casal. Seu pai sempre foi muito ciumento e, naquela ocasião, ele devia estar mais inseguro que o habitual. Nada mais, meu filho. Por que o interesse repentino?

Ela tentava disfarçar, mas ficara sensivelmente abalada. As lembranças fluíram com nitidez e as incessantes acusações sobre sua provável traição. Será que Rafael, em algum momento, ouvira qualquer coisa sobre o assunto? Ele era apenas um garoto, mas será que chegou a ter conhecimento de algo? Seu corpo todo enrijeceu e a simples possibilidade dele ter ouvido qualquer palavra a deixou em pânico. Seria esse o motivo dessa instabilidade emocional? Seriam eles, os pais, responsáveis por todas as inseguranças que ele era portador? É sabido que algumas lembranças permanecem no inconsciente e são capazes de ditar uma série de condutas ao longo da existência. Talvez ele apenas tivesse captado as emoções provenientes das discussões, mas sentia que se referiam a ele próprio, em função do comportamento do pai com ele, como um certo desprezo velado. Rafael sempre se sentira distante do pai, como se ele o rejeitasse e acreditava que fosse em função de seu modo rebelde de ser, não satisfazendo suas expectativas. Quando decidiu pela medicina, sentiu que essa sensação se consolidou. O pai implicava insistentemente com ele sobre tudo, e essa distância apenas se intensificou.

Sílvia percebeu com toda clareza a cena que se desenrolava à sua frente. Renato havia sido inflexível em suas condutas, gerando no filho essa mágoa contida. Olhou-o com carinho, sentindo o quanto ele sofrera em silêncio e, incapaz de compreender os motivos dessa dor.

— Papai sempre mostrou sua predileção por Lucas e imaginava que isso era natural por ele ser o primeiro filho e por corresponder sempre às suas expectativas. Ele jamais demonstrou o mesmo carinho que dispensava ao meu irmão. Tenho pensado muito em minha vida, afinal tenho total responsabilidade sobre ela. Essas cenas da minha infância insistem em aparecer em minha tela mental e fiquei curioso, apenas isso. Se você diz que não existe nada, talvez seja algo que não mereça minha avaliação. Talvez papai apenas prefira Lucas, afinal ele faz tudo para agradá-lo em qualquer situação, ao contrário de mim, que sempre o confronto. Tenho tentado entender os motivos que me levam a agir assim.e pensar sobre os acontecimentos era a técnica que Dr. Cláudio utilizava nas terapias. Talvez eu o procure... – disse isso sem muita convicção.

— Procurar compreender os motivos de nossa instabilidade e sofrimento é algo meritório, meu filho. Creio que muitas de nossas condutas são baseadas em nossa visão sobre os acontecimentos, que nem sempre correspondem à realidade dos fatos. Na verdade, agimos conforme nossas crenças e verdades, e essas podem ter sido construídas em terreno frágil, pela nossa maneira de ver. É importante que você busque de todas as formas o caminho da sua paz íntima. A terapia é um excelente recurso que pode trazer inúmeros benefícios. Fico feliz que esteja refletindo nessa possibilidade. Com relação ao seu pai, procure compreender que ele é imperfeito, assim como nós, capaz de errar, o que jamais invalidará o amor que sente por você. Uma maneira estranha de amar, eu tenho que admitir. Dê-lhe uma chance de mostrar o que estou dizendo. Ele tem tentado se aproximar de você, e essa é a forma dele demonstrar que agiu de forma equivocada. Ele é seu pai, querido! E sempre será! – A mãe o abraçou com energia, como a dizer-lhe que tudo ficaria bem.

O passado não poderia ser alterado, mas o futuro estava em suas mãos. Jamais percebera todo mal que causara involuntariamente. A forma drástica de ver o mundo, confrontá-lo e rebelar-se com ele, era assim que o filho sempre agira! E agora compreendia os motivos! Em pensamento, rogou a Deus que a perdoasse pela negligência com o filho, não observando o que ele carregava em seu mundo íntimo por tantos anos! Como haviam sido descuidados! Seu coração ficou apertado e conteve as lágrimas, concluindo:

— Você é nosso filho muito amado, jamais se esqueça disso!

O jovem estava com o olhar distante, tentando ouvir seu coração, um local ainda repleto de emoções contraditórias que o induziam a agir da forma como agia.

— Preciso de ajuda, mamãe! – foi somente isso que ele conseguiu dizer, enquanto as lágrimas escorriam livremente pelo seu rosto, deixando a mãe envolvida em sua dor.

— Estarei sempre aqui ao seu lado! Vamos ligar para Dr. Cláudio semana que vem?

Ele assentiu e ficou calado, observando a vida fluir por seus dedos, sem poder contê-la.

Renato chegou no instante em que mãe e filho estavam abraçados e entrou silenciosamente, seguindo para o quarto. Seu coração ficou descompassado, sentindo o peso da angústia.

Ouvira parte da conversa, e a culpa também assomou, entendendo todo mal que ele próprio causara ao filho. Um longo caminho para a reparação de seus erros, apenas não sabia se o tempo o favoreceria. Ele próprio necessitava de ajuda psicológica para auxiliá-lo nas suas futuras ações. Definitivamente, não sabia como agir. E quando isso ocorre, a prudência indica a reflexão antes que a impulsividade impere.

Momentos antes de saírem para o jantar na casa de Clarice e Ricardo, Mônica apareceu na casa de Rafael em total descontrole. O jovem foi ao seu encontro:

— Boa noite, Mônica. O que aconteceu com você?

— Preciso de você! Tem que me ajudar! — Seu olhar aparentava medo e fragilidade.

— Desculpe-me, estou de saída. Compromisso inadiável com meus pais. Por que está assim, tão aflita?

— Meus pais querem me mandar para uma clínica e eu não posso ir! Tente me entender! Não quero ir e não vou! — disse ela resoluta.

— Por que essa relutância em aceitar ajuda? É para seu bem. Você não tem mais controle sobre o que faz. Não acredito que isso a faz bem! É uma ilusão! Você precisa se tratar e livrar-se desse vício. Sua vida mal iniciou, Mônica. Pense como se fosse uma parada estratégica para resolver seus problemas e, depois, mudar o rumo de sua existência.

— Ninguém me ama, sou apenas um problema que precisam se livrar! É tudo o que eles desejam! Me ver distante! Sempre foi assim! — A mágoa predominava.

— Você está num caminho sombrio e, em pouco tempo, não saberá mais como voltar! Ficará presa nesse mundo insano e desolador! Aceite a ajuda, eu lhe peço. — Ele dizia com toda a calma, tentando acessar a razão da jovem, prisioneira da própria insensatez.

— Você se preocupa realmente comigo? — A pergunta soou direta.

— Quero que fique bem e distante dessa maldita droga! — disse o jovem enfático.

– Mas você não me ama, eu sinto! – Seu olhar estava tão desesperado que o comoveu.

– Eu gosto de você e quero seu bem! Não faça nada que possa se arrepender depois.

– Se você me amasse, talvez eu me propusesse a tudo isso! Mas... – Ela estava indo embora, quando ele pegou seu braço.

– Mônica, faça isso por você apenas. Não por mim ou por outro qualquer, mas porque você se ama e se respeita, merecendo ser feliz! Eu lhe peço, aceite a ajuda e busque um tratamento. Sei de locais sérios que fazem um trabalho fenomenal com dependentes químicos. Só depende de você! Eu quero seu bem, nunca se esqueça.

– Mas não me ama! Não ficaria ao meu lado, sem impor a condição de eu me tratar! – disse a jovem com os olhos marejados.

Rafael a abraçou e disse baixinho em seu ouvido:

– Você é uma jovem linda, inteligente, cheia de atrativos que fariam qualquer homem se jogar aos seus pés. Terá o pretendente que quiser! Cuide-se, eu lhe peço! Você merece ser feliz e viver sua vida em plenitude.

Ela se desvencilhou e ofereceu um sorriso triste finalizando:

– Poderíamos ter sido felizes! Vou refletir em tudo o que disse. Boa noite! – E saiu.

Rafael sentiu-se desolado perante a atitude da jovem. Nada tinha a oferecer a ela senão sua amizade porém isso não era o suficiente para demovê-la de seus propósitos. Sentiu uma nuvem sombria sobre ela e temia pelo que pudesse fazer. Seus pais apareceram e o tiraram de suas reflexões.

– Vamos, querido? A moça já foi embora? Está tudo bem? – A mãe percebeu o semblante tenso que o filho ostentava.

– Espero que fique. Vamos? – disse apenas.

Os pais de Cadu ficaram radiantes com a presença dos amigos. A ausência de Cadu, mesmo sentida por todos, não tirou o brilho da reunião. Eram poucos convidados, e o clima era de harmonia e paz. Rafael, no entanto, destoava com sua aparência séria e compenetrada, o que chamou atenção de Luiza, que foi ao seu encontro.

– Fico feliz que tenha vindo, está tudo bem? Estou me comportando, como combinamos.

– Percebi, mas devo dizer que é a jovem mais linda da festa – disse ele, tentando não demonstrar sua extrema preocupação.

– Agradeço a gentileza, Rafa. Mesmo por que posso contar nos dedos as jovens presentes. – Ela estava bem-humorada.

– Mas é a mais bonita entre todas! – E sorriu.

– Está galanteador, depois diz que não tem interesse algum...

– Já me arrependi de ter sido gentil. – Ele tentava parecer natural.

– Pare com justificativas, meu querido. Posso saber o que significa essa ruga em sua testa? Os hematomas se foram e trouxeram essa tensão? O que Mônica aprontou?

– Não consigo esconder nada de você. – E contou sobre a conversa com a destemperada jovem. – Estou com um péssimo pressentimento.

– Isso é sério? Você assumir que tem um pressentimento! Desde quando isso tem acontecido com você?

ela estava surpresa com o que ele acabara de dizer.

– Você não me leva a sério também! Me deixe com minhas preocupações. – E se virou.

– Estou brincando, me desculpe! É claro que te levo a sério. Essa jovem é complicada demais e quer que você se sinta responsável por suas ações. Não caia nessa! Que responsabilidade você tem? Nenhuma! Ela precisa de ajuda urgente e você sabe disso. No entanto, ela não quer a ajuda. Então você não pode condicionar sua vida à dela! Nem tampouco sentir-se seu tutor, como estava agindo nas últimas semanas, trazendo uma série de problemas para sua vida. Você não é o anjo da guarda dela, nem segurança, nem pai. Por que vai se sentir responsável pelas atitudes insanas que ela possa ter? Pare com isso, Rafael. Definitivamente, você procura confusões em seu caminho, não bastasse as que já possui. – Seu olhar estava sério e compenetrado, o que fez o jovem sorrir.

– Onde eu estava que não vi você crescer? Onde está aquela menina chata e insistente que não dava um segundo de paz a Cadu? Foi rápido demais!

– Cresci no tempo certo, apenas você não percebeu, desatento que é.

– É uma crítica velada? – perguntou o jovem.

– É uma crítica aberta, seu chato. Saia desse pessimismo e entregue suas preocupações a Deus. Quando não sabemos o que e como fazer, a melhor alternativa é confiar que tudo vai se ajeitar. Sei que sua crença é limitada, sua confiança é quase nula, mas existe um poder superior que a tudo comanda. Não me olhe assim! Eu tenho fé e confio em Deus! Pode rir e dizer o que quiser, não me incomodo!

– Não conhecia esse seu lado místico. Você acredita que Deus existe? – perguntou ele.

– Quem criou todo o Universo? – questionou Luiza.

– Para você, pelo que posso crer, foi Deus, um ser que jamais ninguém conseguiu definir de forma objetiva. Um assunto que demanda tempo para ser avaliado.

– Não é o momento, tenho que convir. Se quiser continuar com a discussão sugiro que me acompanhe a um lugar. Talvez encontre as respostas que procura. Aceita meu convite?

– Onde seria? – perguntou Rafael curioso.

– Um centro espírita, lugar que Raquel frequenta desde que nasceu. Ela me convidou para conhecer e eu estava relutante em ir sozinha. Você me acompanharia?

Quem sabe aquela não seria a oportunidade de levá-lo até lá, conforme a mãe de Raquel solicitara, pensou ela. Rafael necessitava de uma assistência espiritual, assim ela lhe dissera. O jovem ficou pensativo por alguns instantes, refletindo sobre o convite.

– Desde quando se interessa por esse assunto? Seus pais sabem disso? Acho temerário visitar um local como esse. Dizem que eles falam com espíritos. Não sei se é um lugar que gostaria de conhecer. – disse ele com o semblante sério.

– Está com medo? – alfinetou Luiza sorrindo. – Você parecia um rapaz tão valente!

– Não estou com medo, apenas receoso do que iremos encontrar lá. Você já foi a um lugar como esse?

– Não, esta seria a chance de conhecer a doutrina que possui fundamentos práticos e lógicos. Tenho conversado muito sobre o assunto com Raquel. E, tenho que convir, muitas dúvidas foram sanadas. Daí meu interesse em visitar e entender um pouco mais.

– Não sei... – A dúvida se instalara em seu olhar.

– Se não é medo, me acompanhe. Irei na terça-feira à noite. Aceita meu convite? – insistiu ela, confiante que ele seria o maior beneficiado.

Ele estava refletindo sobre o convite, quando Clarice chamou os dois jovens para fazerem um brinde. Ricardo reunira todos à mesa e com a voz emocionada disse:

– É um momento especial para nós. – E encarou fixamente a esposa que estava com os olhos marejados. – A esta mulher maravilhosa que me acompanha em cada passo desta estrada, dedico esse brinde. Sem ela ao meu lado, certamente não teria chegado até aqui. Sua força me inspira, seu amor me preenche todos os poros, sua presença iluminada me convida a cada dia ser um homem melhor e mais digno. Não sei o que seria de mim sem Clarice ao meu lado. Agradeço diariamente a Deus por esse presente, que sei que não mereço, mas que me estimula a prosseguir, mesmo em face a todos os entraves da jornada. Me deu filhos maravilhosos que amo intensamente. Rogério e

Cadu não puderam estar conosco hoje fisicamente, cada qual com seus destinos traçados, mas certamente estarão em nossos corações, compartilhando esse momento. Luiza, nossa caçula, tanto amada, insistiu para esta reunião. E sou-lhe grato por tudo! Clarice, que venham mais trinta anos! Amo você cada dia mais! – E sorriu-lhe.

A esposa agradeceu, retribuindo a declaração de amor com poucas e profundas palavras:

– Eu agradeço a Deus todos os dias a imensa responsabilidade de acompanhar seus passos, sem você minha vida seria tão insignificante! Te amo, meu querido! E chega de discurso, senão vou chorar e estragar toda a produção que Luiza fez! – E todos riram.

Raquel estava presente e pôde ver, através de sua visão espiritual, que o ambiente ficou todo iluminado, com a presença de companheiros espirituais que a tudo observavam. No momento do brinde emocionado dos dois, ela pode ver Cadu acompanhado de outro espírito se aproximando do casal e abraçando-os ternamente. Em seguida, as duas entidades dirigiram seu olhar à jovem, que percebera a presença dos dois, e lhe sorriram.

Cadu, antes de partir, se aproximou da irmã e de Rafael e também os abraçou. Foram breves momentos, mas que deixou um rastro de luz e de esperança naquela família.

Rafael e Luiza, ouvindo a declaração de amor, ficaram profundamente emocionados, e ele, instintivamente, pegou a mão da jovem e disse:

– É possível que Cadu esteja aqui? Jamais senti tão fortemente a sua presença. – com os olhos marejados e com a saudade explodindo em seu peito. – Senti o mesmo que você. – E Luiza olhou para Raquel, que estava como em transe, com o olhar distante de lá, apenas observando a cena que se desenrolava à sua frente. E carinhosamente, disse: – Cadu jamais perderia este momento. Peço apenas que ele esteja bem, esteja onde estiver, e que jamais se esqueça do quanto o amamos!

"Raquel vai ter muito a explicar", pensou Luiza. Aquele olhar significativo pretendia dizer algo. E ela iria descobrir...

CAPÍTULO 20
NOVAS DIRETRIZES

Momentos antes daquela cena, Raul e Cadu conversaram sobre a possibilidade de ela ocorrer. O jovem sabia da comemoração dos pais e manifestou o desejo de vê-los, mesmo tendo consciência que ainda era precipitado sair de lá, da colônia espiritual.

— *Não sei se teremos a permissão para essa visita, mas posso tentar intervir por você. Porém, alguns cuidados serão necessários* — disse Raul.

— *Prometo acatar todas as suas orientações e nada farei que possa causar qualquer transtorno. Eu lhe peço! Me acompanhe nesta visita* — solicitou Cadu.

— *Vamos ver!* — e Raul saiu de lá com o intuito de obter a permissão tão desejada do pupilo.

Voltou instantes depois com um sorriso no rosto.

— *Você conseguiu a permissão, meu jovem. Espero que cumpra o prometido. Controle suas emoções, caso contrário poderá perturbar o ambiente que já se encontra preparado em total harmonia* – instruiu Raul seriamente.

– *Pode confiar que não o decepcionarei.* – Cadu estava ansioso com a possibilidade de rever os entes queridos.

– *Então vamos.* – E seguiram em direção à crosta, para a casa que pertencera a Cadu e onde se realizava o jantar restrito a um seleto grupo de amigos.

Assim que chegaram, Cadu sentiu que a emoção se instalava em seu coração. Olhava os pais, a irmã, o amigo querido, e a saudade imperou. Conteve as lágrimas, que insistiam em fluir. E olhou para Raul, dizendo:

– *Sinto tanta saudade deles!*

– *É natural que assim seja. Seus pais o acolheram amorosamente nesta encarnação, reforçando os laços espirituais que já existiam, dando-lhe todo suporte para que você realizasse sua programação. O amor sempre imperou, e este é o responsável pelas suas emoções. Lembre-se, porém, de que não deve se render a elas, procure manter-se no controle como um observador. Sei que não é tarefa fácil, Carlos Eduardo. Ficaremos apenas alguns instantes, e nossa presença deve passar de forma imperceptível.*

Cadu agradeceu o carinho do mentor e sorriu, apontando para Raquel.

– *Infelizmente, creio que já fomos percebidos. Raquel, amiga de Luiza, é uma médium vidente e já detectou nossa presença. Certamente, ela falará com minha irmã. Devemos ir embora?*

– *Como médium que ela é, saberá se comportar de forma equilibrada. Não nos preocupemos. Lembre-se de que serão breves momentos.*

O jovem assentiu e aproximou-se dos pais, envolvendo-os num abraço fraterno, carregado de amor e paz. Os dois, sem saber o que acontecia, apenas se olharam de forma significativa e se beijaram, selando o amor que prevalecia.

– Amo vocês por toda a eternidade! Obrigado pela existência feliz que me proporcionaram. Que Deus os envolva em todo seu amor! Gratidão eterna!

Depois de abraçar os pais, Cadu viu a irmã ao lado do amigo e foi até eles, envolvendo-o sem energias confortadoras, como a lhes dizer que tudo ficaria bem, em qualquer situação. Deus está no comando, sempre! Era isso que Rafael precisaria compreender! Abraçou-os e saiu em direção a Raul, acompanhado pelo olhar atento de Raquel, que presenciara a cena. A jovem ficou sensibilizada quando as duas entidades olharam em sua direção, sorriram e partiram. A visita de Cadu havia sido providencial, e ela constatou que ele já se encontrava em tratamento, o que significava que estava sendo atendido e amparado. Era uma informação importante que mentalmente questionou, recebendo a resposta quase que de forma imediata:

– Carlos Eduardo se encontra em recuperação e está bem. Que a luz do Mestre a envolva!

Era Raul se comunicando telepaticamente com Raquel, que sentiu-se totalmente envolta em fluidos sutis e renovadores. Era sempre um aprendizado entrar nessa realidade espiritual e constatar que a vida prossegue em seu ritmo incessante. Nada fica estático, tudo é dinâmico e responde a um planejamento maior, que não podemos interferir.

Cadu fora autorizado a visitar os pais naquela data especial e significativa, deixando sobre todos o perfume inconfundível de sua amorosa e iluminada presença. Observou atentamente as ações que se desenvolveram pelas entidades espirituais e a emoção se instalou quando partiram. Saiu de perto da amiga para que ela não a questionasse sobre o que vira. Não sabia o que era conveniente falar e diria apenas o necessário.

Rafael e Luiza foram até os pais e os abraçaram carinhosamente, todos profundamente emocionados com o momento.

A reunião continuou pela madrugada, como se aquele momento precisasse ser eternizado. A paz estava presente, e todos ficaram lá, num bate-papo sadio.

Raquel procurou evitar a amiga o quanto pôde, porém foi confrontada por Luiza:

— Explique exatamente o que você viu. Nem tente me ocultar, pois seu olhar te denunciou. Senti tanto a presença de Cadu, isso pode ter acontecido? Ele poderia ter estado aqui nesta noite especial? Como funciona isso na espiritualidade? Quero dizer, eles podem visitar seus entes queridos? — Luiza estava cheia de perguntas.

— Uma pergunta por vez, amiga. Vou começar pela última pergunta, se aqueles que partiram são autorizados a visitar seus familiares e a resposta é: sim, porém não é uma regra, pois nem todos estão em condições de assim procederem. A companheiros que partiram e ainda se encontram em desequilíbrio não é recomendável, pois ainda se encontram em fase de adaptação à sua nova condição, e isso gera instabilidade, podendo causar perturbações maiores entre aqueles que deixou. Causa, também, grande aflição aos que partiram, gerando ainda mais sofrimento a eles. Tudo segue um planejamento meticuloso e sério, e todos os espíritos a ele se submete. Resumindo: nem todos estão aptos a visitar seus entes queridos, pois podem se perturbar e causar perturbação. Isso já responde a pergunta de como funciona isso na espiritualidade. Existem regras a seguir, padrões a observar, e o estado de lucidez do desencarnado é quem vai ditar o caminho possível. Se Cadu já estiver em condições emocionais e espirituais para visitar sua família, e se for autorizada essa aproximação levando-se em conta seu estado de desprendimento e desapego, possivelmente lhe será permitido aqui estar. Lembrando-se de que não deve, em nenhuma hipótese, interferir nas ações dos que aqui se encontram. Cada um deve se incumbir de suas próprias tarefas, seja aqui, no plano físico, seja no plano espiritual. A vida segue nesses dois planos tão próximos, Luiza. Essa é a verdade que poucos se importam em conhecer e aceitar. Respondi a seus questionamentos?

– E quanto à minha pergunta inicial? Cadu esteve aqui esta noite? – Seu olhar fixou no da amiga, esperando pela resposta. Raquel ficou pensativa se deveria ou não revelar o que vira, pensando se isso seria favorável ou não. Decidiu contar a verdade.

– Ele esteve aqui, se é isso que deseja saber. Tudo foi muito rápido, apenas poucos instantes, que, como já disse, foi o tempo permitido, apenas para rever vocês e dar o testemunho de que a morte definitivamente não existe. Não da forma como imaginamos.

– Ele está bem? – Seus olhos ficaram marejados.

– Uma entidade o acompanhava e apenas revelou que ele está em recuperação, o que deduzo que ele ficará bem, em breve. Havia tanta paz em seu olhar que penso que ele está no caminho certo, o da readaptação a essa nova fase. Tudo indica que ele tem discernimento suficiente para compreender o que lhe aconteceu e o que deve fazer, daqui em diante, para consolidar esse estado. Seu olhar sereno disse tudo!

– Queria tanto vê-lo e conversar com ele. Sinto tanto sua falta! – E lágrimas escorreram.

– Não faça isso com ele, Luiza! – disse Raquel de forma enérgica.

– O que estou fazendo? – perguntou a jovem confusa.

– Não alimente esses pensamentos deprimentes novamente. Ele precisa saber que vocês ficarão bem em sua ausência. Que irão prosseguir com suas programações, só assim ele poderá seguir com sua nova vida. Choros, lamentos, incapacidade de aceitar a realidade, tudo isso apenas compromete o caminhar de Cadu, perturbando-o excessivamente, gerando a instabilidade que em nada o auxilia. Ele queria saber notícias de vocês e aqui veio, numa data tão especial para a família e para ele. Deixe-o partir e seguir seu novo caminho! Não permita que ele permaneça conectado a vocês pelos laços da dor! Não existem separações eternas e os reencontros acontecerão em algum momento! Deixe-o seguir livre nessa nova etapa de aprendizado. Não o aprisione aqui com seus lamentos! – Enquanto Raquel falava, todo seu ser se revestia de luz.

– Não quero perturbá-lo, tampouco comprometer seu novo caminhar. Foi apenas um desabafo, nada mais! Já aprendi o que devo fazer e só tenho a lhe agradecer por tantos ensinamentos. Estou sensibilizada com o que aconteceu e com tudo o que senti quando ele esteve aqui. Peço a Deus que seu caminho seja sempre iluminado e que encontre companheiros que o auxiliem nessa nova etapa.

– Não estou repreendendo-a, minha querida. É apenas no sentido de alertar sobre determinadas condutas viciosas que ainda ostentamos e que, infelizmente, tantos desequilíbrios causam. Peço apenas que isso que conversamos fique entre nós, pois talvez outros não aceitem o que lhe falei. Você é uma aluna interessada em aprender, que me compreende e acata as orientações. Está de pé sua visita ao centro na próxima semana? – perguntou Raquel.

– Certamente e, talvez, leve um acompanhante – disse Luiza com um sorriso vitorioso.

– Não me diga que...

– Exatamente o que está pensando. Convidei Rafael e ele está pensando sobre a questão, o que já é bem favorável.

– Mamãe disse que a presença dele será determinante para que seja auxiliado de forma a obter resultados satisfatórios. Você é realmente insistente! – brincou.

– Posso dizer que sou determinada a conseguir o que almejo. – Luiza estava confiante.

– Rafael que se cuide. Aliás, onde ele está?

As duas procuraram-no com o olhar e o viram sozinho, distante da turma.

— Ele me pareceu tão abatido. Pensei que estivesse melhor. Esse seu estado de espírito tem sido uma constante, não? — afirmou Raquel com o semblante preocupado.

Quando o encontrara logo que chegou, procurou observar como estava seu padrão mental, percebendo uma nuvem sombria envolvendo-o. Tentou por todos os meios detectar o que estava causando aquilo, mas foi como se uma parede se interpusesse entre eles, impedindo-a de acessar seu mundo. A situação estava crítica, e mesmo que não pudesse ver as entidades inferiores que ao seu lado se encontravam, conseguia captar as energias desses irmãos, sentindo a perturbação que ele era vítima. Um caso de obsessão que precisava ser tratado antes que evoluísse, causando ainda mais danos. Raquel ficou confiante que a amiga conseguisse levá-lo para ser tratado em caráter de urgência. Luiza resolveu ir falar com ele.

— Posso lhe fazer companhia?

Ele estava calado, com o celular na mão.

— Meus pais ficaram muito felizes com sua presença — disse ela.

— Sabe o tamanho do meu carinho por eles.

— Vamos, fale o que te preocupa. Faz alguns minutos que você não larga esse celular.

Ele não falou nada, apenas entregou-lhe seu celular.

— O que posso pensar disso tudo? — Seu olhar estava sério.

Luiza olhou as mensagens e sentiu-se mal com o conteúdo das mesmas.

— Isso não pode ser sério, Rafa! Ela não pode estar dizendo a verdade! O que pretende fazer? — perguntou Luiza.

— Não sei o que pensar dessa barbaridade. Ela só pode estar brincando! Por que ela insiste em me colocar sob fogo cruzado? O que ela quer que eu faça? "Se você não me ajudar, sou capaz de fazer uma loucura." Pode imaginar uma chantagem maior? Você tem razão, eu só me meto em confusão. E agora? Se ela fizer algo contra si, não vou me perdoar. – Já sentindo a culpa assomar.

– Pare com isso! Nada aconteceu para causar tanto pânico. Ela está querendo chamar sua atenção, apenas isso. Não fique imaginando o pior, querido. Acalme-se!

– Você não faz ideia do que ela é capaz! Ela é um risco para si mesma, acredite em mim!

– Eu quero apenas que entenda uma coisa: cada um é responsável por suas próprias ações! Se você agir contra os princípios, contra as leis, não é você que responderá por toda infração cometida? Assim também ocorre no que refere aos nossos atos morais. Se ela desprezar esses preceitos e agir contra si mesmo, é ela quem irá responder no tribunal divino e não você! É simples! Não assuma responsabilidades que não lhe pertencem. Eu já disse que você procura os problemas, e esse é um deles.

– Não sei o que fazer para ajudá-la, visto que ela não aceita nada do que falo em seu benefício. Já lhe disse que o caminho que segue só a conduzirá a mais sofrimento. Os pais querem interná-la num centro de recuperação, o que ela se recusa de forma veemente. Ela esteve hoje em casa, momentos antes de sairmos. Tentei falar-lhe, mas ela se recusa a ouvir o bom senso que acredite imperou em minhas palavras. Não sou de todo um caso perdido, Luiza!

– Eu sei que não! Um ponto a seu favor na reconstrução de sua imagem, tão abalada nos últimos meses. Estou gostando do progresso! – E sorriu.

– Mas não muda nada. Ela insiste em permanecer desse jeito, que a meu ver significa morrer pouco a pouco. Mônica está se destruindo a cada dia, isso já é uma forma de suicídio. Lento e gradual! – sua voz se sensibilizara.

Palavras que poderiam servir a ele mesmo: um suicídio lento e gradual. Estancou e percebeu o que aquilo significava. Não era isso que ele estava fazendo consigo próprio? Não havia sido assim por toda sua breve existência? Cadu lhe falara sobre isso com todo tato possível, e ele rira do amigo. Naquela ocasião, ele não entendeu as palavras contundentes daquele que tentava ajudá-lo, alertando quanto ao caminho que estava trilhando. Só agora tomara consciência das condutas que oferecia. Sentiu um nó na garganta, assumindo sua essência sombria e instável. Assim como Mônica, ambos não valorizavam as oportunidades que a vida colocava à sua frente, como forma de reverter processos dolorosos do próprio ser. Rejeitavam a ajuda, preferindo permanecer na mesma condição, desprezando as chances de se reabilitarem frente às suas existências. Agora compreendia porque sensibilizara-se tanto com a jovem, tentando auxiliá-la de todas as formas! Era a si mesmo que estava tentando ajudar! Seria ele tão destrutivo quanto ela? Olhou para Luiza e fez a pergunta:

— Sou parecido com ela?

A jovem olhou o amigo e, percebendo toda dor contida prestes a eclodir, usou de toda a sensibilidade possível:

— Vocês trazem uma amargura no coração que os conduz a comportamentos destrutivos. Somente uma análise mais apurada poderia estabelecer os motivos de assim procederem. A vida é um presente precioso, que temos que valorizar sob qualquer circunstância. É assim que você a tem encarado? – Ela tentava extrair o máximo de informações possíveis dele, sempre tão recluso em seu mundo.

Rafael ficou silencioso, refletindo sobre a pergunta direta da amiga.

— Você foi contundente! Não sei o que responder! – respondeu simplesmente.

— Você e Mônica podem oferecer comportamentos semelhantes, mas as estruturas de suas vidas são muito diferentes. Veja a família que você nasceu e veja a dela! Em nada se comparam! São famílias com objetivos diversos, é inegável. Seus pais lhe ofereceram todo o suporte para que sua vida fosse repleta de oportunidades favoráveis. Você aproveitou grande parte delas e rejeitou outras, por condutas rebeldes e inadequadas. Sinto lhe dizer isso, dessa forma tão contundente, mas é a verdade. Você sempre procurou confrontar seus pais e deve ter um motivo para isso, que talvez você nem entenda em nível consciente. Daí minha insistência em buscar recursos para desvendar esse seu mundo íntimo tão confuso. Porém, de maneira geral, sua vida foi feliz na maior parte dos aspectos. Já Mônica não teve a mesma estrutura emocional que você e, por esse motivo, ela se embrenhou nesse caminho destrutivo por opção individual, querendo chamar atenção dos pais e chocar-lhes o máximo possível. Bem, essa é uma avaliação superficial que pode não corresponder à realidade dos fatos. Tentei ser objetiva e creio que você entendeu onde pretendo chegar. – e esperou que ele se pronunciasse.

– Sei onde pretende chegar e temo não gostar do que irei encontrar – disse o jovem.

– Do que tem medo, Rafa? – a pergunta soou direta.

– Tenho medo do que posso ser capaz de fazer, caso encontre o que não quero.

– Você já pensou, em algum momento, em praticar qualquer ato contra si mesmo?

Luiza começava a entender onde o amigo pretendia chegar. Cadu lhe confiara certa vez esse temor, em função dos comportamentos agressivos que ele apresentava. Por que ele tinha tanto desamor? Pois só isso conduz alguém a atentar contra a própria vida.

Rafael abaixou a cabeça e permaneceu calado. Quando levantou o olhar, ele estava com os olhos marejados e profundamente tristes.

– Minha vida não é importante para ninguém. Confesso que desde que Cadu morreu, essa ideia tem povoado minha mente e a cada dia isso tem se intensificado.

Luiza entendeu o que a amiga se referia, quando afirmou que ele corria grande perigo. Raquel lhe falara sobre a necessidade de Rafael se fortalecer emocional e espiritualmente, daí a necessidade do passe. Falara também sobre obsessão, mas isso ainda era um assunto vago para ela. Teria muito o que conversar com Raquel. E ele prosseguiu:

— Tento combater essas ideias, mas é mais forte que eu. É como se algo me impulsionasse a essa direção, com ideias que podem parecer sem sentido, mas que falam diretamente ao meu coração. Como se ninguém se importasse comigo ou não me aprovassem. É tudo muito confuso, reconheço. Em alguns momentos chego a pensar que tudo precisa ter um fim. – e se calou envergonhado com o que acabara de pronunciar.

Luiza o abraçou com ternura e disse em seu ouvido:

— Não imagina o quanto é amado, Rafael. Jamais faça uma loucura, eu suplico. Quero te ajudar, mas você precisa estar disposto a se ajudar também.

Ele se entregou ao abraço e nada disse.

— Você vai comigo no centro espírita. Decidi e não vai retrucar. Vai comigo na terça-feira e fim de conversa. Não quero mais vê-lo assim. Você tem tanto a viver, tantas alegrias a conhecer, tanto a realizar por si e pelos outros. Será um médico capaz de fazer toda a diferença na vida de alguém com esse seu talento. Confie em você, pois ninguém fará isso em seu nome. Vamos, se acalme e se recomponha, pois seus pais estão se aproximando agora.

— Filho, já é tarde. Volta conosco? – A mãe perguntou.

— Sim, vou apenas me despedir. Luiza, amanhã conversamos. – Beijou o rosto da amiga e saiu.

CAPÍTULO 21

UMA NOVA EXPERIÊNCIA

Luiza viu o amigo se distanciando, e uma angústia assomou. Ele estava prestes a cometer uma insensatez! Como ela não percebera isso antes? Raquel lhe dissera que a situação dele era delicada, porém não sabia a dimensão do problema. Agora ela constatara e precisava usar de todo seu poder de argumentação e convencimento. Ela o levaria ao centro espírita a qualquer custo! A amiga se aproximara e ela contou-lhe sobre sua conversa com Rafael, falando dos seus temores quanto a uma possível conduta insensata, se exposto a novos conflitos.

Raquel ouviu atentamente o relato, já percebendo a gravidade da situação. Era exatamente o que Marta, sua mãe, lhe falou após a assistência realizada a distância. Marta já tinha alertado quanto à complexidade do momento, carecendo de ações imediatas para que o problema não se agravasse, comprometendo ainda mais o que já era considerado crítico. Rafael estava sofrendo o assédio de irmãos infelizes e vingativos que desejavam seu retorno ao mundo espiritual. O suicídio era a alternativa mais viável aos intentos desses companheiros invigilantes, e a isso eles se dispunham enviando, através de seus pensamentos, ideias ignóbeis, deprimentes, com o intuito de convencê-lo de que tudo se encerra com a morte. Portanto, por que não recorrer a ela para dar um fim ao sofrimento e a toda angústia de que era portador? Na reunião realizada na semana anterior, um dos seus desafetos deu uma comunicação dizendo que seus planos eram infalíveis e que nada poderia ser feito para evitar seu retorno antecipado ao mundo espiritual. Marta confidenciou isso à filha, solicitando que algo fosse feito de forma célere para que o pior não sucedesse. Raquel deu o recado da mãe com outras palavras, insistindo para que Luiza comparecesse e levasse o amigo com ela. Não poderia ser mais explícita para não causar uma perturbação maior.

Enquanto ela ouvia a amiga, lembrou-se das palavras da mãe, e agora tudo fazia sentido. Era isso que eles se dispunham a fazer, induzir Rafael a uma conduta indigna, na qual ele próprio daria fim à sua existência material. Pensou nas palavras que poderia dizer a amiga para que não causasem ainda mais pânico do que já se instalara.

— Convença-o a comparecer em nossa casa espírita, pois será determinante para seu reequilíbrio emocional e espiritual. Vou falar com mamãe sobre isso e veremos o que podemos fazer para acelerar esse processo. O caso dele é mais sério do que supomos.

— O que isso quer dizer? Conte-me tudo, eu lhe peço. — Luiza estava tensa.

— Não há o que contar, amiga, apenas o que fazer. Temos que auxiliar Rafael, e isso precisa partir dele, primeiramente. Devo alertar que haverá empecilhos a essa visita ao centro. Fale seriamente com Rafael e diga que é imprescindível sua presença.

Ele será o maior beneficiado, é o que ele precisa crer, pois só assim irá perseverar e lutar com todos os entraves do caminho. – Raquel percebeu que Luiza ficou confusa e explicou: – Quando nos dispomos a cuidar de nossas vidas, procurando alterar quadros dolorosos que vivenciamos e, quando companheiros espirituais são responsáveis por nossa condição infeliz, toda ajuda pode contrariar os planos desses infelizes irmãos, que procurarão retomar o pretenso controle que tem sobre nós. Em outras palavras, algumas entidades rancorosas pretendem colocar em ação seu plano de vingança contra Rafael, que até então permanecia sozinho e, de certa forma, controlado por elas. Quando ele aceitar a necessidade do auxílio, que provém de você neste momento, tudo farão para impedir que isso aconteça. Se ele for amparado, se fortalecer, poderá não ser mais controlado por esses irmãos que ainda ignoram as leis de Deus e Rafael ficará imune a esse assédio, acabando com seus planos de destruição. Portanto, todo esforço nesse sentido será contrário aos intentos deles, que lutarão bravamente para reconquistar a condição de domínio sobre nosso amigo. Prepare-se para o combate. Sua ligação com nossos companheiros da luz será determinante, e é isso que lhe peço. Deus está no controle, porém precisamos fazer a parte que nos compete. Oração é essencial para que você possa estar conectada a esses irmãos superiores. Suas ações devem ser dignas e carregadas de sentimentos elevados. Essa é nossa defesa, minha amiga. É assim que podemos receber as graças que o Pai confere a todos os seus filhos que caminham na luz! Fale com Rafael e diga que sua presença será imprescindível, acredite ele ou não. Que ele faça isso pela estima que lhe dedica. É um argumento infalível. – brincou ela.

– Farei tudo ao meu alcance, pode confiar em mim! – No mesmo instante, os pais de Luiza se aproximaram das jovens. Clarice abraçou a filha e disse com todo o seu amor:

— Agradeço seu empenho para que essa reunião ocorresse. Foi uma noite maravilhosa! Obrigada, filha querida, por representar de maneira tão digna seus irmãos ausentes. Tenho certeza de que ambos aqui se encontravam junto a nós.

— Foi uma noite memorável, minha filha. O que eu faria sem você ao nosso lado? — O pai também a abraçou.

— Papai, creio que a vida de vocês seria algo muito monótono, não acha? Amo vocês e creia que de uma forma ou de outra, Rogério e Cadu estiveram aqui. Em nosso coração e ao nosso lado! Sempre! — E todos se abraçaram selando aquele momento glorioso.

— As jovens vão ficar conversando um pouco mais? — perguntou a mãe.

— Já vamos dormir. Só mais algumas fofocas. — E ambas riram.

— Boa noite, meus queridos, e, como disse papai, que venham mais trinta anos. Se é que você vai suportar esse médico rabugento por tanto tempo!

Os dois se entreolharam, deram as mãos e saíram de lá com um radiante sorriso.

— Amo tanto esses dois! — disse Luiza com emoção.

— Olhando-os até podemos crer que o verdadeiro amor existe! O meu está muito bem escondido. Já encontrou o seu? — brincando com Luiza.

— Talvez... — E seu olhar ficou distante. — Por que não sonhar?

— Concordo com você, amiga. E assim, a gente vai seguindo nossa vida...

O domingo foi tranquilo para as duas famílias. Rafael ficou em casa todo o dia, para surpresa da mãe, que preparou um almoço para a família. Até Lucas ficou para almoçar e nem implicou com o irmão. Tudo parecia em paz! Mônica não se comunicou com Rafael, parecendo que dera uma pausa, para tranquilidade do jovem que tinha muita matéria para estudar, precisando estar focado. No fim do dia Luiza telefonou e apenas disse:

— Sei que está em semana de provas e não vou perturbar seus estudos. Estou ligando para confirmar nossa visita ao centro espírita. Posso passar aí na terça às 18 horas?

— Quem disse que eu aceitei seu convite? Ainda não me decidi — disse o jovem.

— Eu já decidi por você. Vamos e fim de papo. Confie em mim!

Rafael ficou refletindo sobre a possibilidade de acompanhar Luiza.

— Por que não? Já que você decidiu, não vou te contrariar. Te espero!

— Assim que eu gosto. Sabe que não vou te colocar em situação delicada. Jamais faria isso com você! Confie em mim! Então, nos vemos na terça! — E desligou.

A semana iniciou cinzenta, com a garoa típica da cidade. O outono chegara trazendo consigo certa melancolia, afetando os ânimos de grande parte das pessoas.

Rafael era um deles. Sentia-se desanimado, com as energias em desalinho, oscilando seu humor a todo instante. Na terça-feira lembrou-se do compromisso assumido com Luiza e pensou em ligar para desmarcar. Não estava nem um pouco disposto a acompanhá-la, só não sabia como dizer isso a ela. E para consolidar essa situação, teria uma prova extremamente difícil na manhã seguinte, e fortes dores de cabeça o acometeram o dia todo, dificultando seu estudo. Já estava decidido a falar com a jovem, quando a figura de Cadu apareceu em sua mente, como a pedir-lhe que mantivesse os ânimos elevados. Foi tudo tão rápido, mas tão significativo, que ele não teve como não considerar o alerta.

Na hora combinada, Luiza chegou e ambos seguiram para o centro espírita.

— O que vamos encontrar lá? — perguntou o jovem curioso.

— Estou tão ansiosa quanto você. Raquel disse que passaremos por um atendimento inicial, conversando com um dos trabalhadores. E, que ficássemos tranquilos, pois não veríamos nada de sobrenatural. – E riu da ideia. – Se bem que não seria nada mal se presenciássemos algum companheiro do mundo espiritual.

– Você só pode estar brincando! Pare com isso, estou começando a admitir que não foi uma boa ideia te acompanhar.

– Está com medo? – questionou ela.

– Não sei – respondeu vagamente.

– Fique tranquilo que estarei ao seu lado.

Rafael apenas olhou a amiga e sorriu. Jamais imaginou conhecer um lugar como aquele. Estava curioso, ansioso e também temeroso. Já escutara coisas absurdas – pelo menos ao seu modo de ver e pela sua formação católica, que elencava uma série de pontos negativos acerca da crença espiritualista. Na verdade, não tinha ideia alguma do que iria encontrar por lá, o que despertou ainda mais sua curiosidade.

No caminho, Luiza tentou esclarecer sobre alguns fundamentos da Doutrina Espírita, conforme sua amiga lhe ensinara. Falou que era uma doutrina séria embasada na ciência e nada se relacionava às crendices populares. Allan Kardec havia sido o codificador dessa doutrina, com vários livros escritos visando esclarecer os fundamentos em que ela se baseava. Ela tinha por base a eternidade do Espírito, a reencarnação, o intercâmbio entre essas duas realidades, material e espiritual. Já adquirira um exemplar do *Livro dos Espíritos*, a base dessa codificação, no qual Raquel dissera que encontraria muitas respostas.

– Interessante, fazia uma ideia diferente desse lugar – disse o jovem mais sereno.

– Eu tenho que concordar com você. Minha ignorância me levava a supor que o lugar fosse algo mais místico. Raquel me esclareceu sobre muitos pontos importantes e, se quiser, podemos conversar melhor outro dia – disse Luiza solícita.

– Tudo vai depender do que iremos nos deparar hoje.

— Não vá com restrições, Rafa. Deixe suas observações para depois.

Assim que chegaram ao local, encontraram grande movimento de pessoas. Era um pequeno prédio de dois andares, mais parecendo uma escola, assim observara Luiza.

Raquel os aguardava na entrada e os conduziu a um grande salão, repleto de cadeiras enfileiradas, quase lotado àquela hora.

— Fiquem sentados e aguardem serem chamados por este número. — E entregou duas fichas aos amigos. — Vão conversar com um atendente e depois serão encaminhados para uma sala de passes. Eu trabalho numa das salas e, talvez, vocês sejam encaminhados para uma delas. Tudo vai depender da avaliação que o atendente fizer.

— Ela ocultara que já tinha conversado com a pessoa encarregada de atender Rafael, solicitando uma determinada assistência, conforme sua mãe orientara. Ele iria para uma sala onde se realizava trabalhos de desobsessão. E isso aconteceria, independentemente do que o jovem narrasse em sua conversação.

— Se puderem me esperar, conversamos depois. — E saiu em direção ao seu grupo de trabalho.

Os dois se entreolharam ansiosos, e Rafael questionou:

— Você não irá comigo? Temos duas fichas.

— Cada um de nós conversará individualmente, pelo que percebi.

— Mas o que vou falar? Nem sei por que estou aqui? — Ele estava temeroso.

— Conte tudo o que conversamos aquele dia. Sobre seu estado de espírito, suas angústias.

— Mas nem conheço a pessoa, como vou contar essas intimidades a ela? — Rafael estava resistente a isso.

Luiza segurou sua mão e disse com carinho:

— Fale apenas o que seu coração mandar. Deixe-se conduzir, não oponha resistência. Tudo vai dar certo, confie em mim! — ela estava convicta.

Os dois silenciaram e aguardaram sua vez, enquanto uma palestra era proferida por uma simpática senhora. As palavras doces e amorosas tocaram o coração dos jovens.

Após o término da palestra, as pessoas foram chamadas. Rafael sentou-se com uma mulher sorridente e atenciosa. Marta já conversara com Irene sobre o rapaz.

– Boa noite, meu jovem. O que te trouxe à nossa casa? – disse Irene.

– Minha amiga. Ela disse que seria importante eu conhecer este lugar.

– E por que ela te orientou a vir aqui? Algo o incomoda? – perguntou amorosamente.

– Sim, mas não imagino como vocês podem me ajudar. Nem um psiquiatra conseguiu, não sei como vocês poderiam fazer algo por mim. – Seu olhar estava triste, sensibilizando Irene, a atendente, que viu toda dor que ele trazia em seu coração.

– Meu querido, estamos aqui para ajudar a todos que nos procuram. Conte-me o que o aflige. Vejo uma grande tristeza em seus olhos, que não condiz com um jovem de sua idade. O que te deixa assim? – A pergunta foi direta e ele não pode fugir.

– Não sei! Sinto que minha vida não vale a pena. Sinto uma angústia permanente, como se não merecesse a felicidade. – A emoção o dominou.

– Todos merecem a felicidade, meu jovem. Estamos aqui com essa finalidade: ser feliz. Para isso temos que seguir em frente, procurando a cada momento a oportunidade de ser bom e fazer o bem a quem cruzar nosso caminho. É através de nossas ações positivas que a felicidade chegará até nós. O conhecido "dar para receber".

– Não me sinto merecedor! Não sei se consigo dar algo que eu ainda não possua.

– Todos têm algo a oferecer a seu próximo. Não seria diferente com você. Não está sendo exigente demais consigo? Ou, quem sabe, crítico em excesso? O que tem feito por você?

— Não sei, talvez nada! Devo ser uma pessoa desprezível! — Ele sentia-se tão frágil que as respostas saíam sem que ele pudesse impedir.

— Não diga isso, meu jovem. Você me parece um bom rapaz — disse ela com um sorriso cativante que conseguiu amenizar a tensão.

— São seus olhos bons que só conseguem enxergar coisas boas. Eu não sei ser assim, tudo me parece sombrio, tenebroso, complicado, talvez por ser essa pessoa má.

A atendente já percebera o padrão negativo do jovem e a extrema dor que ele ostentava. Marta tinha razão, a situação dele era complexa e exigia uma ação imediata. Sentiu que ele estava sem energias, em completa desarmonização magnética, exigindo recursos que o passe proporcionaria. Porém, necessitava de algo mais, a desobsessão. Ele estava acompanhado de muitas entidades maléficas, que auxiliavam para que esse padrão inferior se mantivesse. O passe apenas não resolveria o problema. Conversou um pouco mais com Rafael, até perceber que ele estava mais sereno e receptivo ao auxílio. Ele relatou seus últimos meses, a morte do amigo, sobre a jovem que ele insistia em ajudar, abrindo seu coração como jamais fizera, surpreendendo-se.

— Jamais falei tanto sobre mim — disse ele sorrindo e mais calmo.

— Fico feliz que tenha confiado em mim, Rafael. Você é um rapaz com bons propósitos, bom coração. No entanto, suas ações não condizem com o que você é. Já pensou nisso?

Ele ficou calado por instantes e respondeu:

— Nem sei porque ajo assim. Talvez por defesa, não sei!

— Seja você, meu jovem, em qualquer situação. Você tem tanto a oferecer, apenas ainda não se conscientizou disso. Acredite em seu potencial! Você fez uma programação para esta encarnação, acredite ou não. Sei que tudo que estou falando parece não condizer com o que aprendeu, e recomendo que conheça um pouco mais acerca desta doutrina. Em resumo, você está aqui com um propósito e precisa colocar em ação o que planejou. Todos nós temos projetos a desenvolver, dívidas a quitar, defeitos a suprimir, virtudes a conquistar. Você também! Pense em tudo o que conversamos, e tenho certeza de que irá compreender qual o seu papel nesta vida. Cuide-se e faça o que veio fazer! – A firmeza das palavras da atendente tocou as fibras mais íntimas do coração do jovem, que sentiu, pela primeira vez em tantos anos, que ele precisava estar atento a sua própria vida.

– Vou te recomendar um passe e espero que compareça nas próximas semanas para dar continuidade à assistência. Quando finalizar, volte e conversaremos mais. Foi um prazer conversar com você. E lembre-se de tudo o que falamos.

– Agradeço sua atenção em me ouvir. Gostei de você! – Havia sinceridade em suas palavras. – Vou tentar fazer como recomendou. – E saiu para outra sala.

Luiza também conversara com uma atendente jovial, que também a encaminhou para uma sala, onde receberia um passe, não a mesma designada a Rafael.

O jovem foi para uma sala menor, também com uma pessoa proferindo uma palestra. Enquanto isso, algumas pessoas eram chamadas para o passe. O jovem refletia em tudo o que acabara de acontecer, sentindo-se mais calmo e confiante. Algo que ela dissera tocou as fibras de seu coração e, sentiu que sua vida tinha um sentido, mesmo que ainda não conseguisse saber qual. Sentiu-se menos tenso, até sua respiração parecia menos acelerada. O que acontecera? Foi tirado de suas divagações quando foi chamado para outra sala. O lugar estava na penumbra e sequer podia visualizar as pessoas que lá se encontravam. Sentou-se no meio de um círculo e foi orientado a que permanecesse calmo e pensasse em Jesus. Foi tudo tão rápido e intenso. Quando se deu conta, uma senhora disse que já finalizara. Ele agradeceu e saiu da sala. Mas sentia-se estranho.

Era como se algo o segurasse e o impedisse de ir embora. Um senhor estava na porta e solicitou que ele aguardasse mais alguns instantes ali, do lado de fora da sala, antes de ir embora. Ele então sentou-se e lá permaneceu, sem saber o que estava acontecendo.

Na sala onde se realizava a desobsessão, no grupo em que ele estivera, o trabalho se iniciava. Os médiuns fecharam a corrente, dando as mãos, e um deles começou a se movimentar bruscamente, com o semblante contraído de raiva. E começou o diálogo:

– O que vocês pensam que estão fazendo? Quem ousa interferir em meus planos? – disse a entidade através de um médium que servia de intermediário.

A senhora que estava de pé aproximou-se e disse com todo o amor:

– Boa noite, meu amigo. Que a paz de Jesus esteja em seu coração!

– Não estou em paz e não quero falar com ninguém! Só quero dar um recado: ele vai pagar caro pelo que fez! Se Deus existisse realmente, não permitiria que ele fizesse tanta maldade! Ele contraiu uma dívida e eu vou cobrá-la! Vocês nem tentem me impedir!

– Meu amigo, acalme-se e converse conosco. O que você pretende fazer com este rapaz?

– Fazer com que ele retorne para cá, assim poderemos acertar as contas. Vou fazê-lo meu escravo e ele sofrerá todo mal que impingiu à minha filha. – As palavras saíam carregadas de mágoa e dor.

– O que aconteceu à sua filha? Pode nos contar? – perguntou com carinho.

A entidade foi se acalmando com a simples referência à filha e iniciou seu relato:

– A história é longa e triste. Por que vocês se interessariam por isso? Nem sequer me conhecem! Vocês o estão ajudando, o que significa que estão do seu lado.

— Não temos lado algum, meu irmão. Somos apenas companheiros ainda muito imperfeitos que tentam auxiliar aqueles que sofrem, estejam aqui ou no mundo espiritual. Nossa tarefa é confortar, orientar, esclarecer. Percebemos que está muito magoado e queremos que se sinta bem. O que tem a nos contar?

— Não sei se posso confiar em vocês. Aquele outro que nos persegue tenta a todo custo evitar que nossa vingança se concretize. E vocês?

CAPÍTULO 22

CONHECENDO O PASSADO

— Meu amigo, a vingança é um ato reprovável aos olhos do Pai. Pense nisso! Mas conte-nos como tudo aconteceu e talvez possamos ajudar – disse a senhora com toda calma.

— Ninguém vai conseguir fazer o tempo voltar. Se isso fosse possível, eu teria sido mais cuidadoso e não permitiria que ele se aproximasse de Marília. Ela era tão ingênua e caiu nas malhas desse infeliz! Como não consegui impedir? – Sua voz era um lamento.

— Não podemos dirigir outras vidas que não a nossa, meu irmão. Cada um de nós deve estar atento ao caminho que está trilhando, evitando os possíveis entraves. Sua filha tinha algo a aprender com aquilo que lhe ocorreu.

— Não fale de minha filha! Ela era um anjo puro, sem maldade! Como poderia ela reconhecer um crápula? Ela se entregou confiando que ele a amava, mas só havia interesses escusos! E tudo aconteceu na minha frente, sem que eu pudesse impedir! Não vou me perdoar jamais! Ela se foi, não suportou o abandono e as pérfidas ações desse ser desprezível. – E começou a chorar.

– Sinto que o remorso o acompanha, meu amigo, mas, como você mesmo disse, não podemos alterar o que já foi. Pensemos no hoje e o que podemos fazer. Acredita que a vingança lhe concederá a paz que tanto almeja? – questionou a orientadora.

– Sim. É isso que me propus e não irão me impedir. – Já reassumira o controle de suas emoções. – Ele pagará caro pelas ações indébitas que praticou. Ficará sob meu jugo. E muitos irão me agradecer, pois ele tem muitos desafetos que o buscam. Vou fazer um bem a tantos, que Deus irá até me agradecer.

– Meu querido, sinto decepcioná-lo, mas isso não lhe trará a paz de volta. Nem tampouco Deus estará ao seu lado, pois ele abomina qualquer ação que contrarie as suas leis. Pense nisso! Sua filha não reconquistará o equilíbrio com seus atos.

– Minha filha morreu, será que não entende? – disse ele com toda a fúria.

– A morte não existe, meu irmão, caso contrário não estaria aqui conversando conosco. Onde sua filha se encontra agora? Tem notícias dela?

Olavo, a entidade vingativa, ficou calado e confuso. O que ela estava dizendo? Estaria tentando enganá-lo com essa conversação mansa? Ele sabia que isso poderia acontecer, todos estavam contra ele! Até Deus!

– Não tente me confundir. Sei o que pretende! Eu sabia que estava do lado dele! Por que ele tem tantos a ajudá-lo? Por que ninguém enxerga minha dor? Vou-me embora, já disse tudo o que precisava.

– Meu irmão querido, o tempo lhe mostrará que persistir em sua vingança o afastará cada vez mais de sua amada filha. Não sabemos onde ela se encontra, mas certamente Deus, que não desampara a nenhum dos seus filhos, está a zelar por ela. Pense sobre o que conversamos e dê uma trégua a nosso irmão encarnado, que está tentando nessa vida refazer os caminhos equivocados de outrora. Ele precisa dar prosseguimento à sua programação, visando a quitação de seus débitos. Para isso, ele precisa seguir em frente. Se ele retornar antes do previsto, nada disso será realizado, e você não terá acesso a ele. Sua vingança ficará em suspenso. Para tanto, pare e reflita. Volte aqui na próxima semana e, talvez, tenhamos informações sobre sua filha. Não gostaria de saber como ela se encontra? Não tem saudades dela? – A senhora tentava tocar seu coração tão hermético. E conseguiu sua atenção, pois ele antes de sair disse:

– Voltarei aqui e espero notícias de Marília. O que me custa ficar uma semana em suspenso? Ele, por si só, já está caminhando para sua destruição. Mesmo que eu me afaste, ele dificilmente reencontrará o caminho da paz. Vou, mas voltarei! – E saiu bruscamente, deixando o médium atordoado.

A orientadora fez, então, sentida prece, pedindo aos companheiros da luz que envolvessem a todos os envolvidos no amor maior. E deram continuidade ao trabalho de intercâmbio com o plano espiritual.

Do lado de fora, Rafael esperava sua liberação. Não entendia o que aquilo significava, mas sentiu-se mais leve, o que era um bom sinal. Talvez isso fosse decorrente da paz que o lugar irradiava, o clima de harmonia que contaminava a todos que lá se encontravam. Intimamente agradeceu Luiza por tê-lo convencido a acompanhá-la. Estava sendo uma experiência interessante, tinha de admitir. Instantes depois, um homem se aproximou e disse que ele poderia ir embora, mas que retornasse na semana seguinte para dar continuidade à assistência iniciada.

Encontrou Luiza esperando por ele na saída do edifício, ansiosa por notícias.

– Como foi? – perguntou a jovem.

– Tenho que dizer que foi uma experiência inusitada, mas positiva – disse ele.

— Conte-me tudo enquanto esperamos por Raquel.

O jovem parecia menos tenso, o que deixou a amiga mais relaxada. Ele contou tudo o que vivenciou, desde o início. Foi um relato sincero. Ele aprovara a experiência.

— Só não sei o que aconteceu depois do passe, pois fiquei aguardando um tempo até ser liberado. De qualquer forma, foi muito diferente do que esperava.

— E o que esperava? Alguma manifestação de espíritos? — brincou ela.

Raquel se aproximou por trás e corrigiu a jovem:

— Numa das salas isso realmente ocorreu, porém não é permitida a presença de pessoas que não sejam trabalhadores — disse a jovem séria.

Os dois jovens a fitaram com a expressão confusa.

— Isso realmente pode acontecer? — perguntou Luiza curiosa.

— Acontece, minha amiga. O intercâmbio entre as duas realidades material e espiritual é um dos fundamentos da Doutrina Espírita. Nossa primeira lição!

— E por que isso ocorre? — questionou Rafael.

— É uma forma de nossos companheiros espirituais se conectarem conosco, mostrando que esses dois planos são próximos e interagem entre si. Não queiram entender sobre tudo em uma visita apenas. Tudo é mais complexo do que imaginam, queridos. O importante é saber como se sentem após o passe e entender que é um processo que apenas se iniciou, levando algumas semanas para ser concluído. Como se sente, Rafael?

— Sinto-me mais leve e isso já é altamente positivo. Foi como se tivesse tomado um anestésico, o que antes parecia em tons sombrios, parece que se encontra agora mais iluminado. Algo confuso que ainda não consegui entender como se processou. Afinal, apenas tomei um passe naquela sala. — Seu semblante estava mais sereno e confiante, deixando as duas jovens mais tranquilas. — Adoraria ficar conversando com você, mas tenho uma prova complexa demais amanhã bem cedo. Vamos, Luiza?

— Raquel, nos vemos amanhã na aula. Obrigada por tudo, amiga. Não imagina o bem que me proporcionou. – E abraçou-a com carinho, sendo acompanhada por Rafael.

— Só posso agradecer e dizer que voltarei na próxima semana – afirmou o rapaz.

E os dois saíram sob o olhar atento de Raquel. Ela estava otimista quanto aos resultados, mas ainda era cedo demais para se sentir confortável com a situação. Mas o primeiro passo fora dado.

A semana passou rapidamente. As duas amigas tiveram muito assunto para conversar e esclarecer. Rafael, em meio a um período tenso de provas diárias, parecia mais calmo, o que deixou a mãe mais tranquila. Questionado por ela, disse que se sentia bem e que tentara ligar para o Dr. Cláudio, porém ele estava fora do país num congresso.

— Ligarei novamente daqui a duas semanas, que é quando ele retorna. Você tem razão, mamãe. Preciso de ajuda e é isso que buscarei. Parece que uma venda saiu dos meus olhos e posso agora ter uma percepção mais objetiva de minha vida. Algo sempre esteve errado, apenas eu não conseguia perceber. Cadu sempre me alertou quanto a essa necessidade, e eu não concordava com ele.

— Ele te conhecia muito bem, meu filho, podia ver o que você não conseguia. Um amigo leal e verdadeiro, que o amava demais – disse a mãe.

— É por esse motivo que sinto tanto a sua falta. Que ele esteja bem onde estiver.

Distante de lá, Raul e Cadu conversavam sobre Marília.

— Estive com ela todos esses dias, e creio que ela se encontra em condições de ajudar – disse o jovem esperançoso.

— Seja mais cauteloso, Carlos Eduardo, ela esteve em situação delicada e perturbadora por muito tempo. É necessário que tudo caminhe de forma segura, pois não podemos comprometer todo o trabalho já realizado. Ela já perguntou sobre Rafael e como ele está hoje? E a condição dela de retorno ao mundo corpóreo? – perguntou Raul.

– *É sempre um assunto tenso, pois ela ainda resiste a retornar na condição de filha. Já foi lhe mostrado inúmeras vezes que essa condição será favorável a ambos, que conhecerão uma nova forma de amor, construído de forma a sedimentar a relação entre eles. É essencial que ela compreenda que o passado doloroso, que tanto sofrimento ambos experimentaram, cada um a seu modo, precisa ser deixado para trás, permitindo que um sentimento puro possa brotar em seus corações, fruto do perdão e do arrependimento, pois só assim eles estarão livres para seguir com sua evolução.*

Talvez esse seja o maior empecilho. – Temos que utilizar de muito tato para que o desfecho seja favorável. Acho ainda temerário mostrar Olavo a ela e sua condição tão deplorável. Pode reascender antigas emoções, e Marília pode atribuir a Rafael a situação infeliz que o pais e encontra. Sabe o quanto ambos eram unidos e o quanto Olavo sofreu com tudo o que aconteceu – disse Raul.

– *Foi um longo processo de recuperação que não podemos permitir um retrocesso, eu tenho plena consciência disso, meu amigo. Porém, tenho que insistir no encontro entre pai e filha. Isso será determinante para que os caminhos de ambos, Rafael e Marília, possam novamente se interligar visando à recuperação desses companheiros tão endividados com a lei divina. Confie em mim, Raul.*

– E o que pretende? – questionou o mentor.

– *No caminho eu lhe conto.* – E saíram a caminhar pelos longos corredores. Ao chegarem no amplo salão, encontraram Marília lendo um livro.

– *Com vai, minha jovem?* – perguntou Raul com afabilidade.

– *Cada dia me sinto mais serena e confiante. Tenho, entretanto, me sentido um tanto angustiada, com meu coração apertado. É como se esperasse uma notícia desalentadora. Tenho recebido tantos estímulos ao meu progresso, sei que deveria estar melhor.* – Seu olhar estava tenso e triste. – *Por que isso acontece ainda comigo?*

Cadu pegou suas mãos delicadamente e disse:

– *Minha amiga querida, seus esforços são meritórios e o caminho que ora está trilhando será libertador, em vários sentidos. As lembranças de sua última encarnação são ainda nítidas, e mesmo que já tenha a consciência de seus atos equivocados, isso não impede que suas emoções ainda prevaleçam. Sabe que a reencarnação é necessária, mas aqui sente-se protegida e amparada. Já lhe foi mostrado suas vivências anteriores e as conexões desastrosas entre você e Rafael, cujo nome ele manteve nesta última encarnação. Ele se encontra hoje com vinte e cinco anos e se tornará um médico, justamente para que possa salvar vidas, as muitas que ele desprezou. Porém, para que isso possa se concretizar, é importante que ele possa seguir nesta encarnação com vistas a realizar sua programação, constituir família e recebê-la pelos laços do amor incondicional como uma filha muito amada.* – Cadu percebeu que os olhos de Marília se tornaram ainda mais tristes, com algumas lágrimas à mostra. – *Por que isso a entristece tanto?*

– *Porque ainda não será possível a união que desejaria. Sabe o amor que sinto por ele! Será que vou conseguir dar continuidade a esse planejamento?* – Havia tanta dúvida em seu olhar que sensibilizou os companheiros.

– *Minha doce amiga, sabe que isso é necessário para sedimentar a relação entre vocês, e esse é o caminho mais acertado. O importante é que já está refletindo sobre essa possibilidade. Uma relação afetiva, de homem e mulher, já foi tentada inúmeras vezes e foi fadada ao insucesso, pois ambos trazem ainda em seu âmago emoções em desalinho, fruto de malsucedidas experiências amorosas que apenas comprometeu a caminhada evolutiva de ambos. Essa é a solução mais acertada e com mais possibilidades de êxito. Será acolhida num lar extremamente amoroso, uma mãe zelosa e ciente da responsabilidade assumida. Não gostaria de conhecer sua futura mãe?* – disse ele com um sorriso radiante no rosto.

– *Eu a conheço de outras encarnações?* – questionou ela com certo temor.

– *Venha comigo!* – disse Cadu.

E os dois a acompanharam até uma sala pequena com aparelhos dispostos a materializar imagens provenientes da realidade material. Um jovem lá se encontrava e os recebeu solícito. Raul e Cadu conversaram com ele e se dispuseram a mostrar as imagens solicitadas.

Marília se sentou numa cadeira confortável frente a uma tela feita de um material sutil e em alguns instantes, as imagens foram surgindo.

Luiza aparecia sorridente e suas feições ostentavam certa luminosidade. Foi mostrado imagens do cotidiano dela e suas posturas frente à sua existência carnal. Seus pais, seus amigos, e sua aura iluminada e meiga. Instantes depois, uma nova imagem surgiu, com uma mulher já em idade madura, conversando com pessoas, dando instruções, delegando tarefas, ostentando fibra e energia, permeada com serenidade e amor. As imagens foram mostradas sucessivamente, e Marília apareceu em uma delas, abraçando afetuosamente a senhora, que a amparava e argumentava com ela sobre suas condutas.

Algumas lágrimas desciam pelo rosto de Marília, que reconheceu a antiga amiga que tanto a incentivara a ações positivas e dignas, mas que ela desprezou, culminando com seu suicídio naquela encarnação.

– *Reconhece-a?* – perguntou Cadu com a voz branda.

Ainda dominada pela emoção, ela apenas disse:

– *Por que não lhe dei ouvidos? Teria poupado tantos dissabores!*

— Não permita que a culpe volte a se instalar em seu coração. Não é essa a finalidade de lhe mostrarmos essas cenas. Sabe que ela a amava intensamente e que tanto procurou demovê-la de seus propósitos. Naquela oportunidade, ambas se tornaram mais que amigas de ideal, estreitaram laços, e ela se comprometeu a recebê-la, agora através da maternidade redentora, que lhe concederá mais uma oportunidade de refazer seus caminhos. Se recorda, ela era minha irmã pelos laços consanguíneos, uma relação construída em bases sólidas e amorosas. Quis a Providência Divina que pudéssemos novamente estar ligados pelos mesmos laços do passado. Essa que será sua mãe foi minha dileta e amada irmã em minha última encarnação. Tenho certeza de que será uma oportunidade favorável a lhe conceder a chance de reedificar seu caminho. – Seus olhos estavam marejados de emoção.

Marília olhou fixamente para a tela e pediu que lhe mostrassem novamente a imagem de Luiza nos tempos atuais.

— Ela foi sua irmã? – perguntou curiosa.

— Sim, minha amiga. Por conhecê-la profundamente e saber o que seu coração comporta é que posso lhe afirmar que essa chance será fadada ao sucesso. Confie!

Os olhos de Marília se encheram de esperança e paz.

— Rafael será casado com ela, então?

— Ele ainda não sabe, mas tudo conduz a esse desfecho. Luiza, mais sensível, traz em seu íntimo uma vaga lembrança da programação traçada e já despertou para essa possibilidade. É ainda jovem, tem apenas vinte e dois anos, porém traz a maturidade espiritual forjada no trabalho incessante de sua transformação moral, o que a capacitou a nobres tarefas nesta encarnação. Será acolhida com muito amor, é o que necessita saber. Rafael está em processo de transformação íntima, passando por experiências difíceis, porém necessárias para que possa não falhar na atual encarnação. Luiza, minha irmã, está oferecendo

amplo suporte a ele, estreitando laços de forma natural. Apesar de jovem, Luiza tem discernimento e lucidez para uma jovem de sua idade, o que tem nos auxiliado com Rafael. – E seu semblante ficou tenso. – *Porém, é necessário que saiba que toda essa programação realizada com primor e intensos cuidados pode ser comprometida por companheiros que não desejam sua libertação.*

– *O que isso significa?* – perguntou Marília com o olhar confuso.

– *Rafael sofre o assédio de companheiros espirituais que insistem em trazê-lo de volta, incutindo ideias inferiores acerca de sua condição de devedor e que não merece a oportunidade bendita da encarnação. Se esse domínio persistir, essas ideias infelizes se tornarão ações nefastas e ele pode cometer atos reprováveis, tal qual o que você praticou movida pela desesperança. A situação que ele ora vive muito se assemelha com a que você viveu, minha amiga.* – O semblante que Cadu ostentava era de seriedade.

– *Vocês não podem permitir que ele cometa o mesmo equívoco que eu! E se isso acontecer, o que será de toda essa programação?* – questionou Marília aflita.

O silêncio reinou por alguns momentos e, em seguida, Cadu afirmou:

– *Se isso ocorrer, todos os planos terão de ser revistos. E é isso que estamos tentando evitar, em vista de todo sofrimento pelo qual você passou.*

– *Não há nada que se possa fazer? Eu posso falar com ele? Isso é possível?*

– *Existe algo que você pode realizar, Marília. No entanto, estamos relutando nessa alternativa, procurando preservar seu equilíbrio já conquistado* – disse Raul.

– *Não consigo compreender! O que isso significa?*

– *As entidades que tentam dominar Rafael são controladas por alguém que você muito ama.* – e pediu ao jovem para colocar novamente o equipamento em ação.

Rafael surgiu na tela. Estava em seu quarto em profundo abatimento. Ao seu lado, alguns companheiros espirituais se encontravam e, em especial, Olavo apareceu com seu semblante em total desalinho, ostentando toda perturbação que o acometia.

Lágrimas dominaram Marília, agora em profundo sofrimento.

— Meu pai! É ele quem está tentando subjugar Rafael? – perguntou baixinho.

— É ele quem lidera esse pequeno grupo. Ele conseguiu reunir alguns dos desafetos mais ferrenhos de Rafael, com o intuito de causar-lhe profundo desequilíbrio emocional e espiritual. Tudo para vingar você! Olavo crê que a morte definitiva a levou para as profundezas do inferno, de onde jamais poderá sair. Sua crença o leva a pensar assim e não podemos tirar-lhe a razão, pois é nisso que ainda acredita. Suas raízes católicas o induzem a acreditar que o suicídio conduz a criatura a um eterno suplício, de onde jamais poderá sair, o que sabemos não condiz com a verdade. Porém, ele ainda acredita nisso e mantém a profunda mágoa em seu coração, atribuindo a Rafael todo seu infortúnio. — Cadu explicava a condição de Olavo.

— Mas estou aqui e bem! Ele precisa saber em que condições eu me encontro. Leve-me até ele, eu lhe peço! Preciso que ele veja que estou bem e que preciso assim permanecer. Suas ações contra Rafael poderão ser mais prejudiciais do que pode imaginar.

Novo silêncio se instalou entre eles.

CAPÍTULO 23
NOVAS PROVIDÊNCIAS

— Eu insisto em vê-lo! Eu o amo tanto, não consigo vê-lo em tamanho sofrimento e nada fazer para amenizar tanta dor! — Sua voz estava carregada de emoção.

— Entendemos sua posição, Marília, mas precisamos poupá-la e protegê-la, em primeiro lugar. Seu pai não se coloca receptivo a qualquer esclarecimento, e mesmo a sua presença poderá lhe parecer ilusão e ele não acreditar. Estamos contando tudo o que se passa para que esteja ciente de nossos esforços em encontrar uma solução favorável a esse impasse. Não queremos lhe incutir desesperança, mas a situação é muito delicada e envolve muitas vidas. Não iremos lhe ocultar nada, pois precisa saber dos fatos e dos entraves do caminho, naturais nessa etapa evolutiva em que nos encontramos. Olavo necessita de mais tempo para assimilar tudo que ora ocorre, inclusive sua condição satisfatória. Não podemos nos antecipar, tudo tem seu tempo de

maturação. Rafael esteve num centro espírita, e a orientadora recebeu a inspiração acerca de você. Contamos que Rafael retorne na próxima semana. Você precisa saber desses acontecimentos e sua parcela a realizar é confiar. Como? Orando com fé! É o que pode realizar no momento.

Raul foi objetivo e claro, mostrando a situação em sua real condição. Cadu apoiava sua retórica e finalizou:

— Minha cara amiga, é uma questão de tempo e tudo irá acontecer conforme os desígnios de Deus, nosso Pai amoroso e justo. Conserve seu coração na paz e na confiança. É o que esperamos que faça no momento. Faremos o possível para que essa situação seja fadada ao sucesso e que nada comprometa seus futuros planos. Envie a seu pai seus sentimentos de amor, que gradativamente ele irá acatar, mesmo desconhecendo a procedência. A intenção é tocar as fibras de seu coração e só você é capaz desse feito. Confie que tudo ficará em harmonia novamente! — O sorriso de Cadu a contagiou.

— Assim farei, amigos queridos. Agradeço todo o empenho e não os decepcionarei.

Os três deixaram a sala com a esperança a lhes acompanhar os passos.

Enquanto isso...

Rafael estava completamente focado nos estudos e nas provas e tornou-se menos receptivo ao assédio de Olavo e seus companheiros. Os pensamentos negativos de cunho inferior pareciam estar mais distantes, o que lhe proporcionava relativa paz de espírito, essencial no momento em questão.

Isso irritou profundamente Olavo, que já tramava outra investida contra o jovem.

— Tenhamos paciência! Nossos planos se concretizarão, e esse crápula estará em nossas mãos. Escrevam o que digo! — E todos gargalhavam, completamente alheios ao que se passava bem próximo deles.

Raul deixara um companheiro para seguir o grupo de perto, avaliando a real situação. Ele anotava tudo mentalmente, seguindo os últimos passos de Olavo.

Na sexta-feira, porém, a trágica notícia chegou para abalar profundamente os ânimos de Rafael. Ele estava saindo da faculdade, quando Luiza o encontrou. Suas feições estavam contraídas e algumas lágrimas assomaram. O jovem ficou estático, com todo seu corpo paralisado. Algo acontecera!

– O que faz aqui? Não gosto de sua expressão.

– Tenho uma notícia a lhe dar. – E caminhou com ele até um jardim próximo ao prédio onde ele estudava. – Sente-se e me ouça.

– Pare com esse suspense, está me apavorando. O que aconteceu?

– Foi Mônica. Ela morreu! – Foi direta na revelação, pois de nada valeria subterfúgios.

– Como isso aconteceu? – seus olhos estavam fixos nos dela aguardando que ela revelasse os pormenores da triste história.

– Seus pais a encontraram hoje cedo em seu quarto em situação crítica. Ela tinha ingerido grande quantidade de tranquilizantes, associado a bebidas. Foi levada às pressas, porém não resistiu. Uns amigos acabaram de me contar. Estão todos chocados com o que aconteceu.

Rafael ficou pálido e lágrimas escorriam. Poderia ele ter ele evitado essa ação fatídica? Ela lhe enviou tantas mensagens de socorro, por que não lhe dera ouvidos? Poderia ter feito algo. Jamais se perdoaria! Sua vontade era de correr dali e sumir de vez!

Luiza percebeu o desespero do amigo e tentou abraçá-lo, mas ele rejeitou e se distanciou.

– Fique longe de mim! Só trago sofrimento aos que de mim se aproximam! – As palavras já eram um sussurro doloroso. As lágrimas já eram abundantes e Luiza não sabia o que fazer. Deveria ter tido mais tato com a revelação. Tentou se aproximar, mas ele a empurrava para longe. Queria ficar só com sua dor e culpa!

— Você não podia fazer nada, Rafa. Ela estava doente, você sabia. Nada que dissesse ou fizesse teria alterado o processo destrutivo a que ela se determinou.

— Ela tentou me falar e eu não a escutei! — O choro era convulsivo.

— Pare com isso! Não faça isso com você! Não traga para si uma responsabilidade que não lhe pertence. Entenda isso de uma vez por todas e pare de se culpar! Ela agiu de forma premeditada e sabia que obteria êxito. Seu organismo estava frágil e debilitado, seu equilíbrio emocional comprometido, tudo favoreceu a essa ação nefasta. Você acredita mesmo que poderia tê-la impedido?

Ora, Rafael, aceite que isso jamais aconteceria. — Ela me pediu que ficasse ao seu lado! Ela estava tão sozinha! E eu nada fiz! — Sentiu uma raiva profunda assomar e um desejo de destruir o que estivesse pela frente.

Luiza percebeu o estado de descontrole dele e procurou contê-lo. Aproximou-se novamente e o abraçou com toda a energia que possuía, quase que prendendo-o em seus braços. Ele tentou se livrar da contenção, e ela o segurou mais forte ainda. Ele chorava um pranto comovedor. Era tanto desespero que Luiza percebeu o quanto ele podia ser maléfico contra si mesmo, não o deixando se soltar.

— Fique comigo, eu lhe peço! Não faça nada que possa se arrepender! — ela dizia baixinho em seu ouvido. — Eu estou aqui com você e não o deixarei sozinho nunca mais!

As palavras tocaram o coração do jovem que foi se entregando passivamente àquele momento. Sentiu-se tão amparado como jamais sentira antes! E assim permaneceu por longo tempo. As pessoas passavam por eles e nada compreendiam. Talvez dois jovens enamorados que estavam tentando se reconciliar! Quem sabe?

Rafael chorou intensamente e só depois de alguns instantes foi se acalmando. Luiza ainda o prendia em seu abraço, consciente de que não poderia deixá-lo sozinho naquele momento. E nunca mais ela o deixaria só, assim decidira! Lutaria por aquilo que acreditava, por esse amor maluco e inconsequente aos olhos alheios, mas que representava uma escolha para sua vida.

Não queria mais vê-lo frágil e inseguro. Faria tudo ao seu alcance para ajudá-lo a encontrar as respostas para sua existência tão conturbada. Cadu lhe dissera que ele possuía uma alma ainda em construção e que necessitava de toda ajuda possível. Ela rira daquelas palavras e não compreendera o que significavam. Só agora entendeu o que o irmão queria lhe dizer. Ele estava em construção! Tijolo a tijolo! Mas acreditava que seria a mais sólida e bela edificação quando tudo finalizasse! Acreditava tanto nele! Por que ele mesmo se depreciava tanto? Por que ele se sabotava de maneira tão ofensiva, maltratando-se dessa daquela forma? Ele era uma incógnita que ela iria decifrar, assim se propusera e assim seria!

— Sente-se mais calmo? — perguntou Luiza.

— Um pouco. Desculpe meu destempero! — respondeu ainda com lágrimas no olhar.

— Você estava a ponto de fazer alguma tolice e não podia permitir!

— Jamais faria mal a você, sabe disso! — retrucou.

— Mas faria a você próprio! Foi isso que quis impedir. Não faça nenhuma loucura, meu querido. Preserve-se! Podemos conversar um pouco mais, se quiser. — Seu olhar era límpido e franco, envolvendo-o em tanta paz que ele se comoveu.

— Você é uma pessoa especial! Obrigado por estar comigo, mas preciso saber o que realmente aconteceu.

— Vou com você! — disse ela resoluta.

— Agradeço, mas prefiro ir só. — E beijou seu rosto e saiu. Luiza o viu se distanciando e sentiu arrepios por todo o corpo. Uma angústia se fez presente, e ela passou a imaginar coisas terríveis acontecendo ao jovem. Subitamente, a figura do irmão apareceu em sua mente, como a lhe dizer: "Acalme-se! Confie em Deus!".

    Decidiu que precisava falar com Raquel urgentemente e foi a à sua procura. Rafael ligou para a casa de Mônica e falou com Dora, que estava inconsolável. Contou-lhe o que ocorrera, justamente em sua noite de folga. Ela fez tudo de forma premeditada, consciente de que seu plano teria êxito. A única que a amava verdadeiramente não estava por perto para ajudá-la. Um plano perfeito! O que mais abalou Rafael foi saber sobre um bilhete que Mônica deixou a ele direcionado. No caminho até a casa da jovem, a mente do rapaz tornou-se inquieta e frágil, imaginando os dizeres do bilhete. Ela o culparia por seus atos? Pensou até em mudar o caminho e não se dirigir até lá, mas Dora insistira em vê-lo.

    Assim que chegou, Dora recebeu-o muito emocionada.

– Uma tragédia com minha menina! E não pude impedi-la de cometer essa loucura! Avisei tanto aos pais acerca dessa possibilidade, e eles não me deram ouvidos. Agora aconteceu e nada fará minha querida voltar! – As palavras eram sinceras, demonstrando o afeto que ela nutria por Mônica.

– Ela não deu sinal algum do que pretendia fazer? – Ele lembrou-se das inúmeras ligações que não atendera, e seu coração ficou apertado. Ainda acreditava que poderia ter feito algo para impedir aquele gesto impensado e leviano.

– Você a conheceu pouco, mas sabia o quanto ela era direta. Não se encaixava aos padrões impostos pelos pais e sempre foi rebelde e contestadora. Mas acho que eles podiam ter se empenhado mais, ter dado mais amor à filha, podiam ter sido mais presentes... – Ela ostentava tamanha dor que Rafael sentiu que não devia explorar ainda mais a situação.

– Ela precisava de ajuda. Simples! Poderia ter feito algo e também cruzei meus braços.

– Não se sinta responsável pelo que aconteceu, meu jovem. – disse a mulher com amargura.

— Talvez pudesse ter estado ao seu lado e percebido sua intenção.

— Pare com isso, você apenas tornou seus últimos momentos menos sombrios. Ela falava de você com alegria e com um brilho no olhar. Você talvez tenha sido quem mais a ajudou nessas semanas. Ela gostava muito de você! — E Dora sorriu.

— Ela queria algo que eu não podia oferecer, por isso decidi me afastar um pouco. Na verdade, nada aconteceu de fato, mas em sua imaginação conflituosa ela acreditava que poderia ser algo mais que uma amizade. Também a decepcionei!

— Meu jovem, cada um de nós é responsável pelas próprias escolhas, sejam elas acertadas ou equivocadas. Minha menina escolheu um caminho tortuoso e sem volta! Eu já havia lhe alertado inúmeras vezes, e ela não escutou meus apelos. Sentirei culpa pelo que aconteceu? Não, pois tudo fiz para que ela entendesse que era infeliz a jornada a que se propôs. Ela recusou a internação tantas vezes, proposta pelos pais! Ela disse que preferia a morte! E assim agiu! — Novas lágrimas assomaram. E então entregou o bilhete que Mônica havia deixado ao rapaz. — Confesso que antes de entregar eu li o conteúdo. Me perdoe, mas precisava saber o que Mônica pensava antes de partir. Tome, é sua.

Rafael pegou a carta e a abriu, lendo todo conteúdo. Dessa vez, foi ele a verter lágrimas. Era apenas uma carta de despedida, sem intenção alguma de lhe atribuir culpa ou qualquer outro sentimento, mas tocou-lhe profundamente, sentindo uma vertigem. Após a leitura ele abraçou Dora e saiu sem nada mais dizer. Ele estava em completo desequilíbrio e precisava fugir dali o mais rápido possível. Aquelas palavras, aquela dor contida, aquele desespero velado, aquilo foi mais do que ele esperava! Por que não atendeu o telefone? Fazia tudo errado, sempre! Dirigiu até se cansar e parou num bar conhecido, lá permanecendo até sentir-se totalmente embriagado, procurando afugentar aquela dor que só aumentava a cada instante.

Não soube quanto tempo lá permaneceu. Viu a noite chegar e sentiu as horas passarem num movimento lento e doloroso.

Entretanto, jamais ficamos sós e abandonados à própria sorte. Temos amigos espirituais que zelam por nós e nos auxiliam nos momentos críticos pelos quais passamos.

Casualmente, Roberto, professor de Rafael da faculdade, passava por lá a pé, quando viu o jovem debruçado na mesa e as infindáveis garrafas a acompanhá-lo. Parou e foi até ele.

– Rafael, o que pretende bebendo tanto? – Suas palavras duras fizeram o rapaz se virar.

– Olha quem está aqui! Professor, tome uma cerveja comigo! – disse o jovem, com a voz enrolada em função do estado de embriaguez que se encontrava.

– Vamos, Rafael, eu te levo para casa. Acho que já bebeu o suficiente!

– Ainda não! Sente aqui comigo e me escute um pouco! Ou não quer beber com alguém insensível como eu?

– Por favor, rapaz, pare com isso. Vá para casa e durma um pouco. Se não quiser que eu te acompanhe, eu chamo alguém. Não vou deixar você aqui nesse estado. – ele insistia.

– Eu sou um idiota completo! – E começou a rir em total descontrole.

– O que aconteceu desta vez? – o professor questionou.

– Alguém morreu e a culpa é minha! Como posso ser um médico?

– Acalme-se e conte o que aconteceu. Fale devagar, Rafael.

E então Rafael mostrou ao professor o bilhete de Mônica, que ele leu e nada compreendeu.

– O que isso significa?

– Ela se matou e a culpa é minha. Sou um ser desprezível!

Roberto pegou o celular do jovem e tentou encontrar um contato para ligar. Tudo era muito confuso e ele estava bêbado demais para argumentar. O primeiro nome conhecido foi o da

Paula. Ele ligou para a jovem e pediu que ela fosse até lá. Pediu que se informasse sobre a jovem que se suicidara àquele dia.

Meia hora depois, Paula chegou e encontrou os dois em silêncio. Ela contou que se informara sobre o ocorrido e tratava-se da mesma jovem que Rafael socorrera uma vez.

— Ela acabou de se suicidar, foi o que tive conhecimento. Não sabia que ele estava envolvido afetivamente com ela. O que ele disse?

— Nada conclusivo. Apenas frases vagas, incompreensíveis.

— O que faremos? – perguntou .

— O que sugere? – Roberto estava preocupado com o estado de embriaguez do rapaz e levá-lo para casa nessas condições era a solução mais plausível. – Vamos levá-lo para a casa de seus pais.

— Ele vai chegar assim, nesse estado? – questionou a jovem.

— Pelo que me consta, esse é o estado habitual de nosso amigo, não? – Ele sorriu.

— Sei dos esforços dele em deixar para trás esse péssimo hábito. Deve estar sofrendo com o que aconteceu. Se ele gostava dela, deve estar muito abalado.

— Não creio que seja por esse motivo. Veja este bilhete. – E mostrou-o para Paula. Ela leu várias vezes e, com a expressão contraída, disse:

— Ele deve estar se sentindo culpado. E Cadu não está mais aqui para ajudá-lo a superar seus problemas. Ele era muito dependente dele. Uma pessoa maravilhosa. – E seus olhos ficaram marejados.

— Todos perdemos pessoas importantes em nossa vida e nem por isso estancamos. A vida prossegue e temos de seguir com ela! Você está tentando seguir em frente. Eu também tento todos os dias. Ele precisa fazer o mesmo! – Sua voz era firme.

— Ele precisa de ajuda, professor. Não podemos negar-lhe isso. Se ele fosse mais forte, não estaria nessa condição, não acha? Vamos ajudá-lo. Ligo para a casa dos pais e digo que ele precisou fazer seu primeiro plantão e somente voltará amanhã. Ele precisa de nós quando despertar e retornar à sua realidade. Mas a decisão é sua.

Roberto ficou pensativo alguns instantes, refletindo sobre a situação, e disse em seguida:

– Você será uma médica persuasiva, Paula. Ganhou minha atenção e minha colaboração.

Vamos levá-lo até minha casa. Você me ajuda? – disse o professor.

– Certamente! Vou avisar meus pais sobre minha ausência também. – E fez as ligações necessárias. – Pronto, podemos ir!

– Vamos! – pagaram a conta e levaram o rapaz totalmente embriagado.

O apartamento do professor era amplo e confortável.

– Herança de família – brincou ele. – A profissão ainda não me tornou digno dessas conquistas materiais.

– A sua competência o conduzirá a muitas conquistas. Tudo a seu tempo! – Elevaram o rapaz para um quarto confortável. Deitaram-no na cama já adormecido.

– Mais tarde voltamos para vê-lo. Venha, vamos comer algo.

Paula percorreu com o olhar as inúmeras fotos expostas e ia perguntar algo quando ele disse com a voz pesarosa.

– Minha esposa. Morreu há alguns anos em situação muito semelhante a dessa jovem.

Paula se arrependeu de ter insistido com o professor em levar Rafael para lá. Agora compreendera a relutância em auxiliar o jovem. Muitas recordações afloraram e a dor estava estampada em seu olhar.

– Sinto muito, professor. Não poderia imaginar!

– Me chame apenas Roberto. E não se sinta constrangida com isso. Tento superar sua ausência e em alguns momentos até consigo. Sei o que Rafael está sentindo, mesmo que não exista uma ligação afetiva mais estreita entre nós. A culpa que assoma por estarmos perto de alguém e não perceber os sinais de suador é algo que corrói, destruindo-nos cada dia um pouco.

Paula se comoveu com a dor que ele ocultava e imaginou quantos sofrimentos sequer podemos imaginar!

— Você quer falar sobre isso? – questionou Paula com meiguice.

— Acho que vai me fazer bem! A história é longa, tem tempo para me ouvir?

— Tenho todo o tempo do mundo, Roberto! – disse, oferecendo um sorriso para ele.

— Vamos comer algo e conversamos. Gosta de uma boa massa? – riu ele.

— Adoro! – E iniciou a longa conversa que varou toda a madrugada.

CAPÍTULO 24

TRAGÉDIA ANUNCIADA

Já era madrugada e os dois continuavam conversando, agora sobre os mais variados assuntos. Roberto estava surpreso com a desenvoltura da jovem e sua mente sagaz. Era espirituosa e inteligente, capaz de discutir e dominar os mais variados temas.

– Deve estar cansada. Vou ver nosso amigo. – Rafael ainda estava adormecido, exaurido em função de tantas emoções. – Ele ainda dorme. Ficarei acordado, mas você deveria descansar. Tenho um quarto de hóspedes, pode dormir um pouco.

– Estou bem, Roberto. Desde que Cadu se foi, não tenho uma noite assim tão empolgante. E a conversa está interessante. Não conhecia esse seu lado. Confesso que estou surpresa, afinal a imagem que nos passa... – E sorriu constrangida com o que pensara.

– Até posso imaginar o que falam a meu respeito. Sou discreto, afinal agora já conhece meus motivos. Fiquei fora esses anos e tenho de admitir minha resistência em me tornar mais sociável.

— Do que tem receio? – perguntou ela de forma direta.

— Não sei. Talvez de me expor ou quem sabe gosto de ser ermitão – disse sorrindo.

— Impossível alguém preferir a solidão. Desculpe, mas não consigo entender. Você é um homem interessante, um papo descontraído, faria imenso sucesso entre as mulheres.

— Não sei se estou preparado para isso. Sinto-a tão próxima de mim! Talvez eu não queira que ela vá embora. – E seu olhar ficou triste.

— Temos que deixar nossos entes queridos partirem para sua nova jornada. Independentemente da crença que professamos, a morte ainda é um grande mistério. Não sabemos o que acontece com quem parte, conhecemos apenas os sentimentos dos que aqui permanecem, que são conturbados e carregados de sofrimento. Liberá-los talvez seja nosso grande desafio e ainda não estamos dispostos a isso. Só que quando os mantemos ao nosso lado, ficamos ambos prisioneiros, impedidos de experimentar novas experiências. O sofrimento prevalecerá enquanto não decidimos seguir em frente, de maneira efetiva. Você diz que está tentando agir assim, mas seu coração ainda se encontra aprisionado ao dela, impedindo-a de uma nova jornada. Cadu se foi, e ainda não tínhamos vivenciado o amor de forma plena, e, mesmo assim, sinto-o tão presente, tão perto de mim. Todos os dias, ao despertar, acho que o verei novamente, e uma dor intensa me domina. Porém, procuro olhar a vida à minha frente e o tanto que ainda tenho a viver. É o que ele gostaria que eu fizesse. E é isso que sua esposa também deseja que faça: seguir em frente, livre de culpas ou de qualquer outro sentimento perturbador. – Havia tanta coerência em suas palavras, tanta luz envolvendo-a, que ele se comoveu.

— Você vai fundo em seus argumentos, volto a dizer. Será uma excelente médica. Já escolheu o que quer seguir? – questionou ele, tentando mudar o tema doloroso.

— Eu e Cadu conversávamos sobre isso e ambos estávamos propensos a escolher a cardiologia. O coração é sempre objeto de tantos dissabores, tantas enfermidades, precisa de um olhar apurado, não acha? – brincou ela.

— Certamente, uma área delicada e complexa para mentes analíticas como a sua. Uma boa escolha, Paula. E agradeço a conversa franca e direta, vou refletir sobre tudo o que falamos. Libertar-se será a meta – afirmou, oferecendo um sorriso amistoso.

Os dois ficaram se entreolhando e algo aconteceu. Uma energia intensa os conectou, e ambos ficaram estáticos, cada um avaliando a seu modo o que lá ocorrera.

Um barulho de porta desconectou-os e, em alguns segundos, Rafael apareceu na sala.

— Como vim parar aqui? – ele estava confuso.

— Está em minha casa, Rafael. Eu e Paula o trouxemos, pois não estava em condições de permanecer sozinho. Como se sente? – Roberto o encarava firmemente.

— Minha cabeça parece que vai explodir. Preciso ir embora, agradeço o auxílio.

— Não se apresse. Nossa amiga Paula já deu uma excelente desculpa a seus pais. Não aprecio mentiras, mas reconheço que não seria adequado você chegar nas condições em que se encontrava. Pode ficar aqui. Descanse um pouco e amanhã cedo volta para casa.

— Não sei se pretendo ir para lá. – Seu olhar estava distante e triste.

— Não faça nada de que possa se arrepender, meu jovem. A única responsável pelas escolhas que efetuou foi ela mesma, quer você aceite ou não. Nem você, nem ninguém! – As palavras do professor, no entanto, não tiveram o efeito desejado. O jovem ficou calado, com a cabeça baixa e o semblante contraído de dor. – Quer alguma coisa?

– Quero! Que tudo seja diferente! – Havia tanta dor que Paula instintivamente o abraçou.

– Não faça isso com você, eu lhe peço! Não adentre esse caminho sombrio, o mesmo que ela escolheu seguir, pois já sabe o desfecho. Não permita sentir-se culpado, pois a realidade é bem diversa. Por que insiste nesse comportamento tão destrutivo? Isso só o conduzirá a sofrimentos, Rafael. E não adianta fugir da realidade, pois ela é implacável. Nada há que se possa fazer para alterar o que já ocorreu. Sua dor vai modificar algo? Infelizmente, não. Aceite isso e siga sua vida. Desde que Cadu se foi, você tem buscado situações conflitantes e as tem encontrado. Sente-se melhor assim? Será que Cadu aprovaria suas atitudes? Ele sempre o valorizou e mostrou seu potencial adormecido, que ainda não consegue visualizar. Faça sua vida valer a pena, só assim você estaria mostrando-lhe que ele tinha razão em estar sempre ao seu lado! – Lágrimas escorriam do rosto de Paula.

O silêncio tomou conta da sala. Cada um tentando assimilar conforme sua capacidade de entendimento. Porém, ambos sentiram que as palavras da jovem eram verdadeiras e pareciam a eles direcionadas.

Rafael sentou-se e colocou as mãos na cabeça, chorando convulsivamente.Roberto sentiu a emoção brotar como nunca ocorrera desde que sua esposa se fora. Parecia que ele havia guardado as lembranças dolorosas numa gaveta e, desde então, não mais se deparara com elas. Suspirou profundamente, entendendo o recado a ele dirigido. Paula tinha a capacidade de revelar e desvendar o que estava oculto. Uma jovem sensível, de uma maturidade que ele pouco pudera reconhecer em seus alunos. Agora entendera a conexão que lá se estabelecera. Ela conseguira acessar o que de mais profundo e reservado se encontrava nele.

E o fizera com tamanha delicadeza e sensatez que o sensibilizara. Em nenhum momento ela usou de ousadia e indiscrição, mas foi tão fundo que ele jamais se vira dessa forma. Estava inseguro quanto ao que estava vivenciando, pois ela tocara diretamente seu coração e o abrira definitivamente para o mundo que o rodeava. Sentiu que não precisava mais fugir de sua dor, pois ela lá permaneceria apenas se ele assim quisesse. Era sua decisão! Seguir em frente e viver cada nova oportunidade que a vida colocasse em seu caminho! Custara tanto para enxergar isso, e foi necessário que uma jovem bem mais nova, com poucas experiências de vida, lhe mostrasse em toda sua essência e simplicidade!

Paula foi até Rafael e segurou seu rosto com toda delicadeza possível:

— Meu amigo, procure ser feliz! Era só isso que Cadu desejava que um dia acontecesse! E para isso é imprescindível você abrir mão dessa bagagem nociva e destrutiva que hoje carrega. Um fardo pesado demais que não permite que você olhe à sua frente, pois sua cabeça olha apenas para baixo, para seus próprios pés. Solte tudo que não tem serventia. Avalie com critério e faça uma devassa em sua vida. Se não consegue fazer isso sozinho, busque ajuda, mas faça com urgência. Sinto tanto medo que algo possa lhe acontecer! Eu jamais me perdoaria se não falasse tudo isso a você, Rafael. Não tenho outros interesses senão sua felicidade, pois nosso querido amigo ficaria radiante, onde estivesse, alma generosa que era. Não sei se você acredita em vida eterna, mas se isso realmente existir, ele está num lugar feliz, onde a paz é a moeda de troca. Devolva o que ele lhe ofereceu com a mais pura generosidade. Levante esse olhar e enfrente seus medos, com a certeza de que todos nós os possuímos, em graus diversos. Pare de se depreciar, viaje para seu mundo íntimo e o desvende. — Havia uma luz intensa envolvendo-a.

Raul lá se encontrava e inspirara a jovem nessas palavras sábias e providenciais a ambos. Ela foi receptiva, acatando a ideia que o mentor de Cadu lhe enviava. Antes de sair, Raul foi até a jovem e a abraçou carinhosamente, dizendo em seu ouvido:

— Obrigado, minha menina. Um dia nos reencontraremos! — e partiu.

Paula sentiu o doce abraço e a paz passou a dominar todo seu ser. Foi como se alguém lá estivesse e dito algo em seu ouvido, mas apenas captou o sentido: gratidão!

Sentiu que fora envolvida por algo indescritível, porém positivo, pela sensação que agora era portadora. Acreditava em Deus e sabia que Ele estava sempre com aqueles que seguiam suas leis e espalhasse o bem. Era o que estava tentando fazer!

Nenhum dos dois presentes emitiram qualquer palavra. Estavam refletindo nas palavras diretas e verdadeiras de Paula. Foi ela quem quebrou o silêncio:

— Em alguns instantes o dia vai amanhecer. Alguém aceita um café? — perguntou com um lindo sorriso emoldurando seu rosto.

— Já se apossou do meu apartamento, mocinha? — brincou Roberto. — Venha, eu lhe mostro onde tudo se encontra.

— Sinto-me tão à vontade aqui. Perdoe a minha invasão — riu ela.

— Fico feliz que se sinta assim em minha casa, assim posso convidá-la a voltar, mas para um jantar sem muita tensão, como a que houve aqui hoje. Isso não é uma crítica, mas um velado agradecimento por tudo o que fez por nós. Eu e Rafael somos gratos! — Ao ouvir seu nome, Rafael levantou o olhar e sorriu timidamente.

— Acho que vou contratá-la para minha psiquiatra. Estou realmente precisando de alguém firme e justa como você.

— Desculpe te decepcionar, mas não será minha especialidade. — O ambiente já se descontraíra e todos pareciam renovados. Havia sido uma noite libertadora, em todos os sentidos e para todos os presentes.

— Você disse que tinha um médico com quem se tratava. Busque-o novamente — disse Roberto. — Mas se quiser outra indicação, tenho alguém espetacular que deveria conhecer. É uma psiquiatra experiente. Fica a dica.

— Agradeço, mas voltarei ao Dr. Cláudio. Tenho algumas pendências a tratar com ele. Isso, se ele me aceitar de volta. Dei muito trabalho nos meus dezoito anos. — E riu, lembrando-se das infindáveis sessões com ele, sempre paciente e amoroso. Gostava dele, nem sabia exatamente os motivos de ter deixado de ir. Talvez medo, insegurança. Agora era o momento de descobrir sua real condição. Como Paula dissera, tinha muita bagagem para jogar fora, amenizando o fardo que carregava.

O dia amanheceu de forma magnífica, visto pela varanda do apartamento de Roberto. Todos lá se encontravam, com uma xícara fumegante de café, apreciando o espetáculo divino da natureza. O sol começava a invadir sutilmente o céu, dando um colorido único. Aos poucos foi mostrando sua força e energia, seus raios foram iluminando cada pedaço daquela sacada, que se tornou iluminada e repleta de vida. Estavam todos calados, mas com o olhar cheio de esperança. Após alguns minutos, Rafael disse:

— Não sei o que teria acontecido se você não aparecesse por lá, professor.

— Me chame apenas Roberto, afinal, depois de uma noite como a de hoje já nos tornamos amigos. Não me agradeça, tudo teve um motivo para acontecer. Espero que esteja melhor e com a cabeça mais serena.

— Foi tudo incrível e inesperado, mas devo dizer que algo tocou lá dentro do coração. Obrigado, Roberto, por tudo. Paula, agora entendo o que Cadu dizia a seu respeito. Ele conhecia você tão bem! E você é mesmo tudo o que ele falava. Obrigado, minha amiga, creio que posso lhe chamar assim também. — disse ele timidamente.

— Com certeza, Rafa. Posso lhe chamar assim também? — E o abraçou carinhosamente.

— Claro que pode. Sempre! E meu carro? Ficou lá? – perguntou o jovem.

— Fizemos o serviço completo, Rafael. – E pegou as chaves de cima de uma mesa. – Aqui estão! Vá para casa e conte toda a verdade. Eles merecem saber o que está acontecendo. Peço perdão pela mentira, mas foi na única coisa que pensamos.

— Mais uma vez, agradeço o que fizeram por mim.

— Venha, eu te acompanho até lá embaixo. Paula, fique mais um pouco. Tenho algo a conversar. Bem, se não estiver muito cansada. – Roberto queria que ela ficasse mais.

— Vou tomar mais um café enquanto te espero. – Ela abraçou Rafael, e se despediram.

— Bom dia! – E o jovem saiu, mas desta vez de ombros eretos e cabeça erguida.

As palavras de Paula tinham realmente lhe tocado as fibras de seu coração. A jovem sorriu, olhando a postura que Rafa saiu do apartamento, sentindo-se feliz.

Roberto voltou em instantes e encontrou Paula com uma xícara de café na mão, sentada confortavelmente no sofá.

— Agora sou eu que tenho que agradecê-la. Espere um momento apenas. – E saiu, voltando rapidamente com uma grande caixa.

— O que tem aí? – perguntou curiosa.

— Já vai saber! – E abriu tirando uma série de papéis, alguns já amarelados, algumas fotos, várias caixas de diversos tamanhos. Colocou tudo sobre a mesa. – Você me ajuda com isso? Jamais abri esta caixa antes. Era tudo dela. Nunca tive coragem de mexer nisso. Mas acho que passou tempo mais que suficiente. Não sei o que vou encontrar e não queria fazer isso sozinho. Posso te pedir isso? – Seu olhar estava tão límpido e sereno que a jovem sorriu, sem poder negar.

— Por onde começamos? – ela sentou-se ao seu lado no chão.

Os dois ficaram horas verificando cada papel, o conteúdo de cada caixa e, ao fim, com muitas lágrimas de ambos, Roberto finalizou:

— Agora creio que estou livre para seguir minha vida. Jamais poderei te agradecer! — E a abraçou com energia e gratidão, assim permanecendo por alguns instantes que lhes pareceram a eternidade. Quando se desvencilharam, Roberto pegou delicadamente o rosto de Paula e a beijou. A jovem correspondeu com todo carinho. Foi um beijo terno e amoroso, carregado de emoções ainda desconhecidas. — Não sei o que foi isso, mas quero dizer que gostaria de repetir. Bem, se você também quiser me acompanhar nessa viagem de descobrimento de novas emoções.

Paula ofereceu um sorriso cativante e disse:

— Não sei o que isso significa, mas meu coração quer prosseguir. — E o beijou novamente.

Os dois ficaram o resto da manhã deitados no sofá da sala, entre carícias e risos, agora livres de tensão, apenas a paz estava presente.

O que une as pessoas? Atração, paixão, afeto, cumplicidade, amizade? Pode ser tudo isso e pode acontecer de improviso, brotando da dor, da saudade, do apego, da proximidade, da afinidade. Pode perdurar, ou não! Tudo irá depender das propostas que cada um realizou para suas existências. Os encontros ou, quem sabe, os reencontros! Quem pode afirmar? Só o tempo poderá dizer...

Rafael pegou seu carro e se dirigiu até sua casa. Passava das oito horas e seus pais estariam já acordados. Faria tudo como combinara com Roberto e não ocultaria mais nada deles. Abriu a porta de casa e se deparou com os pais já apreensivos.

— Paula ligou ontem e disse que estava em seu primeiro plantão. Foi isso mesmo? — A mãe torcia as mãos em aflição.

— Não, mãe. Não foi isso o que aconteceu. Não quero omitir mais nada. — E contou-lhes tudo o que aconteceu, inclusive sobre o suicídio de Mônica. Os dois ouviram tudo em silêncio e ao término o pai foi o primeiro a falar:

— Luiza ligou ontem à noite contando sobre o ocorrido, querendo notícias suas. Ficamos em pânico por não saber onde estava, se estava bebendo, ou coisa pior. Vivemos em eterna tensão, esperando que o telefone toque e nos traga a pior notícia de nossas vidas. Sabe o que significa isso, meu filho? Sabe o que significa viver na corda bamba, sob eterna tensão, sem saber o que se passa no seu coração, que conflito você vive, o que pretende fazer para que essa dor cesse? Você é uma bomba ambulante e precisa fazer algo! – O pai falava com serenidade como nunca se expressara. Na maior parte das vezes era acusação e julgamentos. Rafael sentiu-se mal com tudo aquilo e queria que tudo fosse esclarecido.

– Você tem razão, papai. Tenho sido esse filho desprezível que acabou de descrever. E sinto muito não corresponder às suas expectativas, assim como Lucas, seu preferido. Não vou discutir isso com você, pois deve ter suas razões. Afinidades, gostos, ideais, não me importo. Sempre me senti comparado com ele e sempre perdi em todos os quesitos. Sabe, papai, muitas vezes cheguei a pensar que não era seu filho, tão diferente que somos. E seus gestos sempre pouco amigáveis, com críticas constantes sobre tudo o que eu fazia só mostravam que isso poderia ser verdade. Suas brigas com mamãe e seu distanciamento comigo, que eu nada entendia. Tudo sempre foi muito confuso para mim. Nem sei porque estou falando tudo isso, pois a única coisa que quero hoje é ficar bem com vocês. Eu preciso de paz em meu coração tão torturado e confuso. Preciso de afeto, da compaixão de vocês, da compreensão pelo que eu sou e não conseguir ser o que vocês querem que eu seja. Estou me sentindo no fundo do poço, sem perspectivas de como sair de lá. Entendem agora como estou me sentindo? Por favor, preciso de ajuda! – E sentou, já soluçando com as mãos no rosto.

Sílvia e Renato correram a abraçá-lo com todo o amor. A mãe não sabia o que fazer para amenizar tanta dor que ele portava. O pai, remoendo em sua culpa, percebera todo o mal que transferira ao filho, através de seu ciúme doentio. Tantas amarguras que ele trazia em seu âmago, tudo era de sua responsabilidade. Como pudera ter sido tão cruel com ele? Seu coração parecia explodir em seu peito e sentiu uma tontura. Precisou se segurar para não cair, mas não passou despercebido pelo filho, que o segurou.

– O que aconteceu, papai? O que está sentindo? – perguntou Rafael preocupado.

– Apenas uma vertigem, acho que foi emoção demais. Não se preocupe, vai passar logo. – E sentou-se na poltrona, já pálido, deixando-os preocupados. A mãe correu ao quarto e voltou com um remédio que ele tomou e em alguns instantes tudo pareceu melhorar. – Já estou me sentindo bem, não fiquem com essas caras de velório. Não vou partir tão cedo, quero ver meus netos correrem pela casa.

– Se depender de mim... – riu o filho. – Antes disso acontecer, preciso saber muitas coisas sobre mim. É um longo caminho a percorrer!

– O que não o impede de caminhar com uma companheira. A viagem lhe parecerá menos solitária e monótona – disse o pai confiante, sentindo ainda a culpa o dominando.

– Está melhor realmente? Quer que eu chame Dr. Ricardo? – perguntou Rafael.

– Não é necessário. Vou ficar bem. Tenho ainda alguns exames a fazer que eu estava adiando, mas agora vou apressar. Conte comigo, meu filho. E me perdoe por tudo que o fiz passar todos esses anos, mesmo que de maneira involuntária. Jamais foi minha intenção feri-lo dessa forma. – disse com lágrimas nos olhos.

A mãe abraçou o marido e em seguida disse ao filho:

– Meu querido, conte conosco em qualquer situação! – E o abraçou com todo amor.

CAPÍTULO 25
REFLEXÕES NECESSÁRIAS

Foi um dos dias mais tristes da vida de Rafael, que fez questão de comparecer à cerimônia de despedida da jovem suicida. Seus pais se opuseram à sua ida, mas ele não poderia deixar de ir. Luiza o acompanhou, garantindo assim, que ele ficaria bem.

Os dois jovens chegaram momentos antes do sepultamento e preferiram permanecer à distância, evitando o confronto com os pais, que pareciam muito sensibilizados. Dora, a governanta, chorava muito e Rafael foi até ela, abraçando-a ternamente:

– Meu jovem, que bom que está aqui! Obrigada pelo carinho à minha menina. Jamais esquecerei o que fez por ela, trazendo um pouco de alegria à sua vida. Serei eternamente grata! – E o abraçou. Ele não sabia o que dizer a ela naquele momento tão doloroso.

– Ela encontrará a paz, algum dia! Tenho convicção disso!

Dora pensou em falar sua opinião a respeito daqueles que tiram sua própria vida, mas decidiu não contradizer o jovem. Que ele assim pensasse!

– Algum dia, meu jovem! Algum dia! – E saiu.

Luiza ouviu o que o amigo dissera e pensou que ninguém tem o direito de decidir sobre seu momento de partir. E a paz, se já era distante de Mônica, ficaria ainda mais longe com sua atitude inconsequente e desesperada. Ela acreditava que sua dor cessaria com a morte, mas isso não aconteceria! Pobre jovem! Esses pensamentos a deixaram perturbada e elevou seu pensamento a Deus, pedindo que intercedesse por ela. Mônica teria um longo caminho a percorrer para reabilitar-se com a lei divina. Seu coração se acalmou e passou a fitar Rafael, que estava profundamente emocionado, lamentando a atitude da amiga.

A culpa queria se instalar a todo custo, e ele sequer percebia a onda mental que Olavo lhe direcionava com tal intuito. Ele, Aurélio e alguns companheiros invigilantes lá se encontravam, observando o panorama que se delineava. Talvez isso pudesse contribuir para seus planos de vingança. O jovem estava fragilizado perante o infortúnio e qualquer estímulo seria benéfico aos seus intentos.

A cerimônia foi breve e logo todos se dispersaram, restando apenas Rafael e Luiza. Os dois permaneceram silenciosos todo o tempo, e foi o jovem a quebrar o silêncio:

– Lembrei-me de Cadu. Sinto imensa falta dele. – seus olhos estavam marejados.

– Eu também! Mas sei que ele está bem e é isso que importa – disse com toda convicção.

– Como pode ter tanta certeza? – questionou Rafael.

– Simplesmente, sei! – E um sorriso radiante emoldurou seu rosto.

– Você acha que ele continua vivo? – perguntou.

Ela continuou sorrindo e respondeu:

— A morte não existe! Assim acredito! Portanto, ele continua vivo em algum lugar, que não sei onde, mas que deve existir para poder abrigar aqueles que daqui partem.

— Todos irão para um mesmo lugar? — Essa questão o incomodava sobremaneira.

— Acredito que não seja tão simples como pensamos. Deve haver alguma condição para ser auxiliado. Raquel tem me ensinado muitas coisas sobre o assunto. Pelo que pude entender, nossas ações no bem, ou melhor dizendo, acertadas, podem nos proporcionar um local diferenciado quando encerrarmos nossa existência material. São elas que definirão o local para onde seremos conduzidos. Bem, de uma maneira simplista, acho que é assim que se processa.

— Somos direcionados conforme nossas ações? — A dúvida só crescia.

— Acredito que isso tenha fundamento, pois àqueles que pautam suas existências fazendo e propagando o bem indistintamente, são criaturas diferenciadas por essência, nada mais justo que sejam amparados e direcionados à sua nova morada. Definitivamente, aqui neste lugar, só ficam os despojos do corpo físico, que perdeu sua vitalidade e sua utilidade. Lembramos de Cadu, pois foi aqui que nos despedimos dele, mas seu espírito está distante deste lugar, que deve ser um local mais feliz por tudo o que ele fez enquanto encarnado. Sei que isso é muito confuso e tenho muitas dúvidas também.

— Iremos essa semana ao centro espírita? — perguntou Rafael.

— Eu irei e gostaria muito que me acompanhasse.

— Talvez a acompanhe, ainda não me decidi — disse ele pensativo.

— Vamos embora? Este lugar me dá calafrios! — disse Luiza, sentindo-se oprimida e tensa.

Começaram a caminhar pelas alamedas vazias do cemitério, quando uma forte ventania se iniciou. E conforme caminhavam mais rapidamente, alguns vasos de flores se espatifavam no chão duro das lápides. Rafael apertou a mão da jovem e seguiram quase correndo , sentindo o pânico se instalar e estancou subitamente, enquanto um galho de árvore se contorceu e caiu bem à frente dos dois jovens, como se para impedir a passagem deles. Poderia ter machucado Luiza, mas o jovem foi rápido e a segurou antes mesmo dele se quebrar ruidosamente no chão.

Rafael ouviu nitidamente uma voz em seu ouvido:

– Você está em minhas mãos, seu covarde! – Ele parou de andar e ficou pálido, olhando ao redor, mas só estavam os dois naquele local. Seus pés fincaram-se no chão e não conseguiu fazer um movimento sequer, ficando paralisado.

Luiza olhou para o jovem, sem entender o motivo dele parar de correr. Sacudiu-o:

– Rafa, o que aconteceu? Vamos sair daqui! Rápido! – E o tirou do estado de apatia. Suas feições estavam atemorizadas, e ela não entendeu o que se passou. – Vamos! – E o puxou.

Continuaram a caminhar a passos cada vez mais céleres até chegarem à uma construção maior, que abrigava a capela e as salas. O local estava também vazio e silencioso.

– Vamos esperar um pouco mais. Aqui estamos abrigados do temporal que está chegando. Rafa? – Ele parecia ausente, com o olhar estranho. – O que aconteceu?

O jovem respirava pausadamente, como se a afastar o terror que se instalara momentos antes. Estaria enlouquecendo? Tinha receio que isso pudesse acontecer um dia...

Olavo e seu grupo gargalhavam perante o medo estampado no rosto do rapaz.

– *Estamos apenas no início de nossa perseguição! Vá se acostumando!*

Rafael sentia-se oprimido, como se mãos invisíveis tentassem tirar-lhe o ar. Seu desconforto era visível, e Luiza o questionou:

– Você está bem? Fale comigo! Parece que viu um fantasma!

Ele permaneceu calado, temeroso de contar à amiga o que acabara de acontecer.

— Você está me assustando, Rafa! — Ela começou a sentir arrepios percorrendo seu corpo.

— Quero sair daqui agora! — E começou a andar em direção à saída, com a jovem a acompanhá-lo de perto. A chuva caía torrencialmente e se dirigiram até o carro dele, molhando-se na chuva fria. Uma mudança brusca de tempo e temperatura ocorrera após um lindo dia ensolarado.

Já dentro do carro, os dois se entreolharam, e havia tensão em ambos, como se pressentissem que algo maléfico estivera muito próximo deles. Nenhum dos dois proferia palavra alguma. O caminho até a casa de Luiza pareceu-lhes uma eternidade. Ao chegar, a jovem insistiu no assunto:

— Desça um pouco e conversamos. Algo aconteceu e você vai me dizer! — Sua postura firme intimidou o jovem, que se viu obrigado a contar o que ouvira.

— Creio que estou enlouquecendo. Tive a nítida impressão de ter ouvido palavras em meu ouvido. Mas não havia mais ninguém lá, apenas você e eu! — Ele estava nervoso.

— O que você ouviu? — Luiza segurava as mãos de Rafael.

— "Você está em minhas mãos, seu covarde!" Foram essas as palavras. Mas parece que você não acredita em mim! Não a culpo!

— Pare com isso! Eu não disse que não acredito em você! Fique calmo!

— Também não diz que acredita!

— Vamos conversar sobre isso em outro momento? Foi um dia intenso! Não quer descer um pouco? Meus pais ficarão felizes com sua presença! — insistiu Luiza.

— Agradeço, mas estou exausto! Nos falamos durante a semana. — Ele queria ficar só.

Apesar dos apelos da jovem, ele se retirou, deixando-a com seus pensamentos conflituosos. Precisava falar com a amiga sobre o que ele acabara de relatar. A situação era mais complexa do que supunha. Precisava ajudar Rafael e era isso que faria!

Enquanto ele dirigia de volta para casa, não parava de pensar em tudo que lhe acontecera. Pensou em Mônica e sentiu um aperto no coração. Deveria ter tentado ajudá-la! A culpa queria assumir o controle de seus pensamentos, mas lembrava-se de Paula e em suas palavras enérgicas e convincentes. Essa decisão não lhe pertencia, apenas a ela! Em seu delírio e instabilidade emocional, ela acreditava que tudo cessaria com sua morte, mas isso era uma ilusão. Comprometera sua encarnação com seu gesto leviano e impulsivo. E o que restara? Nada! Não tinha mais uma vida a viver, nem uma chance de refazer seus caminhos equivocados! Apenas a morte lhe recepcionara em seu derradeiro momento! Associou a vida da jovem à sua, constatando que estava percorrendo o mesmo caminho que ela! Sentiu-se infeliz apenas com essa perspectiva! Fugia de um confronto com sua vida desde que se conhecia e agora seria inevitável! Talvez seu destino não fosse diverso do de Mônica! Um sinal de alarme se acendeu, identificando o perigo que o rondava. Novamente sentiu o pânico se instalar. Estava perdendo as rédeas de sua existência, isso era fato! Precisava assumir de forma definitiva sua vida e, para isso, um caminho sombrio se acenava. No entanto, era preciso seguir por ele, pois só assim iria readquirir sua confiança.

Entre tantas reflexões nem se deu conta de que já chegara em sua casa. Os pais o aguardavam com o semblante tenso.

Rafael, ao vê-los, foi como se encontrasse a segurança perdida. Abraçou-os com a força de seu amor, sem dizer palavra alguma. Elas não eram necessárias para expressar suas emoções conturbadas. Queria apenas sentir-se acolhido e amado!

– Estamos aqui, meu querido! Jamais o deixaremos só! Você é nosso tesouro de maior valor! – Os pais permaneceram no doce abraço, até que ele se sentiu fortalecido.

— Preciso muito de vocês! — Foi a única coisa que conseguiu balbuciar.

Do lado de fora da residência de Rafael, encontramos Olavo e Aurélio com as feições endurecidas. Haviam tentado seguir o jovem, como fizeram inúmeras vezes, mas sentiram uma barreira impedindo a aproximação.

— *O que significa isso?* — esbravejou Olavo furioso. — *Por que não conseguimos entrar?*

— *Não estou gostando nada disso!* — disse o outro contrariado. — *Teremos companhia?*

— *Meus sentidos não conseguiram detectar nada, mas eles são sorrateiros. Devem ter enviado barreiras sensíveis impedindo nosso contato com esse crápula. Não importa! Ficaremos aqui fora! Haverá um momento que ele terá que sair de seu esconderijo e estaremos atentos! Tenho todo o tempo do mundo para minha vingança!* — E sorriu.

— *Precisamos de reforços. Fique com estes aqui e vou atrás de alguém. Você vai se surpreender do que sou capaz!* — Aurélio, o outro desafeto do jovem, parecia sorrir também, mas apenas se via escárnio.

— *Estou começando a apreciar seus préstimos! O calhorda não tem escapatória! Volte logo com essa surpresa.* — Mentalmente conseguira captar a ideia do comparsa.

Os companheiros colocaram-se em guarda, cada um num ponto, vigiando a casa. Raul e Cadu estavam preparando a ofensiva contra o grupo, e a primeira providência era poupar o jovem das investidas maléficas de Olavo, providenciando uma barreira energética impedindo que as entidades vingativas adentrassem a casa. Na verdade, essa barreira não impedia o grupo de continuar a emissão mental perniciosa a Rafael, porém eles assim acreditavam e cessaram provisoriamente o assédio. Devemos considerar que os espíritos não conhecem tudo o que os envolve no mundo espiritual, pois cada um se encontra num patamar evolutivo. Não é pelo fato de habitarem a realidade espiritual que tudo tenham conhecimento. A bagagem é proporcional ao grau evolutivo, conquistado com as sucessivas experiências corpóreas. Um descuido benéfico ao jovem, que pôde aproveitar momentos de relativa paz em seu lar!

Durante o final de semana tudo se manteve em relativa harmonia. A mãe ligara para Ricardo, e este prescrevera a Rafael um sedativo leve, com a condição de buscar um especialista na semana.

— Obrigada, meu amigo. O que seria da vida sem essas pessoas especiais caminhando conosco? Rafael já aceitou retornar ao Dr. Cláudio, você se lembra dele? — perguntou Sílvia.

— Como não, se fui eu mesmo quem o indiquei? — disse, rindo do outro lado da linha. — Fico mais tranquilo assim. Rafael tem passado por situações estressantes e precisa se equilibrar.

— Tenho fé que isso ocorrerá!

— Não deixe que ele tome bebida alcoólica, pois essa mistura pode ser muito perigosa.

— Vou observar atentamente. Mais uma vez, agradeço! Até mais!

No dia seguinte, um domingo ensolarado, bem diferente do dia anterior, Luiza chegou com o remédio e com um largo sorriso no rosto:

— Aproveitei para visitar meu amigo querido! Tudo bem com você?

— Já estive melhor, mas...

— Papai pediu para você tomar na dose que ele prescreveu. Isso vai ajudá-lo a dormir melhor.

— Você quer dizer que isso vai me ajudar a dormir? Passei esta noite praticamente em claro. Não consigo parar de pensar em Mônica.

— Deveria ter me telefonado e eu viria lhe fazer companhia. Acredita que aquela cena no cemitério também não me deixou dormir?

— Não é você a garota mais corajosa da cidade? — E riu, lembrando-se de um acontecimento quando ela ainda tinha treze anos. — "Sou a garota mais corajosa da cidade" — e repetiu imitando a voz dela.

— Pare de rir de mim! — disse Luiza fingindo estar ofendida. — Naquela ocasião eu era a garota mais corajosa, sim. Bem, depois eu amadureci e vi o quanto a vida pode se tornar perigosa e assustadora. Aquela versão não existe mais! Mas eu poderia lhe fazer companhia, bastava me chamar.

— Não creio que você mereça passar um final de semana com um cara chato e complicado feito eu. Por que não arranja um namorado? — cutucou ele.

— Estou pensando firmemente nessa possibilidade. Já tenho até um pretendente! — E seu olhar fixou no do jovem. — Não sei se dará certo, mas...

— Quem seria o felizardo, posso saber? — perguntou ele sorrindo.

— Um jovem incrível! Ele ainda não acredita em seu potencial, mas no que depender de mim, tudo farei para que se conscientize disso. É bonito, charmoso, um tanto complicado, mas estou disposta a assumir o risco. — Ela dizia e caminhava em sua direção, enquanto ele se afastava instintivamente. — Eu o escolhi e agora vou lutar para que isso se concretize, tornando-me a mulher mais feliz desse mundo.

O jovem ficou sério e disse:

— Luiza, você continua com essa brincadeira idiota! — Seu olhar estava tenso.

— Não é brincadeira, Rafa! Pare de achar que sou uma criança voluntariosa e mimada, pois isso não é verdade! Já não lhe dei provas suficientes de que sou uma mulher madura? Sempre gostei de você e sabe disso! Por que não acredita em meus sentimentos?

— Pois eles não representam a verdade, Luiza. Eu não sou a pessoa certa nem hoje, nem nunca! Sou uma pessoa desprezível e todos que se aproximam de mim acabam sofrendo! Não quero que você sofra, fique distante de mim! Eu lhe peço! Jamais me perdoarei se algo de ruim te acontecer! Você é uma jovem linda, com um futuro promissor. Afaste essa ideia de sua cabeça. Ela não tem fundamento algum! – disse ele.

– Meu querido, por que insiste em sofrer? Não vê que eu posso ajudá-lo a reencontrar seu caminho? Por que não confia em mim? – Seus olhos estavam marejados. – Será que nunca vai me olhar como uma mulher apaixonada? Por que despreza meu amor?

– Não é nada disso, Luiza. Não é você, sou eu! Não posso lhe proporcionar nada, pois não tenho nada a lhe oferecer! Você não quer entender, apenas isso! Você é linda, encantadora, merece alguém que a faça realmente feliz! – E a abraçou com carinho, dizendo baixinho em seu ouvido: – Você é capaz de ter tudo o que desejar por tudo que é, porém não a mereço, entenda! Cadu jamais me perdoaria se eu a fizesse sofrer e é o que acontece com todos que ficam próximos de mim.

– Chega desse papo depressivo! Cansei! Porém, sinto muito lhe dizer: não vou desistir de você, compreendeu? Você mesmo acabou de afirmar que eu consigo tudo o que quero, então vá se acostumando à ideia de que vou conquistá-lo! – E deu um sorriso maroto entre as lágrimas que insistiam em escorrer. – Você é meu amor! É você que eu escolhi para viver minha existência. Talvez eu seja louca, mas vou insistir até você baixar a guarda e admitir que nenhuma outra mulher será capaz de fazê-lo feliz!

– Pretenciosa e destemida! Vamos ver até quando essa paixão vai suportar! Vamos, me dê esse remédio. – Ela sorriu e o escondeu atrás de si.

– Venha buscar, doutorzinho! – E saiu a correr pelo imenso gramado brincando com Tommy, o cachorro, que adorou a presença da jovem.

Após alguns minutos de brincadeira, Rafael sentou-se no chão e pediu:

— Se pretende me matar é só dizer! — E ofereceu um sorriso de garoto, que fez Luiza mexer em seus cabelos como sempre fazia.

— Você sabe o que eu pretendo! — E beijou seus lábios de leve, deixou o remédio nas mãos de Rafael, que, atônito, não sabia o que fazer, e saiu dizendo: — Pego você amanhã para irmos ao centro espírita. Não aceito recusa! — Virou-se e jogou um beijo para o aturdido rapaz.

— Tommy, essa menina é doida! — E ficou pensando no beijo que ela lhe roubou, experimentando uma sensação jamais vivenciada.

A mãe, de longe, observava toda a cena e sorria. Viu o filho sentado no chão, pensativo e distante, talvez refletindo no que acabara de acontecer. Ele se levantou e saiu sorrindo.

Entrou na casa e viu a mãe observando-o com um olhar divertido.

— Luiza já foi? Por que não a convidou para um suco? Ela trouxe a receita? — perguntou.

— Ela é muito eficiente. — E mostrou o remédio à mãe.

— Uma garota de ouro! Como ficou bonita, não acha? — disse ela com um sorriso nos lábios.

— Mas continua uma jovem mimada que acredita que consegue tudo o que quer!

— Ela sempre foi assim, meu filho, até parece que não a conhece! Cadu dizia que, se dependesse dela, o mundo se renderia a seus pés. Gosto muito dela!

— Mamãe, o que você viu foi apenas uma brincadeira! — disse ele desconcertado.

— O que eu vi? — ela continuava seu jogo.

— Pare com essas ideias, ela é uma criança! Vou tentar dormir um pouco. — E saiu, deixando a mãe com seus pensamentos. Quem sabe o que poderia acontecer?

CAPÍTULO 26
REVELAÇÕES

Em seu quarto, Rafael tentava conciliar o sono, porém a imagem de Luiza insistia em permanecer na sua mente. Não iria negar que o beijo roubado havia lhe tocado de uma forma que jamais imaginou. E tinha que admitir que gostara do toque delicado dos lábios dela nos seus. Sorriu com a forma com que ela o abordou, afinal ela realmente era a garota mais corajosa da cidade! Só ela não enxergava o perigo que corria insistindo em ficar ao seu lado! Será que algum dia a felicidade chegaria em suas mãos? Não se sentia digno dela, talvez por isso fugisse tanto! Precisava de ajuda urgente!

O remédio pareceu fazer efeito mais rápido que ele supôs e em alguns minutos ele dormiu. E começou a sonhar... Ou seria um pesadelo? Sentiu-se sugado por uma força descomunal que o levou para bem longe de seu quarto. Não conhecia o local por onde caminhava, mas percebeu que a paisagem ficava cada vez mais sombria. Sentiu frio e olhou ao redor, não vendo ninguém por perto. Conforme caminhava, sentia o corpo cada vez mais pesado e, em dado momento, começou a ver vultos ao longe. Estremeceu e o pânico passou a dominá-lo. Onde estaria? Que lugar seria aquele?

Continuou andando, mas o queria era correr para bem longe de lá. Começou a ouvir vozes, murmúrios, todos lamentavelmente tristes! Sentiu-se mal, sua cabeça doía intensamente, mas não sabia como sair dali! Em dado momento, pareceu ouvir alguém sussurrando seu nome. Olhou para os lados e não via ninguém, o desespero se apoderou dele, que começou a rezar. Nem soube porque fez isso, mas pedia a Deus que o tirasse de lá e que o acordasse daquele pesadelo. Foi quando sentiu uma mão sobre seu ombro, um toque familiar e protetor.

– *Venha, vamos sair daqui. Eu te ajudo.*

Quando ele se virou, deparou-se com a figura amiga de Cadu, que lhe sorria.

– *Não tenha medo! Jamais te faria mal, meu amigo. Venha comigo! Me acompanhe!*

Rafael estava sem palavras e também não entendendo nada do que se passava. Era um pesadelo, mas que se tornara um lindo sonho, pois encontrara seu amigo.

Cadu pegou a mão de Rafael e seguiram de volta pelo mesmo caminho que ele percorrera. A paisagem foi se modificando e se tornando mais iluminada. Os dois estavam silenciosos, sentindo que o momento ainda não comportava questionamentos.

Em dado instante, viram uma pequena casa e lá adentraram, encontrando outros companheiros, entre eles Raul.

– *Fique calmo, meu jovem. Em breve você irá despertar, mas antes Carlos Eduardo precisa lhe falar, ou, se preferir, Cadu.* – Sorriu, apontando uma cadeira.

O jovem ainda atônito, não entendia nada, mas não queria contrariar a nenhum deles.

— Vocês estão todos mortos? E eu? – perguntou.

— *A morte não existe, Rafael, portanto estou tão vivo quanto você, mesmo que eu esteja em outra dimensão, diversa da sua. Você está bem?* – Cadu sorria carinhosamente.

— Você está bem? Essa pergunta é minha! Sinto tanto sua falta! É você mesmo? – e pegou em seu braço, tocando-o.

— *Sou eu, meu amigo. E, como pode ver, estou bem! Talvez em melhores condições que você! Parece que as lições não foram assimiladas como deveria. Você já deveria andar com seus próprios pés por tudo que já aprendeu. Você sabia que eu iria embora muito antes que você, não se recorda da programação que juntos efetuamos?*

O jovem abaixou o olhar em profundo abatimento.

— *Essa visita foi solicitada para que eu pudesse vê-lo, não para fazer qualquer julgamento acerca de seus atos, que apenas lhe dizem respeito. Também sinto saudades, meu querido amigo. E disse que jamais deixaria de estar por perto, lembra?* – E levantou a cabeça do amigo. – *Tem tantas tarefas a realizar, não pode deixar a inércia atingi-lo, impossibilitando colocar em ação todos os planos traçados. Tem muito a resgatar, dívidas a quitar e cabe a você iniciar de onde parou. Jamais estará desamparado, pois conta com uma família que lhe acolheu com muito amor, uma mulher que o fará muito feliz e o auxiliará na solução de muitos impasses, que hoje parecem incontornáveis. Constituirá família e abrigará em seus braços um espírito que muito necessitado seu amor. Tem tanto a realizar, mas ainda insiste no lamento e no desespero. Somos todos espíritos ainda carentes da misericórdia divina, pois nossos atos pretéritos ainda irradiam dor e sofrimento a nós e a tantos que desprezamos pelo nosso orgulho exacerbado. Cabe a nós a reabilitação dessas dívidas infelizes para nos libertarmos e seguirmos em frente. Todos temos algo a expiar, meu amigo. E temos que ser corajosos para enfrentar nossas imperfeições e deixar que um dia a luz possa ser por nós refletida a tantos quantos dela necessitarem. Sempre confiei em você e sei do que é capaz! Você precisa confiar e aprender a pedir perdão por todo mal que praticou, voluntária ou involuntariamente. Aquele que se sentiu lesado espera por seu pedido de perdão, e que seus atos possam refletir o novo homem que habita em você. Pare com murmurações descabidas e enfrente seu maior inimigo: sua própria imperfeição. Jamais estará só nessa empreitada!* – E o abraçou com a força de seu amor.

Rafael permaneceu nesse abraço saudoso, com lágrimas abundantes rolando pelo rosto. Queria que aquele momento perdurasse, mas Cadu se afastou e disse:

– *Você precisa sair desse padrão inferior de energias que consomem seu equilíbrio e o deixam vulnerável ao assédio de companheiros ainda invigilantes e que desejam a vingança, como se ela fosse capaz de retirar-lhes todo o sofrimento que insistem em preservar. Busque toda ajuda possível, seja de onde for. Mas ajude-se para que o Pai possa também lhe conceder as bênçãos da paz e da esperança. Cuidado com seus pensamentos que podem atrair e manter conectados a você esses companheiros, que irão sugar sua vitalidade e induzi-lo a ações reprováveis. Depende apenas de você! Gostaria de ficar mais ao seu lado, mas temos trabalho a realizar. Você talvez nada se recorde quando despertar, mas sentirá que seu coração mais leve e feliz.*

Raul se aproximou e pediu:

– *Vamos, uma nova tarefa nos aguarda. Rafael, estaremos por perto. Eleve seu pensamento a Deus sempre que se sentir acuado. E aprenda a pedir perdão! Todos somos endividados, carentes do perdão de alguém! Jamais se esqueça! E se isso lhe serve de incentivo, estamos tentando auxiliar sua amiga Mônica. O processo é lento e doloroso, mas não descuidaremos dela. Confie!*

Rafael somente conseguiu dizer:

— Obrigado!

— *Agora volte para seu quarto! Que Deus o envolva em todo seu amor!* — e o abraçou.

— Cadu, a vida continua depois da morte? É assim que funciona? — perguntou.

— *A vida reserva muitos mistérios! Busque conhecer como essas duas realidades, material e espiritual, se interagem. Sei que está conhecendo uma casa espírita. Aprofunde-se no assunto e irá perceber quantas novas revelações surgirão!* Cadu o abraçou novamente.

— Quando poderei vê-lo novamente? — seus olhos estavam fixos no amigo.

— *Quando for possível e permitido!* — E ele sorriu.

Foi com esse sorriso que Rafael despertou, ainda com lágrimas nos olhos. Ele sonhara com Cadu, tinha certeza! Seu sorriso foi a última coisa que ficou gravado em sua mente.

Ele se levantou e viu que já era noite. Acordou diferente, menos tenso. Viu que dormiu quase toda a tarde, sequer lembrou-se do início do sonho. Ou do pesadelo!

Passou pela sala e ela estava às escuras. Onde estavam todos? A luz do escritório estava acesa e teve a nítida impressão que ouvira o pai chorando. Ia entrar, quando algo o conteve. Os pais conversavam em tom baixo, e ele só pode ouvir a mãe dizendo:

— Pare com isso! Essa sua culpa não vai auxiliar nosso filho. Faça diferente hoje! Seus lamentos não irão modificar sua conduta do passado. É um assunto muito doloroso para mim, você sempre soube. Jamais admiti sua dúvida com relação a minha integridade moral. Insisti tanto, porém não me dava ouvidos. E hoje sabe o que provocou com seus ciúmes indevidos. Não quero culpá-lo, pois você agiu como sabia naquele momento. Porém, os danos foram causados e não podemos simplesmente ignorar todo o mal que causamos a Rafael. É minha responsabilidade também, pois deveria ter feito o que minha consciência me orientava. Fazer o exame de paternidade era a única saída viável, mas que seria também minha maior humilhação. Erramos os dois, Renato. E se Deus puder me perdoar algum dia, libertando toda a culpa que carrego, sentirei que Ele ainda me ama e que confia que posso reverter todo o mal que causei.

– O olhar que ele me direcionou aquele dia, desprovido de críticas ou julgamentos, apenas constatando a forma como sempre o tratei. Nunca me senti tão mal em toda minha vida. Fui um crápula, um ignorante, o pior pai que um filho pode ter. Jamais ele teve orgulho de ser meu filho! Isso está doendo e me martirizando. Preciso fazer algo para aplacar essa dor. Me ajude, Sílvia. – E as lágrimas escorriam mostrando toda a dor que sentia.

Rafael ficou estático, não conseguia se mover. Era sobre ele que estavam falando, porém não entendia o que tudo aquilo significava. O que eles fizeram? Decidiu entrar.

– Sobre o que estavam falando? Ouvi meu nome...

Os dois ficaram silenciosos, surpreendidos pela entrada do filho, sem saber o que dizer.

– Que segredo vocês escondem de mim? Sempre desconfiei que havia algo que tentavam me ocultar. Tudo muito velado, mas sabia que havia algo.

– Não é nada, meu filho. Você está imaginando coisas. Não existe segredo algum! – A mãe falava com firmeza, porém não convenceu o rapaz.

– Por favor, mamãe, eu sei o que ouvi e posso fazer as ligações necessárias para entender do que se trata. Aliás, não precisa de muito intelecto para entender o óbvio. Apenas quero uma resposta. Não sou filho do papai? – A pergunta saiu direta.

O pai virou-se para que ele não visse as lágrimas que fluíam. A mãe fechou os olhos e assim ficou, esperando que ele desistisse da resposta que ela teria que lhe oferecer.

– Vamos, mamãe. Só você pode ter essa certeza. Me diga a verdade e tire todas essas dúvidas que pairam há tanto tempo entre vocês.

— Você é meu filho, Rafael. Eu fui um péssimo pai e certamente tem todo o direito de pensar que o desprezei todos esses anos pela dúvida que me corroía. Eu falhei em ser um pai que você sentisse confiança, orgulho, amor incondicional. Fiz tudo errado, motivado pelo ciúme e pela ausência total de comprometimento com a tarefa assumida: meu casamento. Sua mãe aturou todas as minhas traições, meus abusos, minha conduta repreensível e desprovida de caráter. Ela foi a mulher excepcional que pensou apenas na família, e não nela. Fez tudo aquilo que não consegui realizar pela minha fraqueza moral. E ainda assim conseguiu me perdoar pelo amor imenso que tem pelos seus filhos. Sou um ser desprezível e é assim que você se vê, meu filho. É apenas um reflexo do que eu represento na sua vida. Você é um ser sensível, herança de sua mãe, e isso é motivo de tantos desajustes emocionais que o perseguem, em função do que ofereci de exemplo. Suas palavras naquele dia me mostraram o quanto sou imperfeito e tenho a aprender com você. Se você puder me dar uma chance de provar que sou digno de seu amor, serei o homem mais realizado dessa vida. E se não puder, vou compreender também. Não posso exigir de você o que eu ainda estou tentando aprender. Só peço que não culpe sua mãe em nenhum momento. Ela é a pessoa mais íntegra e leal às causas que abraça que já conheci. Tenho tanta admiração por ela e a amo tanto, que não consigo conceber uma existência longe dela. Sei que ela ainda me ama, caso contrário não estaria mais ao meu lado, e só posso agradecer seu empenho em manter nosso casamento. Me dê uma chance de provar que sou digno de ser seu pai. — Havia tanta dor nas palavras do pai, que Rafael ficou calado refletindo em tudo o que ele dissera.

Sílvia apenas chorava, desejando que tudo aquilo fosse de vez sepultado. Tanta dor, mágoas, dúvidas, julgamentos, tudo precisava se encerrar, fechando um ciclo doloroso que envolveu todos os componentes dessa família numa teia rígida e árida, impedindo que sentimentos puros pudessem estar presentes.

Renato desejava o mesmo, mas sentia que seria uma longa jornada de reconciliação. Entretanto, estava disposto a caminhar um pouco por vez e recuperar a estima perdida.

Rafael observava toda a cena e sentiu-se livre de um peso morto, que impedia que seu caminhar fosse mais leve. Essa dúvida estava instalada há tanto tempo em seu íntimo, tornando-o refratário ao amor que o pai pudesse oferecer. Era tão grande a distância que se estabelecera entre eles durante toda sua vida! Sentia-se tão infeliz, mas julgava que isso jamais seria resolvido, afinal o pai não o amava, assim pensava. E naqueles breves instantes percebera que o amor estava presente, apenas não estava sendo colocado em ação de forma correta. A dor do pai o comoveu profundamente, e percebeu que apesar de tudo ele sempre quisera ser amado por ele. E o amara de seu próprio jeito. Como Cadu diria, um meio um tanto estranho de demonstrar o amor. Sua vida toda passou pela sua tela mental e cada momento de revolta, de provocação, de discórdia, ele desejava que o pai o notasse, mesmo com todas as discussões e brigas que se sucederam, pois assim se sentiria foco de sua atenção. E ele se sentiria amado, do seu jeito! Assim foi toda sua curta existência! Agora estava tendo a chance de reescrever sua história, colocando suas emoções em equilíbrio. O que mais ele poderia desejar?

Os pais esperavam que ele se pronunciasse, que dissesse algo que pudesse lhes devolver a paz perdida há tanto tempo, mas ele permaneceu calado.

De repente, a imagem de Cadu apareceu em sua mente como a lhe dizer que era hora de seguir em frente, jogando fora toda a bagagem que não tivesse mais valor. E sentiu que precisava ouvi-lo mais uma vez! Respirou fundo e encarou os dois à sua frente, esperando que ele dissesse alguma coisa.

— Acho que é hora de nos entendermos. Estou tão cansado de tudo! Não estou em meu melhor momento e nem sei se estarei algum dia! Mas não quero mais caminhar sozinho pela vida! Esta é minha única certeza! Cadu me disse, certa vez, que não nascemos para viver sós, pois não somos ninguém sem a presença do outro em nossa vida. Ficamos isolados e perdemos a oportunidade de aprender novas lições que o outro pode nos proporcionar. E é isso que pretendo fazer. Não tenho aptidão alguma para resolver problemas intrincados, creio que já constataram isso, preciso de ajuda, é só o que sei. Amo vocês mais que tudo nesta vida, talvez ainda não tenha demonstrado também. Essa imensa dor que me corrói tem que cessar! Me ajudem! — E a emoção se apoderou dele.

Os pais se entreolharam e correram até ele envolvendo-o em todo amor. Assim ficaram por intermináveis minutos, sem que nenhum quisesse se desvencilhar dessa ligação que se estabelecera entre eles. Renunciar ao passado, visar um novo caminhar, era isso que todos pretendiam a partir daquele instante. E, desta vez, unidos pelos laços verdadeiros do amor puro e incondicional! Impossível apagar as marcas deixadas por tantas ações dolorosas de imediato, teriam um longo caminho a percorrer, no entanto, a decisão havia sido tomada. Seguir em frente! Uma tênue luz começou a brilhar naquele lar, confirmando a certeza de que não existem causas perdidas para o Pai! Todas são passíveis de revisão, avaliando novas alternativas, buscando o senso comum e a paz íntima. Desde, naturalmente, que todos estejam comprometidos com elevados sentimentos e o amor, chama vital de nossa existência, permeie cada ato realizado.

Lição inesquecível que o Pai Amoroso nos oferece. Precisamos estar atentos!

A mãe foi a primeira a falar com o filho, sentindo que lhe devia explicações que hoje, em sua fase madura, poderia compreender.

— Não quero mais segredos entre nós, Rafael. Preciso contar nossa história. É imprescindível que tudo seja devidamente esclarecido para não pairar nenhuma dúvida. Renato, nosso filho merece conhecer toda a verdade. – E iniciou seu relato.

    Contou desde que se conheceram, a paixão que os dominou, o casamento quando ainda eram bem jovens, com suas carreiras em franca ascensão. E tudo que decorreu dessa condição. Dinheiro rápido, trabalho exaustivo, pouco tempo para fortalecer os laços familiares, tentações decorrentes do novo *status*. As sucessivas infidelidades com as jovens advogadas, que Silvia fingia não observar, evitando assim a humilhação de sua posição. O distanciamento natural em função dessa vida fútil e vazia que ambos levavam. Sua carência e fragilidade então foram colocadas à prova quando conheceu um homem sensível, que constatou sua condição, estreitando laços de amizade. Apenas isso, porém para aquele que comete desatinos a todo instante acredita que todos lhe são semelhantes. Ao perceber a esposa supostamente envolvida com um cliente, sua ira foi derramada sobre a esposa, que logo em seguida à descoberta da suposta traição, engravidou. A dúvida pairou durante toda a gestação, gesto esse previamente pensado por Sílvia, que queria realmente deixá-lo perturbado, e que o fizesse sentir-se traído, assim como ela se sentira tantas vezes. Devolver o que recebeu! Assim ela agiu, culminando em constantes e exaustivas discussões por tanto tempo. Uma forma cruel de vingança, a qual ela se arrependera tardiamente. Esse clima perdurou por anos, quando ela declarou que jamais o traíra de fato, que havia sido apenas uma forma de castigá-lo por todo sofrimento que experimentara durante anos. Mas já era tarde, pois o mal já se instalara e a dúvida sempre pairou. Ela lhe sugeriu fazer o exame de paternidade, mesmo sentindo que seria uma humilhação grande passar por isso. Ele, temeroso do resultado, jamais levou a proposta à frente. E assim permaneceram, entre disputas e discussões, entre novas traições e distanciamento cada vez maior.

    Assim tinha sido a vida deles por anos. Tudo o que Rafael sempre constatou, daí a imensa distância que se estabeleceu entre eles. Até que Cadu morreu e algo se rompeu, exigindo novas avaliações e posturas. A forma como o jovem se portava, refletindo toda a dor da solidão em que vivia dentro de sua própria família, fez com que ela repensasse sua vida, procurando oferecer o suporte emocional que não concedera como mãe. A culpa se instalou e a fez perceber todos os erros cometidos. Os diálogos com o pai foram se transformando em dignas conversas, em que ambos pensavam no que poderiam fazer juntos. A família começou a ganhar importância e as reflexões se intensificaram. Foi um doloroso processo, que, no entanto, os uniu como nunca ocorrera em todos os anos de união. A aproximação foi acontecendo gradativamente e reconheceram que o amor ainda prevalecia, motivo maior para auxiliarem Rafael, nesse momento crucial por que passava. Ela olhou o esposo com um sorriso leve e disse:

— Erramos muito, não é querido? Mas hoje descobrimos que o tempo ainda nos concedeu a chance de darmos continuidade ao que dissemos no dia do nosso matrimônio. Nos amamos, é a única certeza. E sabemos que é suficiente para modificarmos o que não deu certo e refazer nossos caminhos. Agora de forma sensata, sensível e verdadeira.

O marido foi até ela e a abraçou com todo seu amor e gratidão.

— Só posso pedir que nos perdoe, meu filho, por todo mal que lhe oferecemos, pela nossa cegueira em verificar o que era importante em nossa existência. Erramos, mas queremos corrigir nossos atos falhos e constituir uma família real, com você e seu irmão.Pode nos perdoar algum dia? — Havia um brilho intenso em seu olhar.

CAPÍTULO 27
PERSEGUIÇÃO IMPLACÁVEL

    Naquele momento, Lucas, o irmão mais velho, entrou no escritório, tentando entender o que lá ocorria. Ouviu a mãe pedindo ao irmão que os perdoasse e ficou lívido. O que estaria acontecendo? O que de mal ambos fizeram? Havia sempre um mistério rondando a família, e ele se aproveitava disso, tirando proveito concedendo ao irmão sua pior parte. Sentia que Rafael era um intruso naquele lar, desde o dia em que nascera. Não estabelecera laços genuínos de amor com o irmão e jamais compreendera os motivos. Havia um clima tenso rondando o lar, o pai e sua crescente animosidade com Rafael, o que o deixava em êxtase, pois queria que ele sofresse, sem entender o que o motivava a pensar assim. Tudo sempre foi muito confuso, e ele deixava que aquela situação persistisse todo esse tempo, a ponto de sentir o irmão um completo estranho. Eram tão diferentes, porém eram irmãos.

— Reunião familiar, e eu não fui convocado? — perguntou, tentando controlar a voz.

— Sente-se, Lucas. Isso também lhe diz respeito — respondeu a mãe com doçura.

— Desculpe, mas tenho um compromisso inadiável. Pode ser depois? — Ele sempre agia assim, com displicência no que se referia à família.

O pai se levantou e adotou um tom enérgico que há muito ele não se utilizava.

— Não existe compromisso mais sério do que este. Sente-se e ouça o que sua mãe tem a dizer. Nada é mais importante do que isso. — O rapaz fez menção de contradizer o pai, porém esse colocou-se à frente e finalizou: — Isso não é um pedido, Lucas. Compreendeu?

O jovem sentou-se contrariado, e a mãe passou a contar a mesma história de momentos antes. A conversa foi direta, sem rodeios, deixando o rapaz surpreso com tudo o que ouvia.

Ao término, a mãe foi até o filho mais velho e disse:

— Vamos recomeçar de onde paramos há mais de vinte e cinco anos. E isso só será possível se todos nos dispusermos a seguir em frente com amor!

Lucas permaneceu silencioso avaliando as palavras da mãe sobre tudo que viveram esses anos e simplesmente compreendeu exatamente o que se passou. Talvez as atitudes de Rafael representassem o que ele recebera de todos naquele lar. Ou ele era assim mesmo, um ser complicado que não conseguia resolver a própria vida. Não tinha uma opinião formada e, não seriam uma dúzia de palavras que a mãe justificara que alteraria sua opinião sobre o irmão. Mas não poderia ser o único a contradizer e decidiu a neutralidade, coisa que sempre preferira.

— Bem, creio que muita coisa tenha sido esclarecida, não é, Rafael? Tudo resolvido, agora posso ir? — E se levantou, beijando o rosto da mãe e saindo em seguida.

O pai ia dizer algo, mas Silvia o impediu.

– Deixe-o. Ele precisa de tempo para assimilar o que ouviu esta noite. Você o conhece tão bem quanto eu e sabe que falhamos com ele tanto quanto com Rafael. Um longo caminho teremos de percorrer com ele também. Tudo a seu tempo, querido.

– Você tem razão. Nós o criamos de forma que apenas os bens materiais, poder, sucesso mereçam a sua atenção. Certamente, teremos muito trabalho. – disse o pai certificando-se de todo mal que se instalara naquela família por anos, desprovida de ideais nobres.

– Lucas é assim. E talvez seja muito mais difícil para ele do que para nós. Significa sair de uma zona de conforto estabelecida há muito tempo, que o manteve numa situação de pretenso equilíbrio. Porém, dia chegará que ele perceberá que está em busca de valores que não o conduzirão à verdadeira felicidade. Confiemos no tempo e, principalmente, no nosso amor. – As palavras de Sílvia encheram o pai de esperança.

Rafael apenas presenciara a cena com o coração repleto de mágoas e lembranças dolorosas, onde o irmão, figura principal, o desprezava e o acumulava de tantas energias inferiores, que o colocavam numa posição defensiva e infeliz. Seria um longo caminho de reconciliação para o qual ele estava disposto. Mas o irmão estaria? Essa era uma incógnita. No entanto, não queria perder tempo com tal preocupação, afinal vivera toda sua vida sem a presença emocional dele, isso em nada alteraria seus planos de recomeçar.

– Mamãe está certa. Confiemos no tempo! Alguém está com fome? – perguntou com um sorriso jovial.

– Vamos preparar algo.

E saíram abraçados, prenúncio de uma nova etapa que se iniciava. Que o tempo os favorecesse! Que as bênçãos de Deus envolvessem aquele lar, era o que Silvia mentalmente solicitava com a força da sua fé.

Olavo e companheiros espirituais mantiveram a vigilância todo final de semana, porém o rapaz permaneceu recluso, saindo apenas na manhã da segunda-feira, reiniciando sua jornada na faculdade. Eles o acompanhavam de perto, aguardando o momento de estender o domínio mental sobre o jovem. Era questão de tempo, pensava Olavo. E se comprazia com seus pensamentos indignos, onde a destruição e o sofrimento torturavam Rafael, levando-o a atitudes lamentáveis. Isso repercutia no mundo íntimo dele, que passou a sentir seu padrão vibratório decrescer.

Estava introspectivo e, como era sua característica, isolava-se do grupo. Paula, assim que o viu, foi ao seu encontro com um sorriso radiante no olhar.

— Como você está? Pensei em ligar e saber notícias, mas... — disse ela relutante.

— Estou tentando seguir em frente, mas não está sendo tarefa fácil. — Foi a resposta.

— Roberto pensou em fazer o mesmo e procurá-lo, mas ficamos preocupados com sua reação à nossa interferência àquele dia. Foi com a melhor das intenções, saiba disso.

— Eu sei, Paula. E só posso agradecer o que fizeram por mim. Não sei o que mais poderia advir. Cadu sempre dizia uma coisa, da qual estava certo. — Seu olhar se encheu de esperança. — Jamais estamos só nesta vida. Uma verdade irrefutável!

— Ele era um ser especial e fará a diferença onde estiver — disse Paula.

— Sonhei com ele na noite passada. — E as lembranças afloraram subitamente. Contou à amiga as recordações do sonho e a emoção tomou conta de ambos. Os dois se abraçaram, sentindo que seus caminhos estavam definitivamente ligados pela força do carinho e da amizade verdadeira.

— Conte comigo, Rafael. Estarei sempre por perto! — disse sorridente.

— Vou cobrar! — E o jovem devolveu o mesmo olhar afetuoso.

As aulas iniciaram. O jovem sentia-se incomodado, com dificuldade de se concentrar na aula. Algumas imagens não lhe saíam de sua tela mental e o perturbavam. Nessas, via a figura da amiga morta, Mônica, correndo em grande desespero, chorando e balbuciando palavras ininteligíveis. Essas cenas se repetiam num ritmo insuportável, deixando-o completamente imerso nesse padrão torturante. Em dado momento, levantou-se e saiu da sala, sob o olhar atento de Roberto. O professor percebeu o desconforto aparente dele e pensou o que se passava. Tudo era muito recente, e sabia o quanto teria de se esforçar para impedir que sua mente não entrasse em colapso. Olhou Paula, que também estava observando a condição em que o amigo se encontrava. Ele estava sofrendo, era nítido. Roberto olhou a jovem, e ela entendeu que nada deveria fazer. Por ora...

Rafael saiu de lá já em pânico. As imagens o torturavam, e ele não sabia o que fazer para afastá-las de sua mente. Definitivamente, estaria enlouquecendo? Foi para o carro e entrou, fechando os olhos com força, pensando assim que as imagens desapareceriam. Mas elas apenas se tornaram mais nítidas e reais, a ponto de quase poder tocá-la. O desespero se instalou e as lágrimas acompanharam sua triste condição. Não soube quanto tempo lá permaneceu, quando uma batida no vidro o trouxe de volta à realidade.

— Rafa, o que aconteceu? — Era Luiza que lá se encontrava. — Abra a porta!

A jovem entrou no carro e viu o estado em que ele se encontrava, o abraçando instintivamente. Rafael se entregou confiante àquele abraço, sentindo que ela havia sido sua salvação, resgatando-o do mundo das sombras. Não conseguia falar nada, tamanho seu desespero.

— Estou enlouquecendo. — Foi a única coisa que conseguiu pronunciar.

— Pare com isso! Reaja, querido! O que aconteceu? — E ele relatou as cenas mórbidas que o perseguiam, com a jovem suicida pedindo-lhe ajuda.

— Por que isso está acontecendo? Me diga? — Uma pergunta que ela não conseguia responder.

Luiza pegou seu telefone e ligou para Raquel, relatando o que acabara de ouvir. Ficou apenas alguns instantes e, em seguida, pediu ao jovem. — Você vai comigo ao centro espírita hoje à noite? É muito importante que isso aconteça.

A última coisa que ele queria ouvir naquele momento era algo sobre espíritos. Seu coração ficou acelerado e sentiu-se inquieto, avaliando o pedido. Queria que tudo aquilo se encerrasse de uma vez por todas, apenas isso, porém o medo prevalecia. E se chegasse lá e se deparasse com a amiga morta o esperando?

— Vamos, Rafael, me diga! Só queremos ajudar. Raquel disse que hoje o local somente se destina aos trabalhadores, não haverá um público significativo. Do que tem receio?

Ele permanecia calado, refletindo sobre tudo. Luiza, aflita, esperava sua resposta.

— Não quero ir, muito menos agora! — Foi o que ele disse.

— Por favor, faça isso por mim. É importante que compareça hoje. — Ela parou para atender o telefone, ouvindo atentamente o que a amiga lhe falava. Desligou e olhou firmemente para o jovem. — Era Raquel. Ela disse que eles estão nos esperando hoje e irão te atender em caráter de emergência. Posso confirmar? Eu lhe peço!

— Por que preciso ir? Vá você em meu lugar, Luiza. Tenho medo do que irei encontrar. Estou a ponto de enlouquecer! Me ajude! — o desespero se instalara.

— É o que estou tentando fazer! Sua presença lá é importante, não me pergunte os motivos, pois não sei! — Sua voz estava tensa, porém firme. — Algo muito grave está acontecendo e precisamos fazer algo com a máxima urgência. Confie em mim!

Rafael estava relutante, suando frio, com o coração em total descompasso. O mesmo parecia querer pular pela boca e isso o assustou ainda mais. Lembrou-se de que respirar de forma profunda poderia aliviar esse desconforto. Precisava retornar ao seu equilíbrio, só assim conseguiria refletir com racionalidade. Conforme sua respiração se acalmou, sentiu seus batimentos cardíacos retornando ao ritmo normal. Começou a sentir-se melhor e, em questão de instantes, deu a resposta:

– Confio em você, Luiza. Sei que só deseja meu bem. Eu irei com você. Com a condição de que fique comigo até a noite. – Ele parecia uma criança assustada.

– Farei esse sacrifício, se bem que não mereça – disse ela, respirando aliviada. Ligou para Raquel e confirmou que iriam no horário combinado.

Aurélio, o companheiro das trevas, se contorcia de raiva com a presença da jovem, incomodando seus planos. Tentou atingi-la, enviando seus petardos mentais a ela, que vigilante e confiante, recusava todas as ideias inferiores que ele projetava. Era como se ela possuísse um escudo que freasse toda investida maligna a ela direcionada. Ele e Olavo se entreolharam, com a ira estampada em seus semblantes.

– *Isso não ficará assim!* – disse Olavo profundamente irritado. – *Ele pretende voltar àquele lugar novamente. Pode ser uma armadilha para nós. Temos que ficar atentos. Ficaremos próximos, o suficiente para vigiar seus passos. Ele não pode fugir ao nosso controle! Não! Estamos quase lá!* – E passou a dar orientações aos que os acompanhavam num ritmo acelerado e tresloucado.

Aurélio ficou observando a jovem salvadora. Tentou invadir sua mente novamente, mas sem êxito. Ela tinha uma força impressionante e um olhar tão doce! Por que nunca teve alguém como ela a ajudá-lo? Não merecia?

O dia foi tenso e exaustivamente longo. No final do dia, Rafael ligou para a mãe avisando que voltaria tarde e depois contaria o motivo. Ao dizer que Luiza estava com ele, Sílvia ficou mais tranquila.

Os dois chegaram ao centro espírita na hora determinada, encontrando Raquel e Marta, sua mãe, aguardando-os na companhia de um senhor.

– Boa noite, meus jovens – disse ele com um sorriso. – Venham comigo um instante. Sou Carlos, muito prazer! – E estendeu a mão aos dois, que se apresentaram. Em seguida, os conduziu a uma pequena sala onde ele iniciou o temido diálogo: – Conte-me o que está acontecendo com você, Rafael. Procure ser conciso, mas conte-me tudo.

O jovem olhou Luiza, que o incentivou a relatar todos os fatos estranhos que estavam ocorrendo com ele nas últimas semanas. O senhor ouviu atentamente a história, sem fazer qualquer interrupção. Viu a emoção que predominou o relato, sentindo que o jovem estava em situação de muita tensão e pavor. Há muito ele não se surpreendia com fatos aparentemente estranhos e assustadores. Faziam parte da realidade espiritual, que nem todos conheciam e acreditavam que podiam ser influenciados. Um caso sério de obsessão, cujas causas certamente se encontrariam no pretérito e hoje refletiam, exigindo sua quitação. Somos devedores daqueles a quem ferimos, que nos procuram para saldar suas dívidas, acreditando que o nosso sofrimento, por si só, seja capaz de lhes restituir a paz perdida. Uma grande ilusão! Foi o que Carlos, naqueles breves instantes, estava a refletir. Ao fim do relato, ele proferiu:

– Meu jovem, antes de mais nada, gostaria de preveni-lo quanto aos artifícios que esses invigilantes irmãos se utilizam, com a finalidade de obter seu desequilíbrio. E pelo visto, estão conseguindo desestabilizá-lo. Você é um estudante de medicina, onde deveria prevalecer a objetividade e a racionalidade, porém parece que é mais sensível do que supõe. Essa foi a brecha que encontraram e que precisa ser fechada. Porém, saiba que isso dependerá muito mais de seus esforços do que de qualquer prática que possamos nos utilizar. Minha jovem amiga Raquel me contou sobre os eventos ocorridos nas últimas semanas com você. Intensos e funestos, que causaram alguns danos emocionais sérios e que precisam, também, ser considerados na avaliação geral do problema. São muitas variantes, pelo que pode perceber, e todas têm sua parcela de responsabilidade no que lhe acontece. Mas a minha pergunta é: e você, no que acredita?

Rafael ficou calado, refletindo na pergunta, sem saber o que responder. Percebeu o quanto sua vida corria de forma desregrada, sem que ele pudesse deter o controle efetivo da mesma. Sentiu-se confuso e triste, abaixando o olhar.

Carlos sentiu que o rapaz estava sensibilizado e necessitava de toda a ajuda que ele pudesse oferecer. Era seu trabalho! Fixou seu olhar sobre ele, pedindo orientações ao plano espiritual que com ele trabalhava.

– Não quero que se sinta pior do que antes de aqui chegar. Sua vida é seu patrimônio e cabe a você zelar para que nada fuja ao controle. É sua responsabilidade e de mais ninguém. Os que acompanham seus passos seguem com a finalidade de realizar suas programações individuais, mas cada um responderá pelas tarefas que se incumbiram. Juntos somos fortes, é inegável. Porém, a parcela que nos pertence deve ser por nós realizada, jamais se esqueça. Deus é Pai de amor, meu jovem, e por sua misericórdia infinita a seus filhos concede-nos companheiros iluminados para seguirem conosco essa jornada. Apesar de sentir que o fardo está pesado, mãos operosas estão auxiliando-o, provendo-o de recursos para resolver cada situação intricada do caminho.

Rafael derramava algumas lágrimas, sentindo-se acolhido naquele lugar.

– Venha comigo. Espero que essa emoção predominante seja de esperança na solução de seu problema, pois assim estará receptivo ao passe que irá receber. Marta, prepare o grupo. Raquel, leve-o para a sala que já conhece. Luiza, acompanhe sua amiga. – E se levantou, encaminhando-os para fora da sala, lá permanecendo em sentida prece ao Alto.

Os jovens estavam calados, temerosos com o que iria acontecer. Rafael foi o primeiro a entrar numa sala que já estava em total penumbra. Só pôde visualizar um grupo composto de alguns trabalhadores, onde sentou-se e recebeu o passe. Foi um momento de paz após toda a tensão dominante. Sentiu-se leve, como se retirassem um peso imenso de seus ombros. Conseguiu respirar pausadamente, sentindo-se bem. Viu Luiza sentando-se em outro grupo, em seguida, ambos saíram. O que lá aconteceu depois eles não presenciaram.

Em instantes, Carlos entrou nasala, observando a movimentação espiritual que lá se processava. Ele possuía a ferramenta da vidência, podendo observar a realidade extrafísica com naturalidade. Uma entidade espiritual adentrou a sala de forma intempestiva, gritando e tentando desestabilizar o ambiente previamente preparado.

Um médium designado para ser o intermediário da comunicação começou a se manifestar, movimentando-se de forma descontrolada.

– *Eu disse que voltaria e aqui estou. Desta vez vocês terão que me explicar os motivos de ainda acreditarem nesse crápula. Ele é sagaz e está enganando todos vocês, assim como fez com minha filha. Não vou permitir que persistam nesse apoio incondicional a quem só disseminou o mal e a dor por onde passou! Vocês não podem ajudá-lo a se safar novamente! Ele acabou com a vida de minha filha!* – Olavo estava furioso.

– Meu amigo, acalme-se. Não há motivo para tanto descontrole. Estamos aqui para ajudar. Seja bem-vindo à nossa casa! É um irmão para nós! Conte-nos tudo o que o perturba e tentaremos ajudá-lo. O que podemos fazer para isso? – A voz de Carlos era suave e amorosa, acalmando Olavo.

– *Não há mais nada que possam fazer por mim ou por minha filha. Ela jamais terá paz novamente! Ela tirou a própria vida e Deus jamais perdoará seu gesto! E foi tudo culpa desse ser desprezível que vocês estão tentando restituir a paz! É uma total insensatez, não percebem? Ele merece ser punido e arder no fogo do inferno por toda eternidade! Eu vou conseguir que isso aconteça e ninguém irá me impedir. Vim apenas avisá-los de meus intentos! Nada tenho contra vocês, mas caso se coloquem em meu caminho, não medirei esforços! Tenho um grupo leal a mim e tudo farão para que nada se interponha entre mim e ele! Minha vingança está prestes a ser executada!* – E um sorriso diabólico surgiu em seu rosto.

Carlos permanecia calmo, avaliando as palavras duras que o comunicante proferia.

– Sinto lhe dizer que a vingança não lhe trará sua filha de volta, meu irmão. E já pensou se ela assim desejaria? Que a dor fosse novamente espalhada? Disse que ela era uma alma doce e amorosa, então jamais iria aceitar a perpetuação do mal. O que ela sentiria se soubesse de seus planos? – A pergunta o atingiu de forma plena, fazendo-o avaliar o que Carlos dissera. Após instantes de reflexão, a fúria retornou.

– *Pare com isso! Está tentando me desestabilizar e dominar minha mente. Sou mais esperto do que pensa! Minha filha está em eterno sofrimento, e ele causou tudo isso! E vou trazê-lo de volta em breve. Não ficarei aqui nem mais um momento!*

– É com pesar que ouço isso, meu amigo! Tem a chance de reavaliar suas ações, mas prefere manter o ódio pulsando em seu coração. Sua filha deve estar muito decepcionada, afinal ela esperava seu amparo. – Carlos sabia que isso o atingiria.

– *Pare de falar o que não sabe! Minha amada filha não pode sentir mais nada, ela apenas sofre intensamente, expiando o pecado de tirar a própria vida!*

— Será mesmo, meu irmão? Por que não observa melhor o que acontece no mundo espiritual. Já percebeu que a morte definitivamente não existe, caso contrário não estaria aqui falando conosco! Ela não poderia estar nas mesmas condições que as suas?

Olavo se calou. O que ele estava a lhe dizer?

CAPÍTULO 28

ORIENTAÇÃO NECESSÁRIA

Do lado de fora da sala, Rafael estava em total desconforto, sentindo uma forte pressão no peito, uma angústia inexplicável. Algumas lágrimas escorreram, e Luiza apertou as mãos do jovem com todo amor. O que acontecia dentro da sala? Era o que ambos se questionavam intimamente. Teriam de esperar...

Enquanto isso, a tensão prevalecia no interior da sala de assistência.

– *O que pretende com esse discurso? Minha Marília se encontra presa em sofrimento eterno. Não quiseram sequer fazer um enterro cristão! Jamais perdoarei esse crápula!*

– *O que aconteceu com você quando seu corpo físico encerrou a jornada terrena? Para onde você foi encaminhado?* – Carlos perguntou.

Olavo estava confuso, não se sentia tranquilo sentindo que estava prestes a cair numa armadilha. Ele achava que eles iriam assim proceder.

— *Pare de me confundir! O que pensa ganhar com isso? Me afastar dele?* — E deu uma gargalhada. — *Você não vai me convencer de que ele não tem culpa!*

— Jamais pensei em agir assim, meu irmão. Sei que tudo o que diz é verdade e a culpa acompanhará esse jovem até que ele decida quitar sua dívida. O tempo se encarregará de mostrar-lhe os caminhos que deve seguir. Ele fez uma programação visando resolver essas pendências. No entanto, você está se outorgando o direito de resolver as questões do seu próprio jeito, esquecendo que tudo obedece a um plano divino. Deus está no comando em qualquer situação.

— *Deus não cuidou de minha filha! Ela não teve chance alguma! Onde estava Deus nesse momento? Por seus atos, ela foi punida com o sofrimento eterno.* — Ele insistia nisso, com a ideia cristalizada em seu campo mental.

— Deus está atento a tudo e cuidou com todo o carinho de sua filha. Já pensou que ela pode estar em algum lugar observando suas ações? O que ela pensaria disso? Aprovaria?

— *Pare de falar dela! Eu sei que ela está em sofrimento eterno! Aquele padre me disse que de nada valeria minhas orações, pois seu ato era inadmissível e isento de perdão!*

Carlos percebeu, então, como toda essa perseguição se iniciou. A deturpação das lições do Mestre Jesus por religiosos tradicionalistas, inflexíveis em suas crenças, transformou seus postulados. A dor e o desespero de um pai na ideia fixa de um eterno e implacável sofrimento. Sentiu toda a dor daquele homem e se sensibilizou. Quantas ideias equivocadas! Quanto sofrimento inútil!

— Não quero questionar suas crenças, mas tudo que lhe foi incutido é destituído de lógica, meu querido. Deus é Pai de amor e jamais condenaria por toda a eternidade um filho que errou, praticando delitos contra sua lei. Esse Deus seria cruel e injusto. Sua filha errou tirando sua vida, mas jamais teria seu destino selado para todo o sempre! Não posso lhe afirmar onde ela está e como ela se encontra, mas posso lhe dizer que ela foi ajudada. E, se a ama, procure pensar nela com todo seu amor, pois ela receberá essa vibração onde estiver. Porém, com tanta amargura em seu coração, isso se torna tarefa complexa.

— *Não desistirei dos meus intentos! Jamais! Não lhe darei paz um instante sequer!*

— É lastimável que pense assim, pois cada dia as chances de revê-la tornam-se menores. O que tem mais valor: sua filha ou sua vingança? – arriscou Carlos.

— *Você sabe que ela é meu tesouro perdido, sem chances de ser recuperado. Então, a vingança é o que importa! Já disse o que queria e vou embora.–* Ele já estava prestes a deixar o médium, quando Carlos disse:

— É sua escolha, meu amigo. Porém, gostaria de convidá-lo para retornar na próxima semana. Sinto que terei boas notícias a lhe oferecer. Posso esperá-lo? Gostei de conversar com você.

— *Nada tenho contra você, mas não vou prometer algo que não sei se poderei cumprir. Tenho muito trabalho a fazer. Adeus!* — E saiu rapidamente.

Carlos ficou silencioso alguns instantes, conectado aos amigos espirituais, ouvindo as orientações acerca do caso Rafael. Sua situação era delicada, como suspeitava, mas sabia que Deus estava no comando. Daria o suporte ao jovem, no entanto a maior parcela a fazer era atributo dele mesmo, com a mudança de posturas e de padrão mental.

Em seguida, proferiu sentida prece, pedindo ao Pai Maior que cuidasse de todos os envolvidos nesse intrincado drama. Depois, pediu que Marta assumisse os trabalhos de orientação doutrinária, retirando-se da sala. A assistência prosseguiu.

Carlos encontrou Rafael e Luiza sentados, imersos em seus pensamentos.

— Podemos conversar? – perguntou o senhor. – Venha também, minha jovem. Como se sente agora?

— Como se um imenso peso fosse retirado de meus ombros. No entanto, sinto que, em breve, ele retornará, como se eu não merecesse a paz. — Os olhos de Rafael estavam úmidos de emoção e uma dor pungente pairava.

— Por que insiste em caminhar pelas sombras, quando a luz poderia lhe indicar o melhor rumo a seguir? — A pergunta pegou-o desprevenido, fazendo-o baixar o olhar. — Acredita que a perfeição existe neste mundo? Definitivamente não! Sendo assim, todos ainda cometemos erros, falhamos com nossos semelhantes, desprezamos as lições amorosas do Pai e preferimos aprender pela dor. Infelizmente, essa é a regra que nos conduz, Rafael. Não sabemos o que fizemos no passado e as infrações que praticamos, pois, o véu do esquecimento nos preserva e protege. Porém, a dívida está instalada e precisamos cuidar de apressar sua quitação, libertando-nos e àqueles que ferimos. O Pai nos concede a oportunidade de rever nossos atos pretéritos e mudar de atitude. E essa possibilidade é extensa a todos os filhos, portanto, a você, também, por mais que não se julgue merecedor. A culpa está instalada em seu íntimo o que o impulsiona a cometer mais equívocos. Não quero adentrar um terreno delicado e misterioso que é sua individualidade, no entanto, basta olhar seus olhos e detectar a dor que permanece latente em seu íntimo, como forma de punição pelo mal que praticou. A dor, por si só, não é remédio que possa curar uma criatura falível. Ela é apenas sinal de alerta para que se possa reavaliar o que hoje é. Os atos decorrentes desse ser é que podem modificar uma situação aparentemente sem perspectivas de êxito. Consegue me compreender, meu jovem? Acredita na possibilidade das várias oportunidades de aqui encarnar, revendo posturas? — Seu olhar profundo irradiava uma luz intensa. O silêncio se instalou na sala.

Rafael sentia-se frágil e ainda mais culpado. De repente, tudo ficou nítido, como se um véu fosse retirado de seus olhos.

Sentia-se assim desde jovem, por mais que Cadu o incentivasse a olhar a vida com outro olhar, esse era sempre funesto, lúgubre. Não entendia os motivos de assim proceder e, a cada dia, parecia se afundar mais e mais em sua culpa e instabilidade. Os esforços do amigo foram inglórios e ele não conseguia ver uma perspectiva iluminada para sua existência. Exatamente isso: não merecia a felicidade! Por tudo que praticara, por todos os delitos que cometera, por todo mal que despejou sobre todos os que partilharam sua existência, pois agora, mais do que nunca, acreditava que já vivera outras vidas. Triste constatação, porém, isso poderia ser o início de sua libertação. Não tinha ideia do que fazer, nem como fazer! Sentia-se impotente, exaurido em suas forças, mas agora, estava consciente de que aquele senhor poderia ser a mão salvadora, que o retiraria de sua condição infeliz!

— Sinto-me perseguido, acuado, torturado e isso é muito real! O que eu fiz de tão errado? Como posso encontrar a paz? – E as lágrimas se derramavam de forma incontida.

Luiza observava com a emoção estampada e o desejo sincero de aplacar toda a dor que ele trazia em seu coração. Pegou sua mão com suavidade e a segurou.

— Rafael, podemos nos redimir quando assim nos propomos, mas nosso objetivo deve ser nobre e sincero. Não podemos mais perder o precioso tempo que o Pai concede para reparação de nossos erros. Precisamos mostrar que nosso arrependimento é verdadeiro, que nossas condutas atuais correspondem a uma nova criatura, caso contrário de nada valerá nosso discurso, quando ele é desprovido de ações renovadas. Não posso dizer que será uma tarefa fácil, mas posso afirmar que é possível a todos que se proporem. Se o passado sombrio nos espreita, solicitando reavaliação de posturas, que possamos oferecer nossa melhor parte, aquela que permitirá que a luz volte a acompanhar nossos passos. – Seu semblante ficou totalmente envolto em luz. Raul e Cadu acompanhavam a conversa amorosa e franca que lá se desenvolvia, com novas perspectivas se delineando.

— *Carlos Eduardo, temos que agilizar os procedimentos. Vamos retornar e orientar Marília em sua tarefa com Olavo. Esse encontro deve ser planejado com todo cuidado. Rafael está em seu tempo de despertar e esse mérito maior lhe pertence.* — Ele sorria para o jovem tutelado, que tinha o olhar brilhante de emoção.

— *Poderia ter feito mais enquanto estive ao seu lado. Seu sofrimento me comove e sinto-me responsável por isso.*

— *Já lhe disse anteriormente: você fez o que sabia e podia fazer. Rafael, também. O tempo pertence ao agricultor, lembra-se?* — E colocou a mão em seu braço. — *Vamos, temos tarefas a realizar.*

Cadu se aproximou do amigo e o abraçou, derramando fluidos salutares sobre ele, que sentiu uma emoção intensa.

Carlos viu a cena que se desenrolou frente aos seus olhos, na realidade espiritual, com atenção. Viu as duas entidades e percebeu que uma delas parecia ligada magneticamente ao jovem encarnado, como se estivessem conectados. Raul, percebendo que ele os notara, acenou com um sorriso e, depois, acompanhado de Cadu deixaram o local.

— Saiba que o Pai Maior jamais desampara um filho amado. Estaremos ao seu lado, meu jovem, oferecendo nosso apoio. Depende apenas de você!

— O que tenho que fazer? — Foi só o que conseguiu falar, apertando fortemente a mão de Luiza, sua companheira fiel e dedicada. Mais do que apenas amiga!

Os dois jovens ficaram ainda mais alguns instantes conversando com o dirigente, que deu novas orientações acerca da assistência que ele iria fazer nas próximas semanas. Em seguida se despediram, ainda com a emoção predominando.

No caminho de volta para casa, os dois estavam silenciosos, mas em paz.

— Como se sente, Rafa?

— Por enquanto, bem. Só não sei se isso irá perdurar. — Olavo se postara ao seu lado desde que deixaram a casa espírita, com suas intenções menos dignas a prevalecer.

— *Vamos ver o quanto isso irá durar!* — E deu uma gargalhada. Os demais companheiros das trevas foram encarregados de novas tarefas, sob o comando de Aurélio. Estavam todos focados na vingança pretendida, e o sucesso, ou não, da empreitada dependeria das posturas que o jovem assumisse dali em diante.

Luiza percebeu que o pessimismo insistia em retornar e foi enfática:

— Lembre-se do que Carlos falou: é sua decisão permanecer nesse padrão negativo e inferior. Cabe a eles instigar pensamentos deprimentes, porém cabe a você permitir que eles se instalem em sua mente. Não deixe que a conexão se estabeleça, reaja a cada momento em que isso for mais intenso. Estou com você! Quer que eu fique com você esta noite? — perguntou Luiza.

— O que vai dizer a seus pais? — perguntou ele com um sorriso.

— Que você precisa de mim! Apenas isso! — respondeu.

— Agradeço, mas preciso aprender a dominar meus temores e inseguranças. Vou pedir para minha mãe dormir no meu quarto. — E deu uma risada leve.

— Por que não? — brincou ela. — Estou falando sério agora. Este será um longo processo, com muitas variáveis, e que necessita de muito foco e ação rápida. Sei o que você tem passado, pois sinto o mesmo quando estou ao seu lado. Porém, não vou desistir de você! Não vou abandoná-lo por nada deste mundo, pois você é meu amor! Jamais se esqueça disso!

— Não quero fazê-la sofrer, Luiza. Você é uma pessoa especial!

— Eu sei, querido! Peço apenas que não se preocupe comigo. Sei o que faço. Tem certeza de que não quer minha companhia essa noite? — insistiu Luiza, assim que eles chegaram na casa dela.

— Vou sobreviver, prometo. Obrigado por tudo!

— Não me agradeça, ainda, Rafa! – sorriu e, antes de sair, o beijou. – Este foi para que você não se esqueça de mim. Durma bem! – E saiu.

Rafael acenou com um sorriso. Ela sabia exatamente o que queria e pensou se não era momento de parar de fugir aos desígnios de seu coração. Luiza era uma jovem muito especial, tinha que convir. Jamais poderia supor que ficariam juntos algum dia. Entretanto, sua presença ao seu lado era o que o estabilizava, que o nutria de confiança e lhe mostrava uma paisagem menos sombria. Vivia um dilema que não tinha perspectiva de solução. Por um lado, a queria por perto, por outro temia pela sua integridade. Por que tudo era tão complicado? A essa pergunta ele ainda não tinha resposta. Seguiu seu caminho de volta, refletindo sobre tudo o que ouvira daquele senhor. Durante todo o trajeto, Olavo o acompanhou de perto, tentando acessar-lhe a mente, que parecia menos receptiva aos seus intentos.

A entidade estava furiosa com essa postura e insistia nesse assédio mental, visando desestruturar o jovem, que parecia mais fortalecido em sua fibra espiritual após o passe daquela noite, ainda que a culpa sempre o acompanhasse. Olavo acreditava que ele se renderia à insinuação mental que ele, ardilosamente, se propunha. Era uma luta sem tréguas e venceria aquele que fosse mais persistente em seus intentos.

Carlos orientara Rafael sobre essa possibilidade, solicitando extrema vigilância de pensamentos e sentimentos. O jovem ainda estava inseguro quanto ao que podia e devia fazer. Nesse padrão de dúvidas, entrou em casa e se deparou com a mãe.

— Eu estava preocupada com sua demora, meu filho! O que aconteceu?

O jovem decidiu relatar tudo o que acontecera, sobre seus temores, sobre a perseguição invisível que estava sendo vítima. No entanto esqueceu-se de um detalhe relevante. Ela acreditaria em suas palavras?

Conforme ele relatava, a mãe ouvia com atenção extrema, porém com o olhar cético quando ele se referia ao mundo espiritual. Sílvia não sabia o que pensar sobre o que ele acabara de contar. E a única coisa que conseguiu pensar era se o filho estava equilibrado mentalmente. Tudo parecia tão surpreendente, que parecia fruto de uma imaginação pródiga. Sabia, no entanto, que não poderia confrontá-lo, pois ele poderia novamente se fechar em seu mundo sombrio e torturado. Mediu as palavras:

– Luiza o acompanhou a esse lugar? Os pais dela têm conhecimento de seus interesses nessa crença? – A pergunta foi como um golpe seco.

– O que quer dizer com isso, mamãe? – Rafael a encarava fixamente. – Não acredita em nada do que falei, pelo que percebo.

– Não falei nada disso, não me interprete de forma equivocada. Não costumo abalizar sobre algo que desconheço. Apenas perguntei se Luiza contou aos pais sobre isso. E não estou tirando conclusões precipitadas, negando o que sequer tenho ideia do que seja. Você conhece minhas crenças, aliás pouco convictas. Não conheço o espiritismo e não posso afirmar absolutamente nada sobre disso. Por esse mesmo motivo fico temerosa em vê-lo frequentando esses locais, que não sei se são confiáveis. Estou apenas o preservando, meu filho. Não sei se isso pode complicar ainda mais sua situação. Você passou por muitas coisas nesses últimos meses, sente-se frágil e confuso. Me preocupa excessivamente esse seu interesse por algo sobrenatural, que pode conduzir a uma superexcitação de sua sensibilidade. – Ela se calou já arrependida de suas palavras.

– Você acha que estou tendo delírios? Tudo o que estou sentindo é fruto de minha imaginação? Ou do meu desequilíbrio mental? Mamãe, uma coisa é você não conhecer algo, outra é atestar que seja desprovido de razão ou mesmo que desejam iludir os incautos. Luiza é uma garota séria, equilibrada, com senso razoável que não permitiria que fosse levada a buscar respostas em local sem credibilidade. Quero ficar bem e ela deseja que isso aconteça, até mais do que eu. Foi ela que me conduziu a esse local, onde fui acolhido e esclarecido em minhas dúvidas e temores. Mas se isso a tranquiliza, o senhor que me atendeu sugeriu que buscasse apoio psicológico, também. Isso significa que a casa é séria e essa doutrina, idem. Não vou ficar discutindo com você, pois estou cansado demais. Vou dormir! – ele foi até ela e deu um beijo em seu rosto, em seguida foi para seu quarto, deixando a mãe estática, sem saber o que fazer.

Sílvia sentiu que aquele era um caminho delicado. Deveria ter pensado mais antes de falar, pois percebera que o filho se fechara novamente em seu mundo. Havia sido uma completa idiota e precisava remediar seu insensato gesto. Foi até o quarto do filho e entrou, sem mesmo bater.

– Rafael, querido, me perdoe! Não tive a intenção de causar mais perturbações às tantas já existentes. Você tem razão, não posso avaliar uma situação sem conhecer todas as suas variáveis. A única coisa que me interessa é vê-lo bem e em paz consigo mesmo. E se esse local pode ajudá-lo a compreender o que está ocorrendo, não falarei mais nada. Prometo! Me desculpe!

Rafael já estava deitado, com o olhar assustado, mas decidiu não revelar o motivo de seus temores.

– Tudo bem, mamãe. Fique tranquila. Não quero causar mais aborrecimentos. Reconheço que sua preocupação não é infundada, mas deixe que eu resolva da minha maneira. Voltarei ao centro espírita tantas vezes forem necessárias e, se quiser me acompanhar, ficarei feliz. Durma bem! – dando a ideia que a conversa estava encerrada.

Silvia percebeu e se dispôs a sair, sem antes dar um beijo – Durma bem, você também. – Ela ia saindo quando se lembrou de algo: – Querido, ligaram do consultório do Dr. Cláudio informando que ele já retornou.

– Ligarei amanhã. Obrigado, mamãe. Boa noite! – E se virou na cama.

A mãe saiu com o coração apertado, sentindo-se estranhamente triste. E mais, responsável por tudo que estava acontecendo com sua família. Ao sair do quarto sentiu fortes arrepios percorrendo seu corpo e estremeceu. O que significava aquilo? Ficar falando de espíritos a impressionara profundamente. Tinha pavor de imaginar o filho frequentando um lugar repleto de pessoas que já morreram. Assim pensava Silvia.

Rafael fechou os olhos e assim permaneceu. Estava incomodado com a sombra que viu ao entrar no aposento, tanto que pensou que fosse o irmão que lá se encontrava. Quando olhou novamente, a sombra desaparecera, mas a sensação de medo persistiu. Lembrou-se de tomar o remédio que o pai de Luiza ministrara. Isso o acalmaria, assim pensou. Passada uma hora, ainda não conseguira dormir, rolando na cama. Decidiu tomar mais um comprimido, mesmo que não fosse essa a prescrição. O que não queria era permanecer acordado a noite toda, imaginando coisas fúnebres e macabras, pois era apenas isso que sua mente podia sustentar no padrão mental que se encontrava. Só conseguiu dormir no meio da madrugada. Enfim!

CAPÍTULO 29
MEDIDAS EXTREMAS

Na manhã seguinte, Rafael saiu cedo para a faculdade. A mãe percebeu semblante tenso que ele ostentava, decidindo nada perguntar. Antes de sair, foi interpelada por Neuza, a serviçal da casa.

– D. Sílvia, Rafael saiu sem comer nada. Ele não está bem, a senhora precisa fazer algo. Ele não brinca mais com Tommy como fazia, o danado sente muita falta dele. Isso só pode significar problemas sérios a caminho. – disse ela com a preocupação na voz.

– Não fale assim, que estremeço! Ele está dentro de um turbilhão de emoções, mas isso vai passar. Assim espero! Faça aquela sobremesa de que ele tanto gosta. Ele ficará feliz! – disse ela com a mesma percepção que Neuza.

– Ele precisa de uma namorada! Alguém que possa cobri-lo de mimos e atenção. Aquela jovem, irmã de Cadu, parece ter interesse nele, não acha? – perguntou com esperança.

— Você não perde nada, não? Luiza gosta muito de Rafael, mas com o temperamento dele, tão instável, não sei se ela dará conta. Bem, tenho que ir ao escritório logo cedo. Se Rafael chegar antes de mim, lembre-o de ligar para Dr. Cláudio. — E se despediu.

Neuza foi até o jardim e brincou com o cachorro que parecia triste.

— Rafael precisa muito de todos nós. E não fique assim, pois essa fase ruim vai passar, você vai ver. — E Tommy deu um uivo que mais parecia um lamento. — Pare com isso, na minha terra isso não é de bom augúrio.

Pensou em fazer a faxina na casa, começando com o quarto de Rafael. Ao abrir a porta, sentiu-se como que impedida de entrar, como se existisse uma barreira invisível. Entrou, mesmo assim, sentindo arrepios por todo corpo. Não gostava disso e pensou que aquele lugar precisaria ser benzido com urgência. Abriu as janelas, deixando o sol da manhã entrar com toda sua potência energética, saneando e higienizando cada canto daquele quarto. Fez uma faxina poderosa, transmutando as energias, para que quando ele retornasse sentisse em paz. Enquanto limpava, fazia suas orações em voz alta. No final proferiu:

— Que Deus possa afastar esses fantasmas daqui. Que a mãe Maria proteja meu garoto, zelando pela sua saúde física e mental. Que ele se fortaleça, Jesus amado! — E saiu de lá fechando a porta.

No interior do quarto, algumas entidades que lá se encontravam sentiram a força da mulher em suas preces e nada tentaram contra ela. Olavo orientara que eles permanecessem por lá todo o tempo, mas como o jovem não se encontrava, decidiram sair para não serem contaminados por aquela energia sutil.

— *Voltamos depois! Até o final do dia isso volta a estar como antes.* — E saíram.

Enquanto isso, Rafael tentava se concentrar nas aulas, o que parecia tarefa impossível. Sua mente divagava, ideias estranhas e perturbadoras estavam presentes dificultando sua concentração. No final da manhã, encerradas as aulas, Roberto foi ao seu encontro.

– O que está acontecendo, Rafael? Mais problemas o atormentam? Vamos tomar um café.

E o jovem acompanhou sem dizer uma palavra sequer.

– Fale alguma coisa – inquiriu o professor. – Posso ajudar?

– Tudo está confuso, e a cada dia a situação parece mais tensa. Esta noite foi um pesadelo. Bem, até seria se eu tivesse dormido, mas custei a conciliar o sono e somente lá pelas três horas consegui dormir um pouco. Talvez minha mãe tenha razão.

– Sobre?

E ele contou sobre a experiência no centro espírita.

– Enquanto eu estava lá, senti-me protegido e em paz. Porém, quando saí de lá, tudo se intensificou. Começo a crer que possa estar tendo delírios.

– Como assim?

– Rafael contou sobre a sombra vista na noite anterior e as demais experiências pavorosas que ele estava vivendo.

– Parece que os espíritos querem me ver totalmente incapacitado e em total desequilíbrio. Sinto-me acuado, perseguido, está sendo uma tortura, devo confessar. Minha mãe cogitou de que o local possa estar me impressionando ou coisa assim. Será que estou tendo alucinações? Isso é possível? E parece que tudo piorou depois que fui a essa casa espírita. – A dúvida se instalara e era isso que faltava para Olavo e Aurélio o assediarem com mais intensidade. Ele deixando de ir ao centro espírita ficaria mais receptivo ao controle que pretendiam exercer.

Roberto jamais falava de suas crenças, aliás ele não tinha muito contato com os alunos para abrir sua intimidade. Com Rafael era diferente. Depois daquela noite!

– Rafael, sinto que você ainda não conhece com profundidade a Doutrina Espírita. Não vou dizer que sou conhecedor abalizado para discutir seus fundamentos, mas conheço um pouco sobre ela. Qual a casa espírita que você foi? – perguntou ele.

O jovem disse o nome do local, olhando um papel que recebera quando tomou o passe.

– Não conheço esse centro pessoalmente, mas tenho algumas informações sobre ele e posso dizer que é um local da máxima seriedade. Não faça julgamentos precipitados, apenas por algumas vezes que lá esteve. Nem creia que tudo piorou quando você começou a frequentar essa casa. Somos muito afoitos em avaliar determinadas situações com as lentes superficiais da nossa ignorância. Essa é uma doutrina séria, fundamentada em postulados filosóficos, embasada na ciência. Parta do princípio de que não podemos julgar com propriedade o que conhecemos apenas superficialmente. O que está acontecendo com você ocorreria estando frequentando lá ou não. Posso afirmar que para tudo há uma explicação, e ela chegará até você quando estiver em condições de compreender em toda sua essência. Não posso obrigá-lo a retornar e dar continuidade ao que iniciou, mas posso garantir que você tem grande parcela a realizar até que tudo se complete. Seu pessimismo é visível, e isso compromete suas defesas. Como médico, posso afirmar que você está num momento delicado, em que sua saúde física e mental está comprometida. Parece, também, que sua parte espiritual está afetada e, sendo assim, não deve descuidar dela, o que significa que deveria retornar lá quantas vezes forem necessárias. É o que eu faria, mas tem que tomar sua própria decisão – disse o professor.

– Você já esteve em um centro espírita? – perguntou Rafael.

– Sim, há muito tempo atrás. Sentia-me completamente perdido, em total desequilíbrio após a morte de minha esposa. Foi um período sombrio, em que minhas forças se deterioraram e eu não conseguia refletir de forma sensata. Já lhe contei o que fiz fruto de minha completa inaceitação da realidade. Tenho de admitir que naquela época eu não estava preparado a conhecer uma crença que acredita na eternidade da alma, afinal eu não aceitava a separação imposta por Deus. Estava rebelde e totalmente refratário a seus postulados. Mas tomei alguns passes e devo confessar que me senti melhor. Quem sabe hoje eu não tenha uma percepção mais madura e possa entender com mais propriedade? – E sorriu com o coração repleto de esperança, que não passou despercebido pelo rapaz.

– Essa alegria tem nome? Creio que tem um bom motivo para estar assim. Vocês dois estão juntos? – O rapaz se referia à Paula, lembrando-se daquela noite especial.

– Sim, e posso afirmar que há muito não me sentia tão leve e feliz. Estou demonstrando de forma tão acentuada? – perguntou Roberto.

– Qual o problema em viver a felicidade? Desejo que isso perdure, vocês são pessoas muito especiais e serei eternamente grato por tudo o que fizeram por mim.

– Pare com isso, Rafael. Você é um jovem com muito talento e não pode desperdiçar a chance que está em suas mãos. Será um excelente médico e fará a diferença onde estiver. Precisa apenas acreditar em seu potencial, ver o que eu já percebi desde que iniciou seu curso. Acompanho o desempenho daqueles que sei que podem vencer nessa árdua profissão. Você sempre esteve sob meu olhar, algo em você me impressionou desde a primeira aula. Talvez seu olhar perturbador, inquiridor...

– Você gosta de desafios, e eu me encaixo nesse padrão – riu o jovem, lembrando-se das muitas discussões que ele estivera presente, desafiando-o com seu intelecto apurado e cáustico.

Nem todos, no entanto, tinham essa mesma percepção e sentia-se avaliado com mais rigor pelos demais professores. Cadu já era diferente, tinha uma postura mais serena e acolhedora, sempre receptiva. Ambos estavam sempre me destaque.

– Devo salientar que você e Cadu eram considerados talentos, necessitando apenas de incentivo e de certo retoque para conter alguns excessos. – Desta vez, foi o professor que sorriu.

— Cadu sempre me superava, e isso era fato incontestável. Seria um grande médico. – E seu olhar entristeceu à simples menção do nome do amigo.

— Tudo é como deve ser, meu jovem. Não queira contestar Deus em seus desígnios. Será uma batalha inglória e, creio, que já percebeu isso – afirmou, colocando a mão em seu ombro.

— Tudo seria diferente se ele estivesse aqui– Rafael disse num lamento.

— Certamente, porém o seu caminho, ele jamais poderia seguir. Essa condição lhe pertence e deve aproveitá-la com mais rigor. Sabe do que estou falando. – dessa vez o olhar do professor estava sério. – Sua vida lhe pertence e até pode, hoje, não saber o que fazer com ela. Porém, deve percorrer cada passo dessa caminhada usufruindo do aprendizado que a vida lhe proporcionará. Faça isso por você! Creio que seria isso que Cadu lhe diria se aqui estivesse. – Roberto procurava incentivar Rafael, que abaixou o olhar e assim permaneceu por alguns segundos.

— Sei que está com a razão, mas me sinto tão exaurido, sem forças para enfrentar tudo oque tenho de resolver. Minha vida está em questão e preciso ter o controle sobre ela. E é isso que não estou conseguindo, Roberto. – disse com convicção.

— Você tem todos os recursos nas mãos, precisa apenas priorizá-los e colocá-los em ação. Respeite seu próprio tempo, rapaz. Creio que este seja seu maior empecilho. Quer resolver tudo no seu tempo e da sua maneira. Não é assim que funciona, posso lhe garantir. Faça a parte que lhe compete. Se neste momento o centro espírita pode lhe trazer serenidade, o que mais você carece, continue a frequentá-lo. Busque também outros recursos disponíveis, como a terapia transformadora, mas essencialmente, não espere o aval das pessoas para cada ação que empreender. Faça aquilo que seu coração determinar. E siga seu caminho, jamais se esquecendo de que não está sozinho nessa empreitada. Conte com aqueles que o amam, pois isso faz grande diferença.

Rafael sorriu mais confiante após as palavras de incentivo e agradeceu:

— Obrigado, Roberto, já me sinto melhor após conversar com você.

— Tem um amigo que sempre poderá contar. — E ofereceu um afetuoso abraço. — Agora, chega de lamentações, é vida que segue.

— Vou comer um lanche com Luiza, que já está bem ao seu lado – disse sorrindo.

— Não quero interromper nada – disse ela sorridente.

— Já finalizamos nossa conversa – disse Roberto se levantando. – Cuide bem desse jovem. — E, sorrindo, saiu a caminhar.

— O que você disse a ele sobre mim? – perguntou Luiza.

— Que você era minha babá e que não desgruda de mim um só instante – disse o jovem sorrindo. — E desta vez foi ele que a beijou com carinho.

— Estamos progredindo – disse ela com um sorriso vitorioso no olhar.

— Não sei se estou confundindo as coisas, mas ao seu lado tudo parece mais sereno e menos sombrio. Preciso muito de você! – Havia algumas lágrimas em seu olhar. — Está tudo tão difícil!

Ela o abraçou com toda energia amorosa e assim permaneceram.

— Isso vai passar, confie em mim! Tudo tem seu tempo certo! Acredite que o aprendizado que surgirá após toda essa situação será construtivo. Estarei com você, sempre!

— Agora tenho convicção que isso é verdade. Não sei se mereço...

— Meu querido, conheço você desde criança e ficava a construir meus castelos encantados, onde você era o príncipe que iria me salvar de todo mal. Sabia que você sempre cuidaria de mim, em qualquer situação. E jamais deixei de acreditar em meus sonhos!

— Só que seu conto de fadas está às avessas, pois você que está ao meu lado me protegendo, zelando por minha integridade, cuidando de mim! É até cômico.

— Não vejo sob essa ótica, Rafa. Creio que estamos juntos com um propósito e, se hoje estou a lhe proteger, como pensa, sei que faria tudo isso, ou mais, para me ver feliz! É um processo que vivemos juntos, partilhando experiências, ora um cuidando de um, ora o outro. Já parou para refletir?

O jovem ficou silencioso, entendendo onde ela queria chegar.

— Entendi o recado, porém devo admitir que essa possibilidade nunca esteve em meus planos. Sempre a vi como uma irmã, sabe disso. Não sei o que aconteceu, e remexeu tudo deixando minha vida tão confusa. De uma coisa eu sei: não posso permitir que nenhum mal lhe atinja. Você é muito especial para mim! – E a olhou fixamente.

— Você sabe o nome que dou a essa relação conflituosa. Quer que eu fale?

— Gostaria de ouvir você falar. – E segurou suas mãos.

— É amor, Rafa. Um amor que não sei quando se instalou em meu coração, fincando suas raízes de forma firme, como uma passagem da Bíblia que eu adorava escutar desde pequena: "construir sua casa sobre a rocha". Acredito que construí nosso amor em bases sólidas em meu coração, mesmo que eu tenha iniciado essa construção sozinha, sem sua aprovação. Sabe que sou assim e quando decido algo...

— Sei muito bem, pois a conheço desde sempre. E agradeço sua resolução de cuidar sozinha dessa construção, mas creio que seja o momento de ajudá-la na finalização da obra, não acha? – disse o jovem com a confiança no olhar.

— Já estava na hora de assumir esse compromisso – disse ela, beijando-o com amor e, desta vez, foi retribuído na mesma intensidade.

Alguns alunos que estavam no refeitório aplaudiram o gesto realizado no meio do mesmo, e com toda a plateia aprovando. Os dois, timidamente, sorriram e agradeceram.

— Bem, vamos comer um lanche rápido, pois tenho a tarde toda de atividades – disse Rafael, sorrindo e abraçando Luiza, que não se continha de felicidade.

– Vamos!

Tudo estava sendo observado atentamente pelos desafetos do rapaz, em especial por Olavo, que a cada dia aumentava sua ira e ampliava seu desejo de vingança. Com um sorriso sarcástico no olhar disse:

– *Essa felicidade tem prazo de validade e está se expirando, meu caro! Não pense que irá usufruir por mais tempo! Esses dias estão contados, e em breve iremos nos defrontar e poderá comprovar o peso da minha fúria. Você não será feliz, entendeu bem?* – E gritava com toda energia tentando atingir Rafael, que, naquele momento, com seu padrão elevado, parecia não assimilar essas energias deletérias. – *Minha menina está infeliz, e assim será por toda a eternidade por sua culpa! Você não tem o direito à felicidade! Jamais!*

E chamou seus asseclas dando novas orientações. Quando ficou sozinho, postou-se ao lado do jovem e continuou o assédio. Ele tinha todo o tempo do mundo e não desistiria de seus intentos até que ele tomasse a atitude drástica que Olavo desejava: tirar sua vida. E sorriu, ante a perspectiva sombria que se delineava em sua tela mental.

– *Você será tão infeliz quanto Marília! É o que merece! Que a dor acompanhe seus passos por toda a eternidade!*

Assim que Luiza o deixou, Rafael sentiu-se inseguro novamente. Ele teve uma tarde intensa de atividades, mas seus pensamentos estavam novamente desordenados e instáveis. Saiu mais cedo e voltou para casa, com a sensação que alguém o acompanhava de perto. Assim que entrou em casa, Neuza deu o recado que Sílvia solicitara.

– Vou ligar mais tarde – disse o jovem sem muita convicção.

– Vai ligar agora mesmo. Vamos! – disse Neuza, que o conduziu até a sala e esperou que ele fizesse a ligação para o médico.

– Satisfeita? – perguntou. – Marquei para esta semana ainda.

— Sim, e faço isso porque gosto muito de você. Não me interprete como uma pessoa indiscreta, mas algo não está bem e você tem consciência disso – disse ela.

O jovem a abraçou e disse em seu ouvido:

— Você nunca será indiscreta, pois sempre será minha amiga e salvadora!

E foi para seu quarto. Neuza ia dizer algo sobre o quarto, sobre o que sentira quando lá esteve, mas decidiu nada falar para não impressioná-lo.

Assim que entrou, jogou-se na cama. Precisava dormir um pouco, sentia-se exausto pela noite mal dormida. No entanto, Olavo lá se encontrava para impedir seus planos, enviando pensamentos intermitentes, a maioria deles de baixo teor, tentando desarmonizar ao máximo suas estruturas cerebrais.

Rafael rolava na cama, tentando afastar as ideias que insistiam em permanecer em sua mente. Ele tentava seguir as orientações de Carlos, o dirigente do centro espírita, mas nada surtia efeito. Ele estaria enlouquecendo? Seria um surto psicótico? Essas ideias o atormentavam, e dessa forma, não conseguia entrar em estado de relaxamento, que antecede o sono físico. Olhava o vidro de remédios ao seu lado e sentiu-se tentado a ingerir um comprimido para aliviar a tensão. E assim fez!

No entanto, nada aconteceu no prazo de quase uma hora. E decidiu tomar mais um! Tudo sob o olhar atento de Olavo, que se comprazia em vê-lo naquele estado.

O jovem ficou tentado a ligar para Luiza, mas precisava lidar com suas próprias emoções. Precisava se acalmar e resolver os problemas em sua vida. A tensão o invadiu e o pânico se instalou. Algo o impelia a olhar insistentemente para o remédio em sua mesa de cabeceira. Se tomasse mais um, talvez ele conseguisse dormir. Essa ideia martelava em sua cabeça e assim procedeu, ingerindo mais um.

Meia hora depois, nada tinha acontecido. Ele sabia que o remédio faria efeito em algum momento, mas por que a demora? Essa pergunta não tinha uma resposta efetiva. O desespero era iminente, e Rafael não sabia o que poderia acontecer, caso perdesse o controle.

Começou a andar pelo quarto tal qual um animal enjaulado, em total descompasso, sob o olhar de Olavo que estava em profunda satisfação. E persistia na emissão mental...

Rafael pegou o vidro de remédio, abriu e espalhou os comprimidos pela cama, olhando fixamente com ideias nada alentadoras. Pegou alguns na mão e ia colocar na boca, quando um livro caiu inesperadamente, tirando-o do torpor que o consumia. No mesmo instante, vários porta-retratos foram ao chão, e ele ouviu um grito de fúria. Seu corpo enrijeceu e ficou em pânico. Colocou os remédios de volta no vidro e saiu do quarto de forma intempestiva. Correu pela casa vazia e foi até o jardim, sentando-se próximo ao seu fiel companheiro, Tommy. Seu coração estava acelerado e suava frio. O cachorro olhava para ele como se o analisasse, levantando as orelhas sem emitir qualquer som. Em seguida, abanou o rabo mais tranquilo e se aproximou do jovem.

— Que está acontecendo comigo? Estarei enlouquecendo? — E o cachorro lambia seu rosto como a lhe dizer que estaria com ele em qualquer situação.

Aos poucos, Rafael foi se acalmando e respirando profundamente, tentando entender o que acabara de acontecer. O livro caíra, assim como os porta-retratos. E ele não tinha feito nenhum movimento para provocar isso. Algo misterioso e assustador!

CAPÍTULO 30

SONHO REVELADOR

O que realmente aconteceu naquele quarto? Essa pergunta o atormentava e Rafael não tinha uma explicação plausível. Melhor seria manter em segredo, caso contrário, pensariam que ele estava definitivamente enlouquecendo.

Os pensamentos em desalinho prevaleciam e ele estava temeroso de retornar ao seu quarto. Já tinha anoitecido, e a casa estava silenciosa. Procurou se acalmar e só depois decidiu entrar. Passou pela cozinha e, assim como os demais cômodos, estavam às escuras. Começou a acender todas as luzes para espantar o medo que o acometia. No caminho de seu quarto, sobre uma mesa, estava um bilhete. Enquanto lia, sentiu o pavor o dominando. Ele dizia que os pais, assim como o irmão, tiveram um imprevisto e precisaram viajar a trabalho. Retornariam no dia seguinte.

Rafael sentiu o pânico se instalando e decidiu que não ficaria sozinho naquela casa. Dirigiu-se até seu quarto e ao acender a luz, viu os porta-retratos no chão, assim como o livro que estava em sua cabeceira. Como foram parar lá? Estremeceu e saiu apressado de lá. O que faria? Jamais sentiu tanto medo como naquele instante!

E, num impulso, ligou para Luiza, porém não conseguiu falar com ela. O que fazer?

Num dado instante, sentiu como se alguém colocasse a mão em sua cabeça porém não sentiu medo algum. Fechou seus olhos e naquele momento, pediu ajuda a Deus.

– Sei que não mereço sua atenção por tantos atos indevidos que já cometi, mas não me deixe enlouquecer, Deus! Me ajude, eu lhe peço! – Suplicou.

– *Pare de falar com Deus! Ele não vai ouvi-lo! Você não merece o auxílio divino, hipócrita! Você cometeu tantos erros e depois chora pedindo perdão!* – Olavo gritava a altos brados. E em sua fúria, derrubou um quadro da parede, que espatifou fazendo grande barulho. A entidade gargalhava, conseguindo seu intento.

Rafael ficou estático, sem conseguir se mover, tamanho o pavor que sentia. Correu para o quarto e pegou o vidro de remédios, ingerindo todos de uma só vez. Em seguida, voltou à sala e, em total desequilíbrio, começou a gritar com o vazio:

– Pare de uma vez! O que você pretende? Me enlouquecer? O que eu lhe fiz? – e chorava.

Olavo, por sua vez, continuava a gritar impropérios, que, apesar do jovem não ouvir as palavras, sentia-se profundamente infeliz e acuado. Era uma tortura que aquela entidade o submetia, como se estivessem frente a frente, tal era a conexão que se estabelecera entre os dois.

– *Eu o verei no inferno! E em breve! Minha vingança está quase consumada. Aceite seu destino e será menos doloroso!* – Olavo o mantinha sob seu jugo e Rafael não tinha forças para sair daquele padrão mental.

A única coisa que conseguia pensar era que se ele morresse tudo se encerraria. Ideias que o seu obsessor insistia em enviar à sua invigilante mente, induzindo-o a cometer um ato reprovável.

Rafael já estava dominado por Olavo, que se comprazia com a perspectiva do cerco se fechando. Faltava muito pouco para sua vingança ser finalizada! Porém, a entidade vingativa se sentia vigiada por olhos invisíveis, os mesmos que estiveram no quarto de Rafael momentos antes. Olavo sabia que sua vítima era auxiliada por companheiros espirituais superiores, cuja presença ele já detectara, com o intuito de atrapalhar seus planos. Entretanto, ele também não estava sozinho nessa empreitada, com Aurélio e outros dando a ajuda necessária. Dessa vez, ele não se safaria, essa era sua certeza! E persistia no envolvimento mental ao jovem, que ainda resistia, mas de forma precária.

Cadu e Raul lá estavam, percebendo o quanto a situação se agravava. Rafael estava a um fio de perder o pouco equilíbrio que mantinha.

— *Temos de fazer algo!* — dizia Cadu com o semblante tenso. — *Olavo não irá desistir.*

— E arcará com a responsabilidade por seus atos perante a Justiça Divina — disse Raul.

— *Mas poderá ser tarde para Rafael. Preciso ajudá-lo!* — insistia Cadu.

— *Acalme-se e confie mais! Sabíamos que isso poderia ocorrer. Nenhuma ajuda é mais significativa do que a que cada um empreende em seu próprio favor. Ele precisa realizar a parte que lhe compete, pois só assim irá valorizar o auxílio recebido. Súplicas direcionadas aos céus, sem que o esforço do trabalho individual seja realizado, não produz resultados efetivos. Você, mais que ninguém, sabe que isso é verdadeiro. Sem trabalho, sem determinação, sem aceitação da própria imperfeição com vistas à renovação íntima, em nada favorecerão a criatura, mantendo-a nos mesmos patamares de dor que a conduziram a tal condição. Como réu confesso que é, trazendo a marca do infortúnio gravada em seu perispírito, Rafael necessita de uma ação transformadora e imediata, pois só assim irá resistir ao assédio que hoje sofre pelas mãos desse invigilante irmão. Lembre-se de que qualquer ação insensata que ele oferecer irá, apenas, provar que ainda necessita aprender várias lições. E você não tem parcela alguma de responsabilidade sobre isso. Sejamos cautelosos e previdentes. Vamos, sua irmã foi inspirada a vir até aqui. Ela cuidará dele. Façamos a parte que nos compete.* Vamos!

Cadu se aproximou do amigo, que estava transtornado, e colocou sua mão sobre ele.

– *Meu amigo, resista! Lembre-se de tudo o que já aprendeu!* – E ambos deixaram o ambiente, partindo para novas tarefas.

Rafael começara a ficar sonolento em função das pílulas que tinha ingerido. Teria feito uma loucura? E agora?

Nesses questionamentos vagos e confusos, ouviu a campainha tocar. Tentou se levantar e não conseguiu. Com muito esforço, caminhou até a porta e a abriu. Viu a figura de Luiza e a chamou. Instantes depois, ela entrava com a expressão preocupada. Vendo o estado em que ele se encontrava, correu para o quarto, retornando com o vidro de remédios vazio nas mãos.

– Que loucura você fez? – disse ela sacudindo-o com força. – Você quer morrer? Se é isso que pretende fazer, me avise, pois estou fora, entendeu? – Ela estava furiosa. Pegou o telefone e estava ligando para seu pai, quando ele implorou:

– Não faça isso, eu lhe peço! Não ligue para seu pai! Foram só algumas, eu garanto. Queria apenas dormir e que essa perseguição acabasse. Não conte a ninguém!

Luiza desligou o telefone e correu em sua direção, levando-o para o banheiro, fazendo-o eliminar as pílulas ingeridas, forçando o vômito. Rafael assim fez e em alguns minutos estava sentado no chão do banheiro, com as mãos no rosto completamente exaurido.

A jovem ficou ao seu lado todo o tempo, em seguida foi buscar um copo de água, que ele bebeu com avidez. Estava constrangido perante Luiza, sem palavras que pudessem expressar seus sentimentos.

— Por que está fazendo isso com você? Não entende que necessita ter paciência e que tudo isso irá melhorar? Essa perturbação irá amenizar, mas você precisa fazer sua parte. Lute com todas as suas forças para sair desse padrão mental, querido! É o que pode fazer. Lembre-se das palavras de Carlos: vigilância constante e muita perseverança. Não sei o que você fez em outra vida, mas é óbvio que nenhuma perseguição acomete um inocente. Portanto, aceite que deve algo a alguém, pois isso irá facilitar o processo. Por que comete tantos desatinos? E se eu não viesse até aqui, o que de trágico poderia ocorrer? Sua vida é seu bem mais precioso e não a está valorizando-a como deveria. Como poderá ser um médico agindo assim de forma tão intempestiva? Não se preocupa com você e com ninguém que o ama!

As palavras soaram como torpedos poderosos atingindo-o diretamente, sem possibilidades de defesa. Ela estava certa, e ele, errado, como sempre!

— Não quero enlouquecer! Sinto que estou a um passo disso! Não consigo mais dormir, pois minha mente não para um instante sequer. Pensamentos que não são meus, mas que insistem em permanecer e me dominar. Tomei as pílulas para poder dormir um pouco. Sei que poderia ter acontecido algo mais grave. Me desculpe! – Sua voz era apenas um sussurro, carregada de imensa dor.

— Pare de dizer asneiras, querido! Você não vai enlouquecer. Isso é apenas reflexo do que eles querem que acredite. Você ouviu Carlos naquela noite. Pensei que tivesse compreendido isso. É exatamente o que estão tentando fazer, desestabilizá-lo, minar sua resistência com esse assédio persistente. Você precisa ser forte!

— Como? Objetos caem à minha volta, ouço gargalhadas e sinto-me vigiado todo o tempo. Essa perseguição está acabando comigo! Se pretendem que eu acredite na minha loucura, estão obtendo êxito! Isso está sendo insano!

Luiza o abraçou fortemente:
— Estou ao seu lado e acredito em você! Sempre! Não vou deixá-lo sozinho! Vamos fazer uma prece juntos? Vai aliviar seu coração e a paz voltará a te acompanhar. Vamos?

Ele apertou a mão da jovem e fechou os olhos, enquanto ela proferia uma sentida prece ao Pai Maior, pedindo proteção e amparo nessa delicada hora, quando as provações se intensificam e nossas forças espirituais vão se esvaindo, na mesma proporção.

Enquanto ela orava, luzes intensas preencheram o local, envolvendo, acalmando e nutrindo os jovens de novas esperanças.

Olavo se enfureceu e saiu de lá aos brados. A luz sempre afugenta as trevas, esse é um fato inquestionável!

— *Essa garota intrometida novamente querendo atrapalhar meus planos. Vamos, ele já está dominado!* — E saiu acompanhado de seus asseclas.

A paz voltou a dominar o ambiente, e Rafael sentiu-se melhor.

— Tente dormir um pouco. Vou fazer um chá para nós. Quer comer algo? Onde estão todos desta casa? — perguntou Luiza. E então Rafael lhe contou sobre o bilhete da mãe. — Eu estava no estágio e só vi depois sua ligação. Algo me trouxe até aqui, e acho que foi mais do que providencial. Sente-se melhor? — O jovem assentiu e forçou um sorriso. — Vou ligar e avisar que ficarei aqui esta noite. Não tente me impedir! — disse ela com as mãos na cintura, mostrando que já tomara sua decisão.

— Quero que fique aqui comigo! — disse ele, abraçando-a.

— Até que enfim rendeu-se a mim! — brincou ela. — Tenho algo a lhe explicar que creio que o deixará mais tranquilo. Ou não! — e sorriu.

— Sobre o quê? — questionou o jovem.

— Com relação a esses eventos que têm ocorrido com você. Perguntei a Raquel, e a explicação dela faz todo o sentido. Quando estivemos no centro espírita, fazendo assistência, tomando passe, perguntei se os trabalhadores de lá tinham todos a mesma sensibilidade mediúnica. Ela me explicou que eles são médiuns, intermediários entre as duas realidades, material e espiritual. Disse que existem mediunidades diversas, assim como existem os mais variados tipos de médiuns, cada um com sua aptidão. Bem, a conversa é longa e vou me ater a um tipo de médium, que é o que nos interessa no momento:os de efeitos físicos. Esses médiuns são doadores de fluidos que os espíritos se utilizam para poder movimentar e deslocar objetos, provocar ruídos, tudo o que está acontecendo com você. Isso significa que você pode ser um médium doador de fluidos, uma aptidão sua da qual eles se utilizam para causar todos esses transtornos, deixando-o perturbado e fragilizado. É o que ele deseja que aconteça, assim se torna um alvo mais fácil. Esqueça a possibilidade de estar enlouquecendo. – E sorriu para ele, acalmando-o.

– Se isso estiver acontecendo, não tem como impedir? – perguntou Rafael.

– De acordo com Raquel, essa doação de fluidos ocorre de forma espontânea. Talvez o que se possa é controlar isso, mas não impedir que aconteça. Daí a minha insistência em conhecer com mais profundidade essa doutrina. Creio que isso lhe fará bem.

– Não sei, tenho muitas dúvidas. Isso se acentuou quando passei a frequentar aquele lugar. Não pode ter sido coincidência. Desde então, tudo se intensificou.

– Não pense assim. Aquele lugar só me fez bem, mostrando-me uma realidade que desconhecia e que explica muitas incertezas que trazia em meu íntimo. – disse Luiza.

– A questão é que estou com medo! Não sei o que mais pode advir! – O rapaz estava aterrorizado, o que a deixou sensibilizada.

– Pare com isso, querido. Tudo vai passar, confie em mim! Estarei com você!

Os dois jovens se abraçaram e foram à cozinha. Prepararam um lanche, e ela fez um chá para que ambos se acalmassem das emoções vivenciadas.

Rafael não queria ficar em seu quarto, resolveram ficar na sala. Em questão de minutos, ambos estavam adormecidos. Luiza se viu fora do corpo e sentiu-se levada por mãos invisíveis para um local desconhecido.

Ela caminhava por um jardim muito florido e não via ninguém por perto. De repente, viu um vulto se aproximando e, mesmo sem saber quem era, não sentiu medo.

Quando estava bem próximo, pôde ver as feições sorridentes do irmão. Correu a abraçar Cadu e assim permaneceram por longos instantes.

– Cadu, que saudade! Você está bem? Quanta falta você faz! Quero saber tudo, não me esconda nada! – Ela estava ansiosa por notícias, e ele apenas sorria.

– *Estou bem e isso é o que importa, maninha querida. Também sinto sua falta! Mas assim tinha de ser, pois fazia parte da programação que realizei.*

– Não entendo o que isso significa, mas sei que você precisava ficar mais tempo! Sinto tanto a sua ausência! – E abraçou-o novamente com todo amor.

– *Eu sei, minha querida, mas tudo ocorreu conforme o previsto. Retornei no tempo certo, nem antes, nem depois. E, se isso a deixa mais tranquila, foi tudo sem sofrimento. Meu mentor me aguardava, e o desligamento foi sereno e rápido. Há muito queria lhe falar, Luiza. Preciso muito de seu auxílio, e você sabe a quem me refiro.*

A jovem abaixou o olhar e sentiu-se desconcertada. Teria de falar que estava apaixonada por Rafael, mas o que ele acharia disso? Cadu riu dos pensamentos dela.

– *Sei que você e Rafael estão juntos e essa foi sua programação, realizada com um propósito que o véu do esquecimento a impede* de lembrar. Porém, na hora certa, tudo ficará límpido e compreenderá os motivos de tal união. Por ora, saiba que aprovo a sua decisão. Sei que o ama intensamente e tudo fará para seu reequilíbrio, que está comprometido por companheiros invigilantes e vingativos. Será um longo caminho a percorrer na reabilitação de Rafael, e ele precisa de você. É um processo doloroso, no qual ele precisa quitar dívidas do passado para que possa restituir a paz a alguns irmãos a quem feriu profundamente. É certo que quando magoamos alguém, somos os primeiros a ser contaminados com essa emoção inferior, que nos envenena e nos traz tantos sofrimentos. Ele falhou muito, e a correção será a única forma de se redimir perante seus desafetos, que ora o perseguem. Ele está num momento crítico que requer todo auxílio possível. Insista para que ele a acompanhe nessa casa espírita. Muitas surpresas estão previstas, que podem modificar o rumo dos acontecimentos. A presença dele será essencial para que isso possa ocorrer. Conto com você, minha irmã. Tem habilidades que desconhece e fará toda a diferença. Confie em mim!

— Você sabe que nunca o decepcionei! Em tempo algum, meu querido! Sempre foi o meu exemplo, e procurei seguir seus passos com a certeza de que a luz estaria me conduzindo. Farei tudo para Rafael se reequilibrar. Ele sente tanto sua falta!

— E eu a dele! Muitas vidas seguindo caminhos semelhantes, se traduziram na mais leal e sincera amizade entre dois seres. Estarei sempre ao seu lado, mesmo estando neste lado da vida — e sorriu cheio de esperança.

— Quando poderei vê-lo novamente? – perguntou Luiza.

— Assim que for possível, maninha! Sinto saudades de todos meus familiares queridos que tanto me auxiliaram nessa jornada terrena. Sou eternamente grato ao Pai por ter me proporcionado uma família tão especial. Amo vocês! E você, faça como combinamos.

— Já lhe disse que jamais o decepcionarei. Vou me lembrar deste nosso encontro? – questionou ela tristonha.

— *Lembrará o que for possível, mas terá a certeza de nosso reencontro. Amo você!* — E a abraçou mais uma vez sentindo-a tão próxima.

Luiza ia dizer algo, mas sentiu-se puxada para seu corpo físico. Algo a despertara subitamente. Havia sido o grito de pavor de Rafael que acordara sobressaltado.

— O que aconteceu? — ele tremia e suava frio.

— Ela me chamava para ir ao seu encontro! Era Mônica! Ela estava chorando e disse que não queria ficar sozinha naquele lugar escuro. Queria que eu a ajudasse a sair de lá. Ela tocou meu braço e acordei em pânico. Não quero isso para mim! — E as lágrimas escorriam por seu rosto, deixando Luiza sem saber o que fazer.

— Foi um pesadelo apenas. — Ia se levantar para pegar um copo de água, mas ele a segurou com firmeza, denunciando o pavor que o acometia.

— Fique aqui! Não quero ficar sozinho! Tenho medo! E se ela voltar? — Luiza tentava acalmá-lo, mas nada surtia efeito. Entrou em prece silenciosa, pedindo a Cadu que a ajudasse. E a lembrança assomou! Ela estivera com ele! Havia sido um sonho maravilhoso! Não se lembrava dos detalhes, mas sentiu que o abraçara fortemente e depois o deixara. Mas onde ele estava? Não importava, ela o tinha visto e isso bastava.

— Acalme-se, eu lhe peço. Você precisa reagir. Amanhã falarei com Carlos novamente. Ele precisa nos ajudar! Agora, deite-se e deixe que eu cuido de você.

Ela elevou seu pensamento e mentalizou a figura de Jesus ao lado do jovem, provendo-o dos recursos necessários que o tirariam daquele padrão mental inferior. Sentia-se tolhida, também, como se alguém quisesse impedi-la de orar, pois assim a paz retornaria a ambos e isso não estava nos planos de Olavo. Esforçou-se mais ainda, pedindo com a firmeza da fé e a confiança no Deus misericordioso jamais abandonando um filho aflito, mesmo que ele seja devedor perante sua lei. Conforme elevava seu pensamento, sentia-se mais confiante e serena e, Rafael conseguiu se acalmar e adormecer.

Luiza perdeu totalmente o sono. Levantou-se silenciosamente, indo em direção ao quarto do jovem. Estremeceu ao entrar, sentindo que uma energia maléfica lá se instalara. Fez uma prece em voz alta, pedindo aos companheiros da luz que cuidassem de Rafael, zelando por sua segurança física, emocional e espiritual. Sabia que a situação estava crítica para ele, no limite das suas forças, com amplas possibilidades de uma crise nervosa ocorrer. Lembrou-se de anos atrás, quando algo semelhante ocorreu com o jovem, mas Cadu estava por perto, dando a sustentação de que ele necessitava. Por muito pouco, ele não foi internado naquela ocasião. Será que a obsessão já estava presente desde então? Com o conhecimento da Codificação Espírita que agora possuía, mesmo que ainda restrito, percebia como somos influenciados pelo mundo invisível, sejam eles da luz, como das sombras. Rafael tinha uma sensibilidade apurada, mas sua instabilidade emocional o fragilizava, permitindo que companheiros invigilantes e ainda tentados a executar seus planos de vingança o assediassem, causando todos os transtornos que agora eram visíveis. Ele precisava de toda a ajuda possível, essa era sua certeza! Seria uma longa noite, e ela teria uma grande batalha pela frente.

CAPÍTULO 31

ENCONTRO REVELADOR

Definitivamente, a noite fora longa para Luiza, que decidiu cuidar de Rafael não dormindo um instante sequer. Viu o dia amanhecer, um espetáculo grandioso que sempre a emocionava. Assim que o sol entrou na sala, Rafael abriu os olhos e viu o rosto sorridente da jovem, que perguntou:

– Como se sente?

– Consegui dormir, se é isso que deseja saber. No entanto, sinto-me ainda exaurido, sem energias, como se as tivesse despendido num trabalho braçal intenso. E você?

– Fiquei acordada cuidando de você. Daqui a pouco Neuza vai chegar, e precisamos cuidar dessa bagunça. Me ajude! – E levantou-se colocando cada coisa em seu lugar, deixando a casa arrumada para que nada denunciasse o caos que se tornara na noite passada. – Diga que os porta-retratos se quebraram por acidente.

O jovem estava silencioso, ainda constrangido pelo gesto impulsivo da noite passada.

— Luiza, se isso lhe serve de consolo, me arrependi do que fiz e prometo ser mais ponderado em minhas ações.

— Não prometa o que não pode cumprir, querido. Aceite que está passando por um momento difícil e que precisa de ajuda, seja ela qual for. Isso é o que gostaria de ouvir de você. — Ela estava séria e decidida. — Temos de resolver esse problema quando ainda é contornável. Não quero receber um telefonema tal qual você recebeu semanas atrás, dizendo que algo trágico ocorreu. Entendeu? Eu amo você e pretendo viver ao seu lado por toda essa existência. Mas isso só irá ocorrer quando você resolver todas as pendências que o impedem de gerenciar sua vida de forma integral. Essa decisão lhe pertence, Rafa. Pense nisso! Quero ajudar, mas nada valerá se você não desejar o mesmo. Ajude-se, faça tudo ao seu alcance, pare de sentir-se a vítima e reaja!

O jovem ouvia as palavras sensatas de Luiza e sabia que eram fundamentadas na razão, porém sentia-se uma criatura muito imperfeita. Não sabia se corresponderia aos anseios dela. Abaixou a cabeça em sinal de impotência e, em seguida, proferiu:

— Você tem razão, porém sou um fraco. Não quero arrastá-la comigo nessa viagem atormentada e infeliz. Não a mereço, já lhe disse. Siga seu caminho, você merece alguém melhor do que eu ao seu lado. Me desculpe!

Luiza foi até ele e o sacudiu com força:

— Você não entendeu nada! Pare com isso! Não vou desistir de você, será que não entende? Você é meu amor e só desejo seu bem-estar, caso contrário não faria tudo o que já fiz! Pare com tanta lamentação, pois isso não muda o panorama da sua vida. Pare de sentir-se um ser inferior, sem possibilidades de redenção. Não é assim que funciona! É preciso ação incessante, buscando alternativas para a resolução desses impasses que ora estão presentes. Vou repetir: amo você e estarei ao seu lado sempre!

Ela o abraçou e o beijou com a força de seu amor há tanto tempo contido. Ele retribuiu com a emoção instalada em seu coração, sentindo que valeria a pena lutar por ela e superar todos os problemas, toda perseguição, toda perturbação. Por ela, ele faria tudo ao seu alcance, pois só assim a mereceria.

Instantes depois, Neuza chegou e se deparou com os dois tomando café. Abriram um largo sorriso quando a viram. Ela pensou em perguntar algo, mas se conteve. Rafael foi mais ágil e disse:

— É isso mesmo que está pensando. Estamos juntos! — disse o jovem sorrindo. — Não era isso que você tanto sonhava?

— Você precisa de alguém que o ame e cuide de você. Mas, Luiza, devo alertar que ele não é uma pessoa fácil. Se quiser, tenho muitas dicas que podem ajudar.

— Certamente vou precisar. Conto com você!

Os três passaram a conversar sobre amenidades, tentando afugentar a tensão que insistia em permanecer.

— Vá para casa dormir um pouco. Pego você para almoçar, combinado? — Ele tentava reagir e isso estava surtindo efeitos positivos. Precisava espairecer e estar com ela era o que o fortalecia.

— Combinado, desde que formos ao centro espírita à noite — disse ela.

— Já lhe disse que faremos do seu jeito. — E o olhar dele estava em paz, como há muito não acontecia.

Olavo, por sua vez, atento a todos os acontecimentos, não se continha em sua fúria. Tentava estabelecer a ligação mental com Rafael, mas sentia grande dificuldade. E, com os planos de retornarem ao centro espírita, isso iria dificultar ainda mais. Precisava agilizar e pensar numa alternativa. Chamou Aurélio e os demais.

— *A situação que parecia garantida, agora não mais se encontra. Precisamos usar de métodos mais invasivos e potentes. Convoque reforços, não podemos perdê-lo, já estando tão próximos de executar nossa vingança. Temos de neutralizar essa jovem* – disse Olavo.

– *Não sei se será uma alternativa* – disse Aurélio, sentindo que não podia fazer mal àquela jovem, sem entender os motivos para tal.

– *Posso saber o motivo?* – disse o primeiro sentindo que o outro estava reticente. – *Pensei que desejasse o mesmo que eu! Vingar-se desse crápula E tudo que ele lhe fez, já esqueceu?*

– *Não. Apenas acho que temos de utilizar outros métodos. Ele é nosso desafeto, não ela. E se ela fosse sua filha?* – ele sabia como atingi-lo.

– *Mas não é! E se estiver com restrições a atentar contra ela, me avise, pois designo outro para o serviço.* – Olavo estava com a decisão tomada.

– *Não, eu mesmo faço. Vou retirá-la de perto dele. Dê-me apenas um tempo.*

– *O tempo é tesouro precioso, e não sei se o temos à nossa disposição. Seja rápido e certeiro! Será um duplo ataque que irá minar as energias restantes desse infeliz.*

Aurélio saiu determinado a agir contra a jovem, afastando-a de Rafael, afinal era o que estava inibindo a ação do grupo. Porém, não se sentia confortável com a tarefa, algo o perturbava muito. Por quê? Essa pergunta não tinha uma resposta. Apenas não queria feri-la. Ela parecia uma jovem sincera e confiável. Afinal, estava apenas ajudando a pessoa que amava. Faria exatamente como ela, se estivesse em seu lugar! No entanto, tinha de admitir que ela estava comprometendo seus planos e tinha que impedi-la a todo custo. Esperava há tanto tempo por essa vingança! Rafael fora desleal e cruel, apossando-se de tudo o que ele conquistara a duras penas. Enganara-se, acreditando que ele era seu amigo! Como foi capaz de cometer atos tão reprováveis? Ele fora um dos poucos que lhe estendera a mão? Seu gesto indigno não tinha perdão!

E nesses pensamentos perturbadores, acercou-se da jovem, que já estava em sua casa. A noite fora intensa e ela necessitava de algumas horas de sono. Deitou-se em sua cama e adormeceu rapidamente.

Aurélio se aproximou de Luiza e ficou a observá-la atentamente. Parecia que a conhecera de outros tempos, porém não conseguia se lembrar. Porém, os instantes seguintes foram reveladores!

A jovem, desprendida do corpo através da emancipação[1], permaneceu ao lado do próprio corpo e fitava a confusa entidade. Não demonstrava temor algum, apenas observava com o olhar tranquilo, sem emitir som algum.

– *Por que me olha assim? Não tem medo de mim?* – perguntou Aurélio com a voz fria e cortante.

– Por que teria? Sei que jamais faria mal algum a mim – respondeu a jovem.

– *Você sabe quem eu sou e o que pretendo?*

– Sei e sinto muito que essa seja sua decisão. Confiava em você! – As palavras saíam de sua boca, sem que pudesse contê-las. Luiza sabia quem ele era e o que representara em sua vida tempos atrás. Somente não compreendia!

– *Por que está dizendo tudo isso? Não consigo me lembrar de você!*

E algo surpreendente aconteceu. As feições de Luiza foram se alterando, dando lugar a um outro rosto, numa transformação que durou breves instantes. Ela agora aparentava uma mulher madura, com a ternura no olhar.

Aurélio colocou as mãos no rosto, abrindo e fechando os olhos, tentando entender o que aquilo significava. Aquela jovem seria capaz de enganá-lo? Seria uma feiticeira? Conhecera algumas e sabia do que eram capazes! Seria uma ilusão?

---

[1] Emancipação da Alma: o Espírito se desprende parcialmente do corpo físico, torna-se mais livre, mais independente e, por si, presencia ou participa de acontecimentos em ambas dimensões da vida, material e espiritual. Vide Livro dos Espíritos, Allan Kardec, questão 401 sobre o sono.

— Não é possível! É você, Celina? Como pode ser?

— Meu bom amigo, a cada encarnação utilizamos uma nova roupagem. Essa é minha oportunidade de auxiliar Juliano, hoje Rafael, a quitar os débitos contraídos com todos vocês. Sei que parece tarefa improvável, mediante a gravidade dos delitos cometidos, mas ele conta com minha ajuda. Tudo farei para restabelecer sua paz perdida, Aurélio. Deus é Pai de Amor e permitiu nossa programação conjunta, com vistas à resolução desse impasse. Não confia mais em mim? — A pergunta soou carregada de emoção.

— *Não posso acreditar que isso esteja acontecendo! Eu tenho que impedi-la e afastá-la dele, pois só assim conseguiremos nos vingar. Como posso saber se é realmente você?*

— Aproxime-se e me dê um abraço. Sei que seu coração está ferido, mas gostaria de lembrá-lo de quem você é em essência!

Ele estava paralisado, sem saber o que fazer. Ela, então, caminhou em direção a ele e tocou seu rosto com delicadeza. Abraçou-o, em seguida, sem que ele fizesse qualquer gesto contrário. Aos poucos, ele foi se rendendo ao carinho que ela lhe direcionava, passando a chorar incontrolavelmente.

— *Celina, por que aquilo aconteceu? Juliano me traiu de forma vil e você sabe o quanto sofri. Sabe que minhas ações corresponderam ao meu total desespero! Desprezei todas as regras e cometi incontáveis delitos, fui preso e morri naquela masmorra, feito um animal. E ele foi o culpado do meu destino!* — disse Aurélio em lágrimas.

— Você foi o único responsável por seu destino, meu amigo. Não conversamos tanto sobre isso? Quantas vezes não o alertei sobre suas condutas? Você confiava em demasia em todos os que lhe sorriam, em discursos vazios, sem ações efetivas. É tão responsável quanto Juliano, ainda não percebeu? E nessa condição, contraiu também muitas dívidas, as quais um dia lhe serão cobradas. Pare com essa vingança, eu lhe imploro, se deseja reconquistar a paz de sua consciência. Ou prefere me ferir, me afastando de minhas tarefas? Foi isso que aprendeu? – Sua voz era suave e amorosa.

Aurélio agora entendia os motivos que o incomodavam. Não! Jamais poderia ferir aquela que sempre o auxiliou com seu intenso amor. Tudo estava tão confuso! Celina fora como uma mãe, ofertando carinho e afeto, sem nada pedir em troca. E ele recusara seus sábios conselhos e finalizara sua existência de forma dolorosa por sua própria imprevidência. Juliano, ou Rafael, tinha sua parcela de responsabilidade, porém ele também! O que poderia fazer? Olavo o perseguiria por toda a eternidade se recusasse a realizar a tarefa que lhe concedera. Não queria um inimigo feito ele, mas também não poderia dar continuidade ao plano elaborado por Olavo. Enquanto a dúvida se instalava nele, Celina, ou Luiza, recorreu à prece, solicitando ajuda naquela conturbada hora. Em instantes, Raul adentrou a sala e tocou o braço de Aurélio.

– *Não precisa dar continuidade ao plano de vingança, meu irmão. Se deseja a paz, repense suas ações e opte por um caminho menos sombrio. O Mestre disse que nenhuma ovelha permaneceria desgarrada e tudo faria para reconduzi-la ao rebanho. Esta é sua chance de retomar o caminho da sua evolução. Não será um caminho fácil de ser trilhado, pois prescinde que o arrependimento esteja presente, assim como o desejo sincero de reajustar-se perante os erros praticados. Não podemos nos outorgar o direito de efetuar a justiça conforme nossa vontade, pois essa condição não nos pertence e sim ao Pai Maior, que tudo sabe. Nossa irmã Celina, hoje Luiza, tem uma árdua tarefa pela frente, mas assumiu o risco, acreditando no bem e no amor que transforma corações e modifica as tendências inferiores de que ainda somos portadores. Permita que ela realize sua programação, auxiliando esse espírito tão endividado como bem o sabe. Juliano terá muito trabalho pela frente e dessa vez não pode mais falhar. A decisão em permanecer com sua vingança ou retomar o caminho da luz lhe pertence.* – Virou-se para Celina com um sorriso e disse: – *Compreende agora sua verdadeira tarefa, minha irmã querida? Tem um longo caminho a percorrer, porém contará com o auxílio de todos que compartilham contigo o mesmo ideal. Sei que parece confuso e não se lembrará de nada que aqui ocorreu. Carlos Eduardo e eu estaremos sempre junto de você, Luiza. Cuide-se! E fique com Deus!* – E estendeu a mão para Aurélio, que não ofereceu resistência alguma, cedendo ao impulso amoroso que ele era portador: - *Venha, Aurélio, a jornada recomeçará para você e saiba que jamais estará sozinho novamente.*

A entidade, vencida pelo amor que o contagiou, olhou para Celina, que já voltara ao semblante juvenil de Luiza, e disse com um sorriso:

– *Jamais a esquecerei, minha amiga! Que suas preces sinceras estejam a me orientar nessa nova etapa que devo iniciar. Obrigado!* – E amparado por Raul, seguiu em frente, sob o olhar atento da jovem que ainda estava surpresa por tudo que acabara de presenciar.

Quando despertou, horas depois, sentia-se estranhamente confiante, como se algo tivesse acontecido, ainda que não se lembrasse de nada. O telefone tocou, e ela retornou à sua realidade material. Era Rafael, que parecia menos apreensivo.

– Passo em meia hora para te buscar. – disse ele.

– Estarei esperando, meu amor! Você está bem?

– Ainda tenso, tenho de confessar, porém ao seu lado tudo fica mais fácil. Não me deixe nunca mais, compreendeu? – disse Rafael com a emoção na voz.

– Já lhe disse que estou e estarei ao seu lado para todo o sempre! Ainda mais agora que já se rendeu aos meus encantos – brincou ela, procurando dar leveza à conversa.

– Você me enfeitiçou, agora tenho plena convicção!

— Mesmo uma feiticeira tem de estar apresentável ao seu admirador! Até daqui a pouco!

Os dois se despediram e sentiram que efetivamente algo sucedera. O tempo diria...

Durante a tarde, Luiza conversou com Raquel, pedindo-lhe que os acompanhasse, naquela noite, ao centro espírita. Contou toda a situação ocorrida na noite anterior, dizendo que o jovem precisava de toda ajuda possível. Ela confiava que Carlos o auxiliaria, entendendo a gravidade do problema.

Raquel ouviu atentamente, lembrando-se das palavras da mãe, que lhe pedira total discrição. Não poderia contar à amiga, no entanto poderia ajudar-lhes.

— Encontro vocês mais tarde — disse ela, pensando em antecipar a Carlos os últimos eventos, para os quais ele mesmo atestaria a necessidade de um socorro.

E assim aconteceu...

Quando Rafael e Luiza chegaram, foram logo encaminhados à sala de assistência. Dessa vez, ele permitiu que ambos permanecessem ouvindo o que lá ocorreria.

Olavo, por sua vez, que acompanhava o rapaz de perto, estava em total descontrole, pois descobrira que seu mais fiel e ativo trabalhador havia debandado para o outro lado. Aurélio desaparecera e nenhum dos comparsas tinha notícias dele, o que só comprovava que ele os traíra. Mais tarde pensaria como tratar essa deserção, pois no momento precisava evitar que mais auxílio fosse direcionado ao rapaz. Quando percebeu que todos os seus esforços para impedir não deram resultado, ele acompanhou Rafael até a casa espírita. E, surpreso, constatou que os dirigentes espirituais daquele lugar não impediam sua entrada. Eles respeitavam seu poder, assim ele pensou.

Naquela sala escura, quase na penumbra, Rafael tomou seu passe e sentou-se ao lado de Luiza, que observava atentamente o ambiente. Pôde perceber, pela sua sensibilidade apurada, as energias que preenchiam toda sala. Sentiu-se ainda mais confiante de que algo favorável lá ocorreria.

A preparação do trabalho foi realizada por Carlos, em seguida, o passe em Rafael. Alguns médiuns começaram a manifestar a presença de entidades, e o dirigente advertiu:

— Todos serão atendidos. Cada um a seu tempo! A disciplina é fundamental em todos os lados da vida, amados companheiros.

A primeira entidade a se manifestar, através de uma médium, dizia que acompanhava o rapaz, pois era sua tarefa cuidar dele, sendo atendido com todo amor por Carlos:

— Meu bom amigo, sua tarefa visa proteger ou vigiar nosso irmão?

— *Você sabe que estou aqui para vigiá-lo. Assim fui pago! Por isso estou aqui*!

— É bem-vindo a esta casa de amor e caridade. Sinto que podemos auxiliá-lo. Tens algo contra este jovem? — perguntou Celso.

— *Nada pessoal, porém tenho conhecimento de suas vidas pregressas e sei que ele merece tudo o que está vivendo. Creio que desconheçam isso, caso contrário não o ajudariam.*

— Meu irmão querido, auxiliamos todos aqueles que nos procuram e assim faremos com você, que também necessita de ajuda, caso ainda não tenha percebido.

— *Não preciso de ajuda alguma. Ele, por outro lado, necessita de muita. Nosso grupo é poderoso e estamos unidos no mesmo ideal. Dificilmente ele se recuperará* — disse a entidade já impaciente, querendo ir embora.

— Não entendo sua motivação. Por que está se colocando nesta situação, comprometendo-se com sua atuação sobre ele? Se algo ocorrer a este jovem, saiba que será responsabilizado, adquirindo débitos desnecessários, os quais terá de arcar perante a justiça divina. Tinha conhecimento disso?

A entidade ficou confusa, temerosa com as palavras daquele homem. Olavo não dissera nada sobre isso. Já estava comprometido em demasia para entrar numa guerra que não lhe dizia respeito e que em nada o favoreceria. E tomou sua decisão!

— *Não sei se o que diz é verdade ou apenas tenta me enganar. Olavo avisou que vocês são capazes de muitas artimanhas, porém não posso me arriscar. Vou deixá-lo em paz, o que pouca diferença fará, pois sou o menor dos seus problemas. Posso ir embora ou irão me prender?* — perguntou ele.

— *Não prendemos ninguém, meu irmão. Estamos aqui para auxiliar os que nos solicitam. Se aceitar, podemos conduzi-lo a um lugar onde estará protegido.*

A entidade estava vacilante, receosa do que poderia lhe acontecer, mas cedeu e foi encaminhada por irmãos da luz.

— Que Deus ampare seus passos! — afirmou Carlos, fazendo em seguida uma sentida prece, agradecendo o amparo concedido àquele espírito invigilante que escolhera o caminho das sombras, mas que teria a oportunidade de efetuar novas escolhas.

Luiza e Rafael a tudo ouviam, mesmo sem compreender o que se passava. Tinham muito a aprender, assim deduziam. Ele não entendia porque aquele ser dizia coisas sobre ele, sem sequer conhecê-lo. Era tudo muito confuso e lhe causava profundo temor. As lembranças da assustadora noite ainda o atormentavam.

Outro médium deu sinais de que um novo espírito comunicante estava presente. Carlos se aproximou e disse com todo o amor de que seu coração era portador:

— Seja bem-vindo, meu irmão. Eu esperava por sua presença.

— *Quem pensa que é agindo de forma tão traiçoeira? Não entendeu que executarei minha vingança mesmo que todos desertem?* — Sua voz era fria e cortante.

CAPÍTULO 32

TEMPO DE DESPERTAR

— Nada é mais importante para você? – perguntou Carlos sem se alterar.

— *Não tente desvirtuar nossa conversa. Sabe por que estou aqui e tenta ganhar tempo para que esse infeliz consiga se safar. Todos estão me abandonando, mas me manterei fiel à minha promessa. Vou me vingar! Entendeu?* – gritava a altos brados.

Rafael se encolhia na cadeira, sentindo que toda aquela ira era direcionada a ele. Por que isso estava acontecendo? Teve vontade de correr dali, mas Luiza apertou sua mão com energia, retendo-o lá. Era tudo aterrorizante!

— Você não respondeu à minha pergunta. Nada é mais importante que sua vingança?

— *Não sei onde pretende chegar, mas não estou disposto a joguinhos. Vim apenas avisá-lo que darei continuidade ao que iniciei quando minha Marília fez aquilo.* – Ao falar da filha, sua voz estava carregada de dor.

— Perguntei-lhe se sabia onde ela poderia estar, lembra-se? – perguntou Carlos.

— *Não coloque minha filha em nossa conversa! Ela merece paz!*

— E quem lhe disse que ela não está em paz? Você está equivocado, acreditando que ela esteja em tormento eterno. Mas saiba que isso definitivamente não existe. Já lhe falei que Deus é Pai de amor e não permitiria isso. Não gostaria de saber notícias dela?

Olavo se calou por instantes e quando retomou a conversa, sua ira crescera:

— *Não tente me enganar, já lhe disse! E se ainda não compreendeu, isso é uma ameaça! Posso acabar com você e todos deste lugar! Vou embora!*

Olavo estava prestes a sair, quando Carlos lhe informou:

— Tenho notícias de Marília, não deseja saber como ela está? – disse mansamente.

Raul e Cadu, anteriormente, já haviam preparado a filha de Olavo para aquele momento. Ela estava ansiosa por saber notícias do pai, no entanto não fazia ideia de como ele a receberia. Havia tanto rancor expresso no desejo de vingar-se daquele que era o grande responsável por seu infortúnio! Ela estava receosa pelo que poderia advir. Era essa a maior preocupação de Raul.

Enquanto Olavo avaliava o que Carlos acabara de dizer, Marília foi levada para lá sob os cuidados de Cadu, que a acompanhava em seu retorno ao mundo material.

Uma das médiuns sentiu a presença de outro espírito e deu passividade[1]:

— *Meu pai, sou eu! Quanta saudade!* – Quando Olavo ouviu a voz familiar e jamais esquecida da filha, virou-se e percebeu que ela estava presente tão próximo dele. Ele ficou paralisado,

---

[1] Em mediunidade, o termo se refere ao ato de intercâmbio com a espiritualidade, onde o médium de psicofonia será o intermediário da mensagem.

sem saber o que fazer! – *Eu pensava tanto neste momento, pai querido!*

– *Não pode ser você! É tudo ilusão! O padre garantiu que você estaria em sofrimento eterno e que de nada valeria minhas preces. Isso não está acontecendo!* – A vontade de Olavo era correr dali, mas o médium que o intermediava o manteve, num controle amoroso, percebendo a necessidade da permanência dele lá.

– *Papai, estou bem. Sei que isso era o que mais ansiava desde meu reprovável ato, tirando minha vida e perdendo a oportunidade de aprender com a lição. Porém, fui covarde e não consegui dar continuidade à minha existência, mediante meu sofrimento após o que Juliano me fez. Demorei a compreender que nossas escolhas representam a condição de evolução em que nos situamos. E, se fui capaz de cometer aquela atitude, desprezando o valor da vida, terei que reiniciar o aprendizado novamente. Esse Deus inflexível e punitivo que me foi apresentado na vida terrena, e a quem jurei fidelidade eterna, não existe. Ele é todo amor e bondade e oferece a todo filho a oportunidade de retomar o caminho da luz quando ele assim desejar. Não vou negar que a dor e o arrependimento acompanharam meus passos, porém pude comprovar sua generosidade quando me resgataram do inferno a que eu me submeti, com a oferta de uma nova chance. Reavaliei meus atos e percebi que tenho ainda muito a aprender. Em breve, poderei retornar a uma nova encarnação e reiniciar minha jornada ao lado de companheiros generosos, que irão me acolher como filha muito amada. E nessa, farei tudo ao meu alcance para valorizar a vida como ela merece. No entanto, não conseguirei retornar sabendo que está focado numa vingança inútil, sofrendo pela minha condição de sofrimento eterno, como acabou de afirmar. Quero ajudá-lo, meu pai, pelo imenso amor que lhe dedico. A dor o acompanha há tanto tempo, o impedindo de enxergar a vida em seu sentido pleno! Todos merecem uma nova oportunidade de viver e conquistar a felicidade, inclusive você!* – Ela pausou por alguns instantes, para que ele pudesse refletir em tudo que falava.

Olavo já se rendera às lágrimas e estava em silêncio.

– *Como posso não lhe vingar depois de tudo que esse crápula foi capaz de fazer a você? Ele não merece a punição?* – Ele já aceitara que era Marília.

– *Todos terão de expiar suas faltas, meu pai. O Pai é justo com todos os seus filhos e cobrará no tempo certo a quitação de suas dívidas. Juliano tem muito a aprender, muito a resgatar, porém é Deus que decide quando a cobrança lhe chegará. Ele não nos deu a outorga para ser seu enviado, efetuar julgamentos e punir os falidos. Somos todos devedores e aqui estamos para aprender, num mundo onde ainda o mal prevalece[2]. Dia virá em que essa condição será modificada e o amor será a tônica da maioria dos que aqui renascerão. Enquanto isso, teremos de aprender a virtude do perdão! Na condição em que nos situamos, de grande imperfeição, ainda necessitamos dele quando cometemos atos equivocados, infringindo a lei divina. É um penoso exercício, no qual temos de compreender o outro, aceitar a sua condição, permitindo que o amor possa cobrir a todos os pecados[3]. Os nossos e os daqueles que estão junto a nós!*

– *Marília, é você mesmo! Esse anjo de candura, alma generosa e branda. Seu único gesto de insensatez foi provocado por esse infeliz que ora defende. Como espera que eu esqueça tudo o que você sofreu! Como pai, não pude ajudá-la naquela ocasião, porém ele agora está em minhas mãos! Sinto muito, minha filha, mas o que pede não me é possível! Falhei contigo e agora farei tudo para que meu erro seja corrigido! Tenho de ir! Perdoe-me não ter impedido seu sofrimento! Sentirá orgulho de mim!* – O médium abriu os olhos sinalizando que a entidade tinha ido embora.

---

[2] Mundo de Provas e Expiações: condição atual de nosso planeta Terra, na escala dos mundos, onde o mal ainda prevalece entre seus habitantes.

[3] Essa passagem está: 1 Pedro, 4:8

A médium que fora intermediária de Marília também fez o mesmo. Carlos agradeceu o empenho de todos com uma sentida prece, pedindo a Deus que cuidasse daquela ovelha desgarrada, ainda tão ferida e impossibilitada de exercer o perdão. Fez um discurso emocionante acerca dessa virtude tão esquecida pela maioria, cuja ausência é capaz de imobilizar um ser na sua escalada evolutiva, permitindo que o sofrimento perdure. E finalizou:

– Que esses irmãos possam refletir sobre as infinitas oportunidades que o Pai Amoroso concede a cada filho no sentido de conquistar a paz da consciência. Sabemos que cada um tem seu tempo de despertar. Que esse momento esteja próximo! – Em seguida saiu da sala, levando Rafael e Luiza consigo. – Creio que esteja confuso, meu rapaz.

– Jamais imaginei viver algo assim! É aterrorizante! O que significa tudo o que presenciei naquela sala? – O jovem estava atônito.

– Eu poderia fazer rodeios tentar lhe apresentar uma situação menos sombria, mas prefiro ir direto ao ponto. Isso que acabou de ouvir chama-se cobrança de dívida. É esse espírito que o atormenta com o intuito de cobrar-lhe algo do passado. A outra entidade se tratava de uma de suas vítimas, que parece já lhe perdoou, o que é um fator positivo, mediante tudo o que tem vivenciado. Gostaria de esclarecer que raramente permito a presença de visitantes naquela sala, ouvindo o que se sucede. Porém, senti que você necessitava ouvir para entender a gravidade do que está acontecendo. Espero que tenha compreendido que a situação é complexa e exige ações imediatas de sua parte.

– Sou vítima de uma perseguição e tenho de fazer o que para que isso cesse?

– Você só é vítima, pois falhou com seu semelhante, que se julga no direito de efetuar a cobrança devida. Não existem inocentes, apenas infratores da lei divina. Não quero que se sinta culpado, mas que compreenda que teve participação ativa, provocando reações adversas que o comprometeram sobremaneira. Como réu que é, tem todo direito à defesa, arrependimento e reavaliação do erro. Está nesta encarnação com este propósito: reconciliar-se perante seu passado delituoso. Essa foi sua programação, mesmo que de nada se recorde. As implicações do passado estão à sua frente, chamando-o a refazer os caminhos equivocados de outrora. – Carlos explicava com toda a calma.

– Eu não me recordo do que fiz, então não sei como fazer para resolver esse problema.

– Faça a parte que lhe compete. Aja com decência desta vez, procure fazer o bem indistintamente e perdoe aqueles que ora te perseguem. A vida lhe pede reparação!

– Pelo que entendi, esse espírito ainda não me perdoou. Irá persistir nessa perseguição? Estou no limite das minhas forças, não sei se vou suportar! – Lágrimas escorriam.

– Terá de se manter forte, meu filho. Essa é sua tarefa! Busque compreendê-lo e peça-lhe perdão com sinceridade. Nossos amigos da luz estão a nos auxiliar pelo que pudemos perceber nesta noite. Hoje plantamos uma semente no coração desse irmão. Permita que o tempo faça seu trabalho, cuidando para que a semente tenha condições de germinar! Suas ações intempestivas provocaram muito sofrimento no passado. Cabe, hoje, cuidar de não repetir esses equívocos. A sensatez e a temperança contribuem para que as ações que empreendermos sejam favoráveis e benéficas. Cuide para que cada gesto seja pensado e repensado, sem a marca da impulsividade. Estamos aqui para ajudar, assim como seus familiares e amigos também se dispuseram a tal empreitada porque confiam em você. Retribua com atitudes sensatas e racionais.

O olhar firme de Carlos denunciou que tivera conhecimento do ato insano de Rafael na noite anterior, deixando-o constrangido. Como ele soubera?

— O que eu preciso fazer para que ele me perdoe? – disse em tom de súplica.

— Que seu perdão seja sincero, primeiramente. Mantenha-se firme e confiante que nada é eterno. Nem o sofrimento, nem a alegria! – disse Carlos com um sorriso confiante.

— Não sei como agradecer seu empenho em me ajudar – retribuiu Rafael.

— Procure não faltar aos nossos encontros semanais e se possível, se tiver disponibilidade, poderia frequentar nosso curso. Não quero antecipar nada, mas há muito trabalho pela frente. Quanto antes iniciar, melhor!

— Farei tudo ao meu alcance! – O jovem sentiu suas forças renovadas após a conversa. E algo mais que ele não pôde ver com seus olhos físicos, mas que sua percepção captou.

Raul, Cadu e Marília ainda estavam presentes, observando a conversa. No início, Cadu ficou decepcionado pela falta de receptividade de Olavo, partindo de súbito, mesmo com a presença da filha ao seu lado.

— *Não fique assim, pois os resultados nem sempre são os esperados. Olavo se sente culpado por não ter impedido o sofrimento da filha amada. Ele necessita de tempo para reavaliar tudo o que ouviu aqui. Foi um choque a presença de Marília, coisa para ele totalmente inesperada. Será necessário que retorne outra vez, ou mais, se assim for necessário. Aos poucos ele irá ceder, principalmente se tiver a convicção de que a filha se encontra numa situação favorável, não mais prisioneira do sofrimento eterno. Minha filha, não fique assim, seu pai a ama tanto que ainda não se perdoou pelo que te aconteceu.* – Ela estava com o olhar perdido e tristonho.

— *Esperei tanto por esse encontro! Queria poder abraçá-lo e dizer o quanto o amo!*

— *Espere um pouco mais. Posso lhe garantir que isso ocorrerá muito em breve. Carlos Eduardo, seu amigo parece que agora se conscientizou do valor da existência e tudo fará para corresponder à oportunidade recebida na atual encarnação* – disse Raul.

– *Queria tanto poder lhe falar!* – O jovem ostentava a tristeza no olhar.

– *Isso virá a seu tempo. Vamos embora, pois temos de reavaliar nosso projeto. Nosso companheiro material se incumbirá de passar a Rafael as orientações acerca de suas condutas. Nossa permanência aqui já está se findando. Podemos ir, meus amigos?*

– *Posso apenas me despedir?* – perguntou Cadu, aproximando-se do amigo.

Raul assentiu e aguardou o tutelado enquanto conversava com Marília:

– *Como se sente, minha filha?* – perguntou ele.

– *É tudo muito estranho, tenho que convir. Essa energia é tão densa que quase me sufocou. Aí me lembrei de suas orientações, procurando elevar meu pensamento, abstraindo-me dessa realidade. Os dois serão meus pais? Juliano está tão diferente!*

– *Sim, eles serão seus pais se tudo caminhar conforme o planejamento efetuado. Quanto a Juliano, hoje Rafael, não é o mesmo de outrora. Antes de encarnar, ele arrependeu-se de seus atos, assumindo sua fragilidade e imperfeição. Sua vida atual é exatamente a que ele necessita para não cair nos mesmos equívocos do passado, falhando novamente. Por outro lado, traz uma grande instabilidade emocional, em decorrência da culpa que está cristalizada em seu íntimo, precisando de cuidados especiais. Confiamos em Luiza e no seu infinito amor, que tudo fará para restabelecer seu equilíbrio. Será uma mãe amorosa e sensível, tudo o que você precisa para prosseguir sua evolução. Confie na sabedoria divina, minha querida. Por ora, temos trabalho a realizar para conquistar a confiança de seu pai, pois só assim ele deixará de lado seus planos de vingança.*

– *Ele está tão furioso, parece que o tempo não passou!*

— *Para ele não passou, Marília. Ele remói as lembranças dolorosas, sofrendo e ampliando sua ira contra Juliano, o responsável pela tragédia que se abateu na sua família.*

— *Hoje entendo que fui a única responsável por tirar minha vida. Fui fraca e cedi à tentação de acabar com tudo, acreditando que seria a solução* – afirmou ela.

— *Olavo também irá compreender isso. Entretanto, será no seu tempo.* – E com o olhar avisou Cadu que precisavam ir.

— *Fique bem, Rafa. Tudo irá se resolver, acredite!* – E Cadu pousou sua mão no ombro do amigo. Em seguida, todos foram embora, com novas tarefas a realizar.

Carlos, com sua vidência apurada, percebeu a presença dos amigos espirituais junto a eles, pressentindo que o caso teria uma solução favorável. No tempo certo...

Luiza permaneceu silenciosa durante o diálogo dos dois, percebendo que aquilo que ocorrera seria um divisor de águas para o desenrolar dos acontecimentos. Impossível Rafael não se sensibilizar perante o que acabara de ouvir, tanto do espírito, como de Carlos. Ele precisava se conscientizar de que sua vida estava em suas mãos e faria dela um patrimônio sólido se assim se dispusesse. Ou... Não queria vê-lo falhar e tudo faria para auxiliá-lo. Assim se dispusera tempos atrás. Como se lembrava disso? E sorriu!

No caminho de volta para casa, Rafael parecia mais sereno, mesmo após tudo que presenciara.

— Como se sente, Rafa? – perguntou Luiza.

— Estranho! Sinto que preciso fazer algo novo se quiser que coisas positivas aconteçam.

— Raciocínio lógico, querido. Atitude é algo essencial nesse momento. Quer que eu fique esta noite com você?

— Preciso aprender a superar meus medos! Estou ficando dependente demais de você.

— Era esse meu plano, só agora percebeu? – perguntou ela com um sorriso.

— Como consegue brincar numa hora dessas? – disse ele.

— Sou apenas uma pessoa de bom humor, bem diferente de você!

O carro parou em frente à casa da jovem e ambos desceram. Rafael a acompanhou até a porta e a beijou.

— Prometa-me apenas que nunca vai me deixar! – disse ele, abraçando-a com energia.

— Nunca! – Com um sorriso radiante, ela se despediu e entrou.

No caminho de casa, Rafael sentiu-se novamente observado e procurou não se abater. Ao chegar, encontrou os pais na sala com o olhar tenso.

— Oi! O que aconteceu? – perguntou ele. Não gostou da tensão reinante.

— Problemas sérios a serem solucionados – disse o pai.

— É assim que funciona! Problemas precisam ser solucionados. E esses dizem respeito a quê?– perguntou ele curioso.

— A seu irmão. – Dessa vez foi a mãe que se manifestou.

— Aconteceu algo com ele?

O pai decidiu relatar o triste incidente ocorrido no escritório de advocacia,no qual Lucas havia sido o protagonista principal. Ele recebera uma proposta profissional e aceitara, ganancioso que era, sem observar certos cuidados, esquecendo-se do sigilo que deve acompanhar o bom advogado. Infelizmente, essa não foi a atitude dominante de Lucas, que sequer observou cuidados básicos. Enfim, uma situação incontornável, que talvez comprometesse o futuro profissional dele. Os sócios do escritório, incluindo Renato e Sílvia, haviam tido uma reunião durante a tarde, tentando evitar um processo contra o filho. No entanto, a decisão foi praticamente unânime. Lucas responderia na justiça por sua falta de profissionalismo.

— Quando isso se iniciou? – Os pais nada haviam comentado.

— Lucas se desligou do escritório há apenas um mês. Suas constantes viagens foram o prenúncio de sua mudança. Deveríamos estar mais atentos, no entanto isso não ocorreu. Agora ele terá de assumir seus próprios erros. Estamos esperando por ele – disse o pai, com o semblante tenso. – Porém, não é seu problema, filho. Aliás, já os tem em demasia.

– Tudo bem com você, Rafael? – a mãe perguntou.

– Creio que sim! As coisas vão se ajeitar, é apenas uma questão de tempo. Descobri que é minha impaciência dominante é o que compromete a resolução dos meus problemas. – Decidiu não relatar sobre o incidente da noite anterior. Eles tinham questões mais importantes.

Ouviram a porta se abrir, e Lucas entrou com a mesma arrogância que sempre o acompanhou. Olhou os pais e ofereceu um sorriso:

– Reunião de família? – Rafael estava saindo quando ele o chamou: – Fique, meu irmão. Creio que irá apreciar o que irá ouvir. Você sempre esperou isso acontecer, não é mesmo? Sempre desejou que papai ficasse contra mim. Esta é sua chance! – Seus olhos brilhavam.

Rafael olhou o irmão com pena, sentindo-se profundamente triste por ele. Uma coisa é agir de forma impulsiva, outra é de forma desleal. Percebera, naquele instante, que sua moral era superior a do irmão, e isso era o que mais importava na vida. Uma conduta reta e digna, conforme os pais lhes ensinaram. Atitude essa que ele procurava oferecer, pelo menos na atual existência. Lembrou-se das palavras de Carlos sobre refazer seus caminhos, pautando sua existência com ideais nobres permeados pelo bem maior. Como julgar alguém quando se está em condições semelhantes? Ambos tinham muito a aprender e a atual encarnação era a oportunidade de reavaliar antigas condutas. Olhou o irmão com tristeza e disse:

– Sinto muito por você, Lucas. Espero que a vida lhe ofereça a chance de se redimir perante suas ações equivocadas. E se quer mesmo saber, jamais desejei isso. Apenas gostaria de ter podido ser seu irmão e amigo. Jamais irei acusá-lo ou desejar que o mal possa se abater sobre você. Que o tempo se encarregue de despertá-lo para o essencial da vida. Para o seu próprio bem! – E saiu da sala, deixando todos atônitos com as palavras serenas e objetivas. Nem Lucas reagiu, pois foi inesperada a atitude do irmão.

Os pais entreolharam-se e, pela primeira vez em tantos anos, perceberam que nada estava perdido. Rafael parecia ter encontrado seu rumo. Infelizmente, no mesmo instante em que Lucas o perdera...

CAPÍTULO 33
DERRADEIRA OFENSIVA

A conversa com Lucas não surtiu o efeito desejado. Pela sua ótica, ele estava convicto de que suas ações haviam sido corretas. Finalizou a conversa, informando que estava de mudança para os Estados Unidos, onde daria prosseguimento ao seu novo trabalho.

— Você pode voltar atrás, meu filho. Essa decisão pode comprometer seu futuro, e não podemos permitir que aja com insensatez. Reconheça que suas posturas não foram adequadas e procure corrigi-las. Você é um profissional competente, não tinha necessidade de utilizar esses caminhos escusos. Reflita um pouco mais. — O pai insistia.

— Sinto dizer que discordo de você, meu pai. Somos muito diferentes, não tente medir minhas condutas conforme as suas. Já me decidi!

— Ele estava resoluto em sua decisão.

— Sinto muito que tenha sido essa a herança que lhe oferecemos, Lucas. — A mãe ostentava uma profunda tristeza. — No entanto, quero que saiba que sempre estaremos aqui. Somos seus pais e o amamos muito, independentemente das escolhas que efetua. Porém, não compactuamos com você e, como profissionais, temos o dever de alertá-lo que fez uma péssima escolha.

— Agradeço sua sinceridade, mamãe. E sinto não corresponder às suas expectativas. Sou adulto e tenho capacidade de gerir minha própria vida. Viajo no final de semana. Espero que não haja maiores implicações para vocês.

— Suas ações lhe pertencem, meu filho. Na condição de pais, lamentamos suas escolhas, entretanto somos profissionais e quero que saiba que essa causa será nossa, independentemente das consequências que advir. — O pai estava sério e decepcionado.

— Não esperaria outra atitude sua. Não foi assim que sempre me tratou desde que me formei? Dizia que eu teria que construir minha própria carreira, fruto do meu trabalho e dedicação? Assim procedi! Estou buscando meu lugar ao sol como me instruiu. — Seu sorriso sarcástico enfureceu o pai, que ia retrucar, mas Sílvia apertou seu braço com firmeza, impedindo qualquer gesto impulsivo.

— Lucas, as orientações que ambos passamos foram as que julgamos adequadas na ocasião. Não é porque era nosso filho que teria privilégios. Sim, seu caminho lhe pertence, assim como as consequências de suas escolhas. Jamais se esqueça, no entanto, que o alertamos quando assim foi necessário. E saiba que o dinheiro não é o essencial. Estaremos aqui quando precisar. — Havia lágrimas nos olhos da mãe, denunciando a emoção que portava.

O jovem fixou seu olhar nos da mãe e disse:

— Infelizmente agora é tarde para essa constatação. Estou indo embora e deixando todo o tempo livre para cuidarem de Rafael, pois ele necessita muito mais da atenção de vocês do que eu. — E saiu com passos firmes.

O silêncio imperou no ambiente até que o pai se pronunciou:
– Será que Rafael precisa mais do que ele? Hoje, tenho minhas dúvidas.

A postura modificada do filho caçula o impressionara profundamente. Estaria ele a caminho de sua transformação e adequação ao mundo? O tempo chega para todos!

Rafael, em seu quarto, refletia sobre o que acabara de saber pelos pais. Haviam colocado tantas expectativas em Lucas, que não retribuiu na mesma proporção. Sabia da decepção que enfrentavam, além das implicações profissionais resultantes da atitude leviana do irmão. Não queria levar mais problemas a eles, principalmente naquele doloroso momento. Tinha Luiza ao seu lado, seu ponto de apoio em meio a tantas tormentas que enfrentava. Sorriu da própria situação e, no mesmo instante, lembrou-se de Cadu: "Quando conseguir rir dos próprios problemas é sinal de que eles estão no caminho da sua resolução".

Será mesmo? Após ouvir tudo naquela noite, sentiu-se uma criatura falida e sem condições de redenção. Mas se assim fosse, o que estava fazendo encarnado? Se ele ali se encontrava era porque havia esperança. E era nela que ele se apoiaria para sair do padrão mental em que se colocara. Conhecia muito sobre as doenças que acometem um corpo sadio, sejam elas de caráter orgânico ou psíquico. O conhecimento adquirido nas aulas poderia ajudá-lo a desvendar vários enigmas ainda sem solução. O que um pensamento contumaz não é capaz de gerar? Como modificar esse padrão perturbador que insistia em colocar ideias infelizes com o intuito de deprimi-lo? Como reagir perante esse assédio implacável do qual era vítima?

Sabia que o merecia por suas ações no pretérito, mas nessa atual encarnação planejara modificar sua forma de gerenciar sua existência. Assim se propusera, sinal que tinha reavaliado suas possibilidades antes de aqui chegar. E, essencialmente, sabia que não estava sozinho, fator que modificava completamente o quadro. Um ânimo novo começou a se instalar, afastando as ideias negativas provenientes de Olavo, que parecia ainda mais enfurecido depois daquela noite.

Teve um momento que pareceu ouvir a voz irada que ele lhe direcionou, mas algo se modificara em seu íntimo e a entidade começou a perceber que não conseguia mais estabelecer a mesma conexão de antes. Isso o enfureceu mais ainda!

— *Idiota! Você é o responsável por tudo o que aconteceu! Não pense que irá se livrar tão facilmente de mim!* — Olhou ao redor e notou que estava só. — *Todos me abandonaram, bando de inúteis! Não preciso de ninguém para me ajudar nessa vingança!* — seus olhos enfurecidos e vidrados denunciavam o descontrole que era portador. Insistiu um pouco mais, porém o jovem estava refratário às irradiações deletérias de Olavo.

O que mudara? Era o que ele queria descobrir! A imagem da filha não lhe saía da mente, e isso o perturbava profundamente. A culpa por não conseguir evitar o suicídio da filha o consumia, sentindo-se a mais desprezível criatura. Tentava afastar a imagem, mas não conseguia. Por que eles queriam ajudar aquele jovem, desconsiderando tudo o que causou? Ele era um pai amoroso que não foi capaz de salvar a própria filha de seu destino cruel e, agora era considerado o vilão da história? Não era certo ele pretender fazer justiça contra aquele que tanto mal praticou? E Marília, por que também o defendia? Depois de tanto tempo perseguindo esse ser abjeto, agora que o tinha em suas mãos, não queriam permitir que a vingança fosse executada?

Todas essas questões o atormentavam e o faziam se sentir exausto. Precisava de uma pausa para reavaliar seu plano e reordenar suas ações. Mas se ele se afastasse, que poderia advir? Enquanto ele se dedicava a essas questões, Rafael se sentia cada vez mais liberto das ondas mentais inferiores.

O jovem estava tentando conciliar o sono e olhava fixamente o vidro de remédios ao seu lado. Uma força o impelia a pegá-lo, ingerindo tantos comprimidos fossem necessários para aliviar a tensão. No entanto, algo o impedia a esse tresloucado gesto. A figura de Luiza apareceu em sua tela mental, como a lhe dizer que isso não resolveria seus problemas. Fixou-se nessa imagem a lhe sorrir docemente, até que conseguiu dormir, sem estímulos extras, como há muito não acontecia.

Luiza, em sua casa, sentiu que o jovem necessitava de ajuda, mentalizando seu rosto e irradiando todo seu amor. Elevou seu pensamento em profunda e sentida prece, pedindo a Deus que zelasse por ele. Assim permaneceu por alguns minutos, enviando vibrações de confiança, serenidade e paz. Sentiu que dela partiam energias sutis com endereço certo: o quarto de Rafael. Quando sua percepção lhe avisou que ele já se encontrava em paz, ela também adormeceu, sem antes agradecer todo amparo que eles estavam recebendo do Plano Superior. Assim dissera Carlos, e ela tinha plena confiança nele. Lembrou-se de Cadu e de seu sonho.

Sorriu e disse:

— Irmão querido, farei tudo por Rafael. Confie em mim! – E adormeceu serenamente.

Conforme os dias se passaram, a tensão na casa de Rafael foi decrescendo. Lucas viajou no final de semana, sem a família a acompanhá-lo nas despedidas. Seus pais, desgostosos com as escolhas profissionais equivocadas do filho, tiveram a própria integridade moral questionada, motivo de intensos aborrecimentos. Viviam tempos difíceis, que demandava muita lucidez e resignação para enfrentar o que poderia advir. Entretanto, as bases sólidas, sob as quais construíram suas carreiras por décadas, prevaleceram e, em algumas semanas tudo ficou devidamente esclarecido, e a responsabilidade pelas decisões equivocadas foi atribuída apenas ao jovem e ambicioso advogado. Sanções estavam previstas, e ele teria de arcar com o ônus de suas escolhas.

Rafael vivia momentos de paz, distante do assédio de Olavo, que a cada dia parecia mais enfraquecido, sem condições de dar seguimento a influência que o motivara.

O jovem e Luiza não deixaram de comparecer à casa espírita, conscientes de que isso era essencial na retomada de seu equilíbrio. Carlos continuou com a assistência, porém a presença do jovem na sala, durante a orientação doutrinária[1], não mais foi permitida. Ele fazia sua assistência, que consistia em ouvir uma palestra evangélica, seguida do passe. Em outra noite, ele começou também a participar de reuniões de estudo, que eram instigantes e esclarecedoras. Rafael começou a se interessar por essa doutrina capaz de oferecer explicações coerentes, ancoradas na ciência e na lógica. Um novo panorama lhe era oferecido, e ele sentia que muitas mudanças ainda ocorreriam. Voltou a frequentar o consultório do Dr. Cláudio, o psiquiatra que o assistira anos atrás, e retomou o tratamento de onde tinha parado. Prometeu constância e perseverança ao médico, que tinha por ele grande afeto. Combinaram que a visita seria semanal. Rafael preferiu não relatar seus outros interesses, como a nova doutrina que estava a conhecer com mais profundidade, pois não sabia qual seria a reação dele. Decidiu que contaria no momento certo. Os pais estavam mais resignados e participando ativamente da vida dele, o que foi sua grande motivação para prosseguir com novo ânimo. Tudo parecia seguir conforme os planos do Pai Maior, que oferece a cada filho a oportunidade de aprendizado a cada instante.

Porém, Olavo ainda não desistira de seu plano de vingança e prometera a si mesmo que seria vencedor. E tudo fez para que isso se concretizasse, avaliando cada fase desse doloroso processo. Queria que o jovem retornasse ao plano espiritual o mais breve possível e jogou sua última cartada. Dessa vez seria

---
[1] Orientação Doutrinária: técnica espírita que consiste em dialogar com os espíritos obsessores numa reunião mediúnica de desobsessão.

definitiva. Sorriu perante as imagens que seu sombrio coração delineava. Não poderia falhar! Não dessa vez!

Rafael seguiu com suas atividades, procurando manter o equilíbrio conquistado. Luiza estava presente todo o tempo, preenchendo seu mundo de luz e paz. Estavam felizes juntos, e isso era o que importava. O jovem vivia uma fase de reavaliação de posturas, necessárias para que a nova condição persistisse, não mais dando lugar as incessantes variações de humor que o acompanhavam até então.

Não era mais perturbado pelos pesadelos, e fatos estranhos não mais ocorreram próximos a ele. Tudo parecia ter ficado no passado, e isso o tornava mais confiante a cada dia. Continuou com as assistências espirituais e com os estudos, sempre na companhia de Luiza. Assim o tempo foi passando...

Raul e Cadu, entretanto, não deixaram a vigilância de lado um instante sequer. Marília continuava apreensiva pela ausência de notícias do pai.

— *Isso não me agrada, Carlos Eduardo. Olavo não desistiria tão fácil de seus intentos de vingança. O que isso lhe parece?* — questionou Raul.

— *Estive observando-o a distância e não creio que ele seja tão descuidado. Está planejando uma nova ofensiva, pode apostar. Tentei me aproximar dele, porém ele foge imediatamente, não desejando estabelecer contato algum com qualquer um de nós. Ele tem se aproximado de Rafael, vez por outra, como se a avaliá-lo mais detidamente. Porém, nada faz. Isso é muito estranho.* — disse o jovem apreensivo.

— *Continuemos a cuidar de nosso jovem amigo, que parece ter finalmente compreendido as lições que lhe foram oferecidas. Os estudos doutrinários têm feito grande diferença em suas convicções. E, como disse, Luiza o auxilia sobremaneira, dando o suporte de que ele prescinde. Porém, o faz com mais energia que você* — afirmou, sorrindo para o tutelado.

— *Podemos contar com ela! Eu a conheço muito bem!* — retribuindo o sorriso.

— *Bem, continuemos atentos e vigilantes. A vida segue seu ritmo! Temos tarefas a realizar. Mãos à obra!* — E cada um seguiu seu caminho.

Rafael estava em suas provas finais e sua dedicação estava sendo integral. Jamais se empenhara tanto como nesse último ano e seu aproveitamento estava sendo acima do esperado. Roberto, seu professor, estava atento ao seu desempenho e satisfeito com os resultados alcançados. Porém, o jovem estava em dúvida por qual especialidade de residência optar. E ela iniciaria muito em breve. Paula já se decidira pela cardiologia e brincava com ele:

— Rafa, venha comigo. Faremos uma boa dupla. Roberto disse que é uma área complexa que requer mentes afiadas. Nos encaixamos nesse quesito, não acha?

— Só se for a sua mente, não a minha. Não sei se sou capaz de me dedicar a esse misterioso e indecifrável órgão, o coração. Só há bem pouco tempo passei a valorizá-lo. — E olhou para Luiza com emoção e carinho. — E ainda não sei se o conheço tão bem como você!

— Deixe de modéstia, Rafa. Você tem superado todas as expectativas — disse Luiza.

— Talvez a ortopedia seja mais adequada a um cara como eu.

— Não entendi — disse Roberto, que acompanhava o grupo num lanche. — Você tem demonstrado muita aptidão para a cardiologia. Aliás, um passarinho me contou que alguém tem interesse em você nessa área. A monitoria lhe interessa?

— Só pode estar brincando! E Paula? — questionou o jovem.

— Não seria ético eu convidá-la, não acha? Já conversamos sobre o assunto e ela compreendeu minha posição. Além do mais, ela disse que a parte acadêmica não faz parte de seus planos. Talvez no futuro. E você?

– Acha que sou qualificado para a tarefa? Tenho tanto a aprender ainda!

– Aceite o que vou lhe dizer: um bom médico jamais deixa de aprender, o que significa que viverá para estudar. Sabia disso quando decidiu se tornar médico. Talvez uma das profissões que mais exigem de um profissional. Para que ele se torne uma referência em sua área, o estudo constante faz parte dessa conquista. Pense com carinho na minha proposta. Quanto à residência, posso lhe dar algumas sugestões.

Rafael não acreditava no que ouvia. Quantas transformações em tão pouco tempo! Tinha muito a agradecer a tantos que partilhavam sua vida e participaram de todos os acontecimentos nesse último ano. Roberto era um excelente professor, talvez o mais exigente da equipe. E o escolhera entre tantos! Não queria se menosprezar, sentir-se inferior perante os demais, mas o sentimento de baixa autoestima ainda estava presente em seu mundo íntimo. A terapia não o libertara de alguns conflitos, apesar de todos os esforços. Dr. Cláudio estava fazendo um intenso trabalho nesse sentido, mas os resultados ainda não eram satisfatórios. Rafael teria de persistir nesse propósito. Essa era sua meta! Olhou o professor e amigo com gratidão e respeito incondicional e disse:

– Só posso dizer uma palavra: obrigado! – E abraçou o amigo. – Vou pensar na proposta.

– Pense! Mas vou antecipar que só aceito uma resposta. Bem, a vida está ganha para vocês, porém não para mim. Paula, nos vemos mais tarde. Consegui aquele convite. – E ela abriu um lindo sorriso. – Até mais tarde!

Paula também se despediu e saiu. Rafael e Luiza permaneceram mais alguns instantes numa conversação animada, até que, de súbito, Rafael ficou sério, olhando para o nada.

– O que aconteceu, Rafa? Parece que viu um fantasma! – disse Luiza.

Ele permaneceu mudo, sem esboçar reação alguma, quase que em transe hipnótico.

— Pare com brincadeiras, estou começando a me assustar. — a jovem ficou tensa.

— Você está vendo? — Ele estava lívido.

— O que, meu querido? O que está vendo? — E ele continuou olhando para o vazio.

— É tão real que quase posso tocar! Olhe naquela direção! — E apontou para um determinado local.

Luiza olhou e nada viu, apenas sentiu arrepios por todo o corpo. Algo acontecera, talvez uma presença espiritual indesejável com o intuito de perturbar Rafael. A ofensiva fora arquitetada silenciosamente e conseguira tornar o jovem novamente vulnerável. Carlos havia alertado que ele teria de se manter vigilante todo o tempo. E assim ele vinha agindo, procurando seguir as orientações com rigor e disciplina. Luiza era testemunha de seus esforços. No entanto, tudo agora parecia comprometido. O olhar assustado do amado a comoveu. E, dessa vez, eles estavam sendo mais ostensivos e invasivos, nada respeitando. Luiza segurou o braço de Rafael e disse:

— Meu querido, sabe o que está acontecendo. Já foi alertado que isso poderia suceder. Eles são obstinados em seus planos, não desistiriam fácil. Eles tentam atingi-lo através dos seus sentidos aguçados. Você está vendo companheiros do plano espiritual, nada mais! Não se assuste com essas imagens, por pior que possam parecer.

— Jamais terei paz? Serei perseguido até quando? — Sua voz era um sussurro.

Ela o abraçou com todo seu amor, sentindo as lágrimas escorrerem. Não sabia o que dizer, pois não tinha uma resposta.

— Vamos procurar Carlos. Ele nos alertou que isso poderia voltar a acontecer.

O restante do dia foi tenso e angustiante para o jovem, que parecia ter seus sentidos muito apurados, conseguindo visualizar a realidade espiritual em todas as nuances, especialmente as de caráter perturbador. A cada lado que se voltava, conseguia ver as duas realidades sobrepostas, uma interferindo na outra, como assim ocorre a todo instante.

Rafael parecia hipnotizado por essas imagens, que insistiam em permanecer de forma ostensiva à sua frente. Sentia-se vigiado e agora podia entender como isso ocorria. Vários espíritos situavam-se a uma pequena distância com o olhar direcionado a ele. O que mais o perturbava eram as feições endurecidas e cruéis, prontas para o ataque. Ele era a presa, e eles esperavam o momento certo de atacar. Não iria ficar sozinho por nada nesta vida! Temia o que eles poderiam lhe fazer. Sentiu que a intenção deles era maléfica e o intuito era deferi-lo. Era apavorante! Queria conversar com eles e pedir-lhes perdão por tudo que tivesse feito contra eles, mas o pavor o impedia de esboçar qualquer reação.

A noite chegou e os jovens se dirigiram à casa espírita, com a esperança de solucionar essa conturbada questão.

Carlos os recebeu com certa tensão no olhar. Sua apurada vidência possibilitava ver o que aquele jovem enfrentava. Sua sensibilidade lhe dizia que esse tormento estava chegando ao fim. O jovem ainda precisaria convencer aqueles que o perseguiam de que ele estava renovado. Porém, ainda necessitava aprender a perdoar-se, o que ele relutava.

– Rafael, olhe para mim e diga o que está acontecendo. Pelo seu olhar! – pediu Celso.

– É como se um véu tivesse sido retirado dos meus olhos, passando a enxergar coisas e pessoas que ninguém consegue ver. São assustadores, carregando objetos em suas mãos, como se fossem armas, prestes a me atacar a qualquer movimento que eu faça. Sinto-me um prisioneiro! Por mais que eu tente me controlar, isso está acima das minhas forças. Prefiro morrer a viver assim! – Não conteve o choro.

Carlos olhava atentamente para o jovem à sua frente e solidarizou-se com sua dor. A culpa persegue o culpado. E era justamente a culpa pelo seu passado delituoso que atraía esses infelizes companheiros. Cruel constatação!

CAPÍTULO 34

SEGUIR EM FRENTE...

— Entendo seu sofrimento, meu jovem, mas somente sua determinação é que fará a diferença. Por que sente tanta dificuldade em se perdoar? O orgulho o impede de se perceber uma criatura ainda imperfeita e passível de cometer erros? Enquanto não caminhar nesta via, a do perdão, todos esses constrangimentos o acompanharão. É a culpa que traz cristalizada em seu coração que atrai esses irmãos. Aceite sua fragilidade, sua imperfeição, seus equívocos e saiba que depende de você permanecer nesse patamar infeliz e torturante em que se colocou. Como pedir o perdão se ainda não consegue se perdoar por todas as infrações cometidas? Esses pobres companheiros sofrem tanto quanto você, na ilusão de que essa perseguição os livrará de toda a dor! O tempo lhes mostrará que a felicidade é conquista individual e carece de um coração liberto, sem as amarras do rancor e da mágoa. O que mudou de algumas semanas atrás? Que gora sua visão possibilita enxergar a dimensão espiritual em toda a sua amplitude. Apenas uma ferramenta mediúnica que aflorou e, que poderá ser aperfeiçoada com o estudo e a disciplina, se dispor-se a isso. Para eles, esses irmãos que o perseguem, tudo continua como há muitos anos atrás! E, pelo visto, você também permanece na mesma condição, pois a culpa o impede de caminhar. Tudo isso significa que é necessário efetuar mudanças, para favorecer você e seus desafetos. Mude, que eles também mudarão. Permaneça se lamentando dos erros de que nem se recorda, e, eles continuarão assediando-o, promovendo desequilíbrios que podem se tornar incontornáveis e danosos! Rafael, o que está vendo agora? – A pergunta soou firme.

O jovem levantou o olhar, afastando o medo que o dominava até então:

– Vejo você envolto em muita luz! – disse baixinho.

– E isso o assusta? – perguntou Carlos.

– Não. Onde eles estão? – estava curioso.

– Meus amigos espirituais não permitiram a entrada deles nesta sala, apenas para que pudéssemos conversar mais calmamente. Porém, esta é uma casa de amor e caridade, que acolhe a todos sem distinção. Eles terão a oportunidade de se manifestar em alguns instantes. Sente-se mais calmo? Está disposto a essa transformação de atitude? Gostaria de entender o que eles pretendem? Vou permitir sua presença na sala mais uma vez, pois sinto que é necessário esse confronto. – questionou Carlos, sentindo o desconforto do jovem. Luiza, mais serena e receptiva, apertou com firmeza a mão do jovem e respondeu.

– Creio que seja necessário e se me permitir, gostaria de acompanhá-los.

Carlos sorriu perante a determinação da jovem, um espírito valoroso com muitas tarefas a executar. Rafael estava muito bem acompanhado.

— Ela já respondeu por mim — disse o jovem.

— Então vamos! — E se dirigiram à sala de assistência, onde ambos tomaram um passe e aguardaram os acontecimentos.

O dirigente fez uma sentida prece, solicitando ao Plano Maior que cuidasse daquela reunião com todo amor, acolhendo todas as ovelhas desgarradas do Pai. Os médiuns revezaram-se na intermediação de três entidades ligadas a Olavo, com o firme propósito de desestabilizar o jovem. Foram ouvidos em suas queixas e, em seguida, orientados carinhosamente por Carlos, que os alertou quanto às condutas equivocadas que ora praticavam, enfatizando a lei de Causa e Efeito[1]. Esclarecidos e arrependidos, foram encaminhados a locais de refazimento e aprendizado. Olavo, entretanto, ainda não se manifestara. Até que um dos médiuns denunciou a sua presença:

— Boa noite, meu amigo! Enfim se decidiu a conversar conosco. Pensou em tudo que falamos da última vez? — sua voz era suave e mansa.

— *Eu me decidi a aqui estar e dar novo recado. Tirem quantos quiserem e encontro novos companheiros para me auxiliar. Não tenho pressa, já disse!* — Sua voz era gélida.

— Eu sei e respeito sua tenacidade, mesmo que não concorde com suas ações. Tanto empenho para nada, infelizmente, tenho que comunicá-lo.

— *Você é que pensa! Espere e verá!* — disse Olavo.

— Sinto muito por você, meu amigo! A cada dia se afasta mais de seu objetivo principal — afirmou Carlos.

— *Você não consegue ver qual é meu maior objetivo? Pois está equivocado!*

— Pensei que toda essa vingança fosse para honrar o nome de sua filha, que esse irmão encarnado teve a desfaçatez de sujar. Entendo seus propósitos, porém imaginava que seu maior desejo

---

[1] Lei de Causa e Efeito, também conhecida como Lei de Ação e Reação. A todo ato corresponde uma reação de igual teor. Somos, portanto, responsáveis pelo que acontece em nossas vidas, em qualquer situação.

era vê-la feliz e em paz! Ela está muito triste porque você sequer a ouviu. Mesmo estando aqui, próxima a você, não esboçou sequer um gesto de alegria pela condição favorável em que ela se encontra. Pensei que a amasse!

— *Pare de falar de Marília! Ela não está em paz e jamais estará por culpa dele!* — E apontava o dedo em riste para Rafael, que estava lívido, pois conseguia vê-lo tal qual se estivesse encarnado.

— *Por que insiste em desconsiderar que ela está bem e em melhores condições que você ou eu? Ela foi recolhida em uma colônia, passando por um longo tratamento e, hoje, está totalmente recuperada, prestes a reencarnar. Bem, isso ainda está em suspenso.* — Celso falava com tanta propriedade sobre a filha, que ele já estava atordoado.

— *Pare com isso! Eu sei que pretende apenas ajudar esse desequilibrado, porém ainda não entendo os motivos. Por que ele merece ser perdoado por tudo o que fez? Ele é melhor do que eu?* — A entidade já estava perdendo a agressividade que ostentava.

— *Não, meu irmão. Ele não é melhor que você, apenas suplicou uma chance de quitar seus débitos. Esta encarnação só foi possível mediante seu propósito de seguir em frente, resolvendo seu passado da melhor forma possível. Ele sabe que errou, que terá de responder perante o tribunal da vida, e assim está ocorrendo nesta atual encarnação. Apesar de acreditar que ele está sendo beneficiado, na verdade isso não corresponde aos fatos. Sua vida sempre foi repleta de desafios, muitos de grande dificuldade. No entanto, conta com companheiros leais que o auxiliam em sua jornada, impedindo que ele falhe. Marília é um desses companheiros, meu amigo. Ouça por ela própria.* — Outro médium manifestou a presença de Marília e permitiu que ela se comunicasse através da psicofonia.

Olavo estava calado, refletindo em tudo que aquele homem lhe falava com tanta coerência.

— *É verdade, meu pai. Sei que pode parecer uma loucura. Como eu posso querer auxiliá-lo após tudo o que ele me fez?*

Pois saiba que meu gesto tresloucado, desprezando a vida que Deus me concedeu, foi minha responsabilidade, não de Juliano. Ele falhou comigo, isso é fato incontestável, mas eu poderia ter superado a dor e aproveitado o aprendizado que o Pai me concedeu. No entanto, fugi às responsabilidades, ignorando completamente a chance de seguir em frente. Meu orgulho foi maior e não admiti a possibilidade de ser motivo de chacota de todos os que me rodeavam. Sim, meu pai, falhei por meu orgulho. Sinto tanto tê-lo deixado só com sua dor. Me perdoe a fraqueza! Esqueci que seu amor me revitalizaria e me auxiliaria na caminhada! Fui egoísta, pensando apenas em mim! Fui tola e inconsequente! Tive de arcar com o ônus de minhas escolhas e, apesar de viver meu inferno, ele não foi eterno. Fui acolhida por companheiros amorosos que me ensinaram a valorizar as oportunidades de aprender. Papai, desejo tanto que a paz possa acompanhar seus passos! Não é isso que vejo hoje em seu semblante! A mágoa e o rancor estão envenenando-o, e isso é motivo de minha infelicidade. Se deseja meu bem, desista de sua vingança e siga comigo! Porém, se insistir em dar continuidade a esse projeto doentio, não poderei acompanhá-lo, por mais doloroso que seja para mim! Preciso tanto de você! Naquele dia, não pude fazer o que tanto desejei todo esse tempo: dar-lhe um abraço! Permita que possa fazê-lo agora com todo o meu amor! – E Marília o envolveu docemente. Tudo isso ocorreu na realidade espiritual, permitindo a Rafael presenciar, com sua vidência, tudo o que lá sucedeu.

Olavo chorava e a abraçava com toda energia, temendo que ela se fosse novamente, para nunca mais voltar. A emoção dominou a todos, em especial Rafael, que a tudo observava, sem entender exatamente o que havia feito àquela doce entidade. Lágrimas escorriam de seu rosto, e naquele instante percebeu que precisava pedir perdão àquela que ele chamava Marília. Ele se aproximou vagarosamente e, com o coração dilacerado, sem entender o motivo, pôde apenas dizer:

– Marília, me perdoe! Que eu possa um dia remediar todo o mal que lhe fiz! – As palavras sinceras saíam sem que pudesse contê-las.

Ela se virou e, com um sorriso carregado de paz, disse:

– *Já o perdoei há muito tempo. Custei a me perdoar, o que me colocou em intenso sofrimento. Faça isso por você também: perdoe-se e siga seu caminho! Quem sabe, um dia, possamos nos reencontrar, ambos libertos de toda mágoa e culpa! Que Deus os envolva em toda a sua luz!* – E com um sorriso radiante, ela se despediu. – *Vamos, meu pai, temos um longo caminho a percorrer.* – E pai e filha seguiram em frente, juntos.

Antes que Carlos pudesse dizer algo, Cadu se aproximou do amigo e, pela telepatia, deu seu recado:

– *Meu amigo querido, o caminho da redenção é árduo, porém, se nos propusermos a enfrentar com coragem as consequências de nossas escolhas, a luz acompanhará nosso caminhar. Creia que tudo é possível realizar, quando assim nos dispusermos. É uma questão individual, assim sempre o alertei. Ninguém pode fazer a tarefa que a nós está designada. Estamos hoje em realidades distintas, porém o amor que nos une é eterno e sempre estarei ao seu lado. Aproveite esta chance e faça sua vida valer a pena. Cada momento é oportunidade de aprender e construir seu caminho de luz. Minha irmã querida, que seu amor infinito continue a conduzir tantos que te procuram. Confio em você e deve fazer o mesmo! Amo vocês, jamais se esqueçam! Que a luz do Mestre Jesus os acompanhe! Fiquem em paz!* – Dizendo isso, Cadu foi até os dois e os abraçou, tudo acompanhado por Raul, que estava com os olhos umedecidos também. Luiza sentiu o abraço do irmão a lhe envolver, sabia que ele lá se encontrava, mesmo que não pudesse vê-lo, condição apenas que Rafael possuía, pela faculdade da vidência.

– *Vamos, Carlos Eduardo, tarefa cumprida. Agora temos de auxiliar Marília e Olavo.*

— *Obrigado, Raul. Agora posso seguir em paz! — Vamos? —* E com um sorriso carregado de paz seguiu com o mentor para novas tarefas.

Luiza e Rafael não continham a emoção. Cadu lá estivera e falara com eles! Rafael conseguiu ver seu sorriso, sentir sua energia amorosa, e pode constatar o quanto ele ainda estava vivo e atuante. E, jamais se esquecera dele! Lágrimas rolavam por seu rosto, desejando que aquele momento jamais se acabasse!

— *Obrigado, amigos da luz! Que esse intenso amor que ora é derramado sobre todos nós possa tocar nossas almas e nos fazer refletir sobre a verdadeira essência da vida. A que viemos? Quais as tarefas que nos competem? Essas perguntas serão respondidas quando nos conectarmos ao Pai Maior e usufruirmos de seu amor e paz! Que jamais nos esqueçamos de que apenas o amor é ferramenta transformadora de nosso caminhar. Hoje tivemos a mostra disso. Agradeçamos a Deus a oportunidade do aprendizado! Sigam em paz e que a luz jamais se aparte de vocês!* — disse Carlos, encerrando a reunião com a gratidão imperando.

A um sinal dele, cada componente deixou a sala silenciosamente, permanecendo apenas os dois jovens, ainda sensibilizados por tudo que haviam presenciado.

— Rafael, hoje você recebeu um presente do Pai Celestial para que se conscientize de que uma nova oportunidade lhe foi concedida e não deve desprezá-la. Têm muitos amigos que velam por você e acreditam em seu potencial transformador. Sua tarefa maior será assumir o controle definitivo de sua existência, pois só assim poderá empreender todas as mudanças necessárias. Creio que seu maior desafeto, seu obsessor implacável, decidiu seguir em frente, o que significa que o perdão será sua meta. Ouviu a orientação de Marília acerca do auto perdão. É uma empreitada individual, meu jovem, que será fator de seu reajuste perante a lei. A entidade que se manifestou foi seu grande e fiel amigo, irmão de Luiza, oferecendo o maior exemplo de que a vida continua. Para todos! Seja desse lado da vida, seja do outro. O trabalho estará sempre presente àqueles que desejam ascender aos planos mais elevados, pois só por meio dele podemos reconstruir as bases sólidas de nossa evolução. Se Jesus me permitir, irei parodiar uma das suas mais belas e sábias lições: "Vá e não peques mais". Está, hoje, liberto dessa influenciação que, torno a dizer, somente foi possível acontecer pelos seus atos ilícitos do pretérito. Cabe a você efetuar as mudanças necessárias para que esse doloroso padrão não volte a ocorrer. Aliado a esse quadro de desequilíbrio, pudemos observar o aflorar de uma sensibilidade mediúnica que solicitou antes de encarnar e que o acompanhará nesta existência, caso decida desenvolvê-la. Essa ferramenta estará presente e poderá ser valioso recurso de reajuste de seus débitos por meio do trabalho voluntário, o qual hoje mesmo presenciou. Esses trabalhadores, médiuns de psicofonia, de vidência, oferecem de forma voluntária sua instrumentação, auxiliando a muitos sofredores que nos procuram a todo instante. Infelizmente, ainda o mal prevalece e, portanto, a dor e o sofrimento atingem muitos companheiros invigilantes, dos dois lados da vida. Você foi um deles, meu jovem, não se esqueça. Sabemos que o despertar é individual e em cada um ocorrerá a seu tempo. Porém, se desejar compreender, aceitar sua ferramenta, aprimorá-la e colocá-la em uso, conte com nossa humilde casa. A escolha é sua! – E sorriu, deixando que uma luz intensa irradiasse de seu ser, contagiando os dois jovens.

Rafael não sabia o que dizer após participar de todos os eventos daquela inesquecível noite. Seu amigo lá estivera! Uma alegria intensa se apossou dele, como a lhe imprimir confiança e esperança no futuro. Ele estava bem e, mais do que nunca, tinha plena convicção de que a morte definitivamente não existia! É apenas uma mudança de dimensão, onde damos continuidade aos nossos projetos e à nossa evolução.

— Não sei o que dizer, mas depois de hoje, sinto que não posso mais permanecer naquele patamar de vibração em que me encontrava. A visão de Cadu, bem à minha frente, com aquele olhar que sempre o acompanhou como a dizer que tudo ficaria bem, foi além das minhas expectativas. Queria que o tempo parasse! Porém, mais do que nunca, percebi que a construção de meu futuro me pertence e a mais ninguém! Tenho tanto a aprender, tanto a me transformar, sei que posso contar com todos vocês, mas a decisão é minha! E eu quero fazer tudo aquilo que programei, reconciliando-me primeiramente comigo! Eliminar essa culpa que me tortura desde que me reconheço nesta vida será meu projeto inicial. Agora com convicção de que só assim poderei seguir em frente. Minha gratidão eterna, Carlos. – E a emoção voltou a dominá-lo.

Carlos o abraçou afetuosamente como faria a um filho muito amado que retornasse das sombras, ansiando por recomeçar de onde parou. Literalmente, a parábola do Filho Pródigo[2].

— Agradeça a Deus, Rafael, por permitir que esse despertar tenha ocorrido, possibilitando que ações renovadoras possam conduzir sua existência daqui para frente. Dê continuidade aos estudos, se assim for possível, para que essa ferramenta seja aprimorada e possa ser colocada em uso. Isso o auxiliará a resgatar definitivamente seu equilíbrio. Conte comigo! – disse o senhor com um sorriso.

— Assim farei! Chega de lamúrias e vitimização. Essa etapa foi encerrada hoje! – seus olhos brilhavam, denotando a esperança que portava.

Luiza, de mãos dadas com ele, assistia ao depoimento com lágrimas no olhar. Pela primeira vez estava convicta de que o amado havia despertado para sua existência. Sentiu-se feliz e plena. Silenciosamente, disse: "Obrigada, Cadu! Obrigada, Deus! Gratidão eterna!".

---

[2] Essa passagem está em Lucas, 15: 11-32

— Nos vemos ao longo da semana, então. — E Carlos se despediu, satisfeito com os resultados alcançados.

Tudo poderia ser diferente, ele tinha plena convicção, mas uma série de eventos inesperados se traduziram em êxito. Só tinha a agradecer o empenho de todos os envolvidos, cada um a seu jeito. E lembrou-se de que tudo estava sob o olhar atento do Pai Maior. Em qualquer situação!

E a vida seguiu em frente... Assim como os personagens desta história.

Antes de reencarnarmos, em nosso planejamento sequer imaginamos a possibilidade de falhar em nossas tarefas. Chegamos aqui motivados e determinados a acertar. Esquecemos apenas que, quando aqui estamos, as tentações nos visitam e podemos efetuar desvios que não havíamos considerado. O importante é finalizar a existência garantindo a execução de nossa programação, mesmo que o véu do esquecimento nos impeça de saber com exatidão a que viemos!

Rafael concluiu sua faculdade de medicina com louvor, para surpresa de muitos. Dedicou àqueles que estiveram ao seu lado todo o tempo, confiando em sua capacidade de superar os inúmeros obstáculos do caminho. Sílvia e Renato não se continham de tanta felicidade pela conquista do filho, que acompanharam cada passo da estrada por ele percorrida. Ele tinha conseguido, mesmo com tantos entraves a perturbar sua jornada!

Lucas não esteve presente na formatura do irmão, mas lhe enviou votos de sucesso em sua carreira – ainda que ele próprio tenha colocado a sua em risco com suas levianas atitudes. Porém, o tempo se encarregou de lhe mostrar que caminhos iluminados requer almas puras e justas, comprometidas com o bem maior da coletividade, não apenas em benefício próprio. Estabeleceu-se fora do país e lá permaneceu, fincando raízes em solo estrangeiro, lá permanecendo até o fim de sua existência. Rafael continuou com seus cursos na casa espírita e com acompanhamento de seu psiquiatra, buscando reconquistar seu equilíbrio, autoestima e autoconfiança. E isso finalmente se consolidou!

Luiza terminou o curso de psicologia e passou a trabalhar com pacientes dependentes devícios de toda espécie. Clarice e Ricardo, assim como Rogério, o filho mais velho, estavam radiantes no dia de seu casamento com Rafael. Estava linda e convicta de que Cadu acompanhava toda a cerimônia. Foi o dia mais feliz de toda a sua vida, confidenciou a jovem à amiga Raquel, com lágrimas de alegria. Rafael era seu grande e único amor! Sabia disso desde que o vira pela primeira vez, quando ainda era uma menina. Fizera tantos planos de amor! E eles se realizaram, conforme sonhara tantas vezes!

Rafael optou pela cardiologia, para satisfação de Roberto, seu professor e amigo. O relacionamento dele com Paula rendeu frutos. Eles se casaram assim que ela terminou a residência. Tiveram dois filhos, realizando o sonho de Roberto em ser pai. Raul e Cadu acompanharam de perto toda a trajetória do casal, com interesse particular.

— *Paula, enfim, aprendeu a lição!* – disse Raul, com a emoção instalada no olhar.

— *Seu caminho será mais brando daqui para frente. Confie!* – afirmou Cadu. – *Lembre-se de que as lições serão aprendidas a seu tempo! Não é assim que sempre me ensinou?*

— *Roberto será um excelente pai a esses espíritos e ela será uma mãe zelosa e amorosa!* – O olhar de Raul estava repleto de esperança.

Em vidas anteriores, Paula havia sido filha de Raul. Por motivos fúteis e egoístas, ela desprezara a dádiva da maternidade, impedindo-os de renascerem, comprometendo-se com companheiros ao negar-lhes a oportunidade da encarnação. Esses espíritos agora retornavam a ela, dando continuidade aos seus processos evolutivos. Raul se felicitava pela decisão de Paula, transformada e consciente de sua tarefa. Foram muito felizes!

Quanto a Marília, esta permaneceu no plano espiritual cuidando de Olavo, seu pai, até que seu momento de retornar à vida terrena se aproximou. Ansiosa e temerosa, confidenciou a Cadu:

– *Será que vou conseguir realizar minha programação? Tenho tanto medo de falhar ou me comprometer ainda mais!* – Seus olhos brilhavam. Cadu olhou a amiga com carinho e, segurando suas mãos, disse:

– *Marília querida, é natural que se sinta assim, afinal retornar ao mundo material nos causa certo temor diante das dificuldades que enfrentaremos. Saiba, no entanto, que já aprendeu lições preciosas durante o tempo que aqui permaneceu. Já valoriza a vida e o corpo físico, essencial às tarefas que irá empreender. Renascerá numa família onde o amor prevalece, assim como o respeito e o afeto. Luiza será, além de mãe, a amiga leal que sempre se preocupou com sua felicidade. Desde aqueles tempos, não se recorda?*

– *Sei de tudo isso, Cadu, mas, já falhei inúmeras vezes e temo não conseguir levar a contento esta oportunidade. Mesmo a distância, cuidará de mim?* – E as lágrimas afloraram.

– *Sempre, minha amiga querida! Estarei ao seu lado a todo instante, cuidando para que nada possa perturbar sua programação. Porém, jamais se esqueça de que a tarefa que lhe compete não pode ser relegada ao esquecimento. Faça a sua parte, Marília, e entregue o restante ao Pai. "Ajuda-te, e o céu te ajudará."*[3] *Confie em seu potencial criador, confie em Deus! Não tema o insucesso, ele só irá ocorrer se você permitir.*

– *E meu pai? Ficará bem? Ele ainda alterna momentos felizes e outros sombrios. Quando isso irá cessar? Quem cuidará dele na minha ausência?* – Ela torcia as mãos em desconforto.

– *Ele estará em excelentes mãos e ficará bem. Sua plena recuperação ainda está distante, porém tem se esforçado, e isso é o que importa. Tudo a seu tempo, Marília.*

---

[3] Está no livro O Evangelho Segundo o Espiritismo de Allan Kardec, cap. XXV, Buscai e Achareis.

— *Eu entendo, meu amigo, entretanto tenho tanto medo de sair daqui, onde sinto-me protegida e amparada!*

— *E se sentirá exatamente assim quando estiver nos braços amorosos de Luiza, sua mãe. Confie em mim!* — E sorriu, irradiando uma luz intensa. Marília sentiu-se encorajada.

— *Confio em você, Cadu. Agradeço seu empenho em me resgatar daquele vale sombrio de dor e sofrimento. Pensei que lá permaneceria por toda a eternidade. Assim como meu pai também imaginava. Foi um longo caminho até chegar a este momento. Sei que preciso valorizar esta oportunidade e retornar.* — Respirou fundo e com um sorriso de paz pronunciou com convicção: — *Estou pronta!*

Vamos? — e os dois seguiram, preparando-se para seu futuro que já vislumbrava à frente. Marília renasceu meses depois, retornando ao mundo material com a esperança a lhe conduzir os passos.

Rafael e Luiza não se continham com a emoção de tê-la nos braços. Os dois se entreolharam com amor, sentindo que além deles mais alguém lá se encontrava. Rafael, com a emoção predominando, jamais esqueceria a visão de Cadu ao seu lado durante todo o parto. Ele dissera que estaria presente nos momentos necessários e aquele foi um deles. Permaneceu ao lado do casal, abençoando a nova vida que renascia. Em seguida, com um aceno de mão e aquele magnético sorriso nos lábios, se despediu:

— *Parabéns por esta criança que chega em suas mãos! Cuide dela com todo empenho, Rafa. Um dia compreenderá melhor a importância desse gesto. Ame muito esta menina! Ela precisa de vocês! Que Deus os abençoe! Fiquem em paz!* — E desapareceu de súbito, deixando Rafael com a sensação de plenitude jamais presente em seu coração. Olhou a esposa com todo carinho, sorriu e disse:

— É nossa menina que será muito amada! Sinto tanta felicidade! Amo vocês duas mais do que tudo nesta vida e prometo que assim será até o fim dos meus dias! – E uma luz intensa os envolveu, preenchendo seus corações de paz.

– Assim será, meu querido! – E o beijou ternamente, acariciando com delicadeza a criança em seus braços.

E assim aconteceu... Marília foi muito feliz e muito amada. E Rafael e Luiza tiveram outros filhos, espíritos que retornaram para serem acolhidos, amados e respeitados. Eduardo e Miguel completaram a família. Laços de afeto foram fortalecidos e novos se estabeleceram. Assim ocorre com todos os filhos desse Pai de Amor!

Rafael tornou-se um médium dedicado e comprometido com a tarefa que já havia sido abraçada antes mesmo de encarnar. Ele aperfeiçoou suas ferramentas mediúnicas e colocou-as em ação. Anos depois, no entanto, algo ainda o incomodava. Qual teria sido o destino de Mônica? Essa dúvida o atormentava e em suas preces, pedia a Deus que perdoasse seu desprezo à vida, dando-lhe nova oportunidade, assim como fazia a todas as ovelhas desgarradas.

E a resposta um dia chegou!

No final de uma reunião, ele percebeu a presença de Cadu próximo a ele, acompanhado de uma jovem que parecia muito debilitada. Essas imagens lhe eram comuns e não mais as temia, pois agora as compreendia. Conversaram mentalmente, e em seguida ambos partiram para um local de tratamento, onde a jovem receberia o acolhimento necessário. Rafael suspirou profundamente, agradecendo a Deus sua misericórdia infinita, sentindo-se em profunda paz.

Carlos, que a tudo observava, ao término da reunião perguntou ao rapaz:

– Ainda duvida da misericórdia infinita do Pai? A vida é dom precioso e cuidar desse santuário sublime[4] é dever de toda

---

[4] Santuário Sublime: designação de Emmanuel para o corpo físico, instrumento único que propicia nossa evolução nesse planeta. Vide Roteiro, psicografia de F.C.Xavier, cap. 3

criatura encarnada, pois somente aqui, em meio a tantas vicissitudes e tentações é que podemos efetuar o aprendizado a que viemos, colocando em ação talentos ocultos, capazes de modificar completamente uma situação. Porém, nem sempre é assim que agimos e, mediante nosso descaso e com as ações indébitas que praticamos, iremos colher os frutos amargos de nossa insensatez. O sofrimento irá advir, porém não será eterno! Servirá para nos conscientizar de nosso comportamento equivocado e, quando o arrependimento sincero nos visitar, nesse momento seremos acolhidos pelos braços amorosos de Deus. Sua amiga despertou para o verdadeiro significado da existência terrena. Agora, seu coração pode se tranquilizar, pois ela ficará bem. – disse ele com convicção.

– Poderia estar na mesma situação que ela e só tenho a agradecer os amigos fiéis que estiveram ao meu lado em cada momento de minha vida. – E, com um sorriso de gratidão e paz, disse: – Lição aprendida e assimilada que levarei comigo por toda a eternidade!

Carlos olhou o jovem discípulo com carinho e finalizou:

– Jamais se esqueça, porém, que este aprendizado é, em qualquer circunstância e em qualquer tempo, uma decisão individual! É necessário que a vontade prevaleça para que o aprendizado se efetue!

– Lição aprendida assim que aqui cheguei: aprende aquele que quer! Escolhi o caminho do aprendizado! – E um radiante sorriso despontou em seu rosto.

– Escolheu despertar para sua existência e colherá os frutos dessa escolha!

E a vida seguiu seu curso... Para todos...

FIM

Daniel/Agosto 2017

Você já descobriu a sua luz interior?

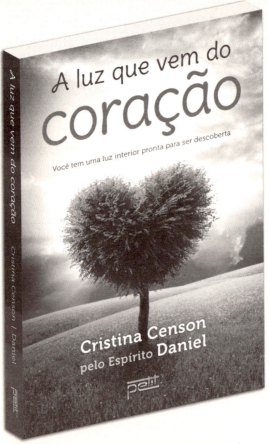

Vidas que se entrelaçam; oportunidades e chances que são oferecidas a todos.

Quando as pessoas são surpreendidas pelo desencarne de uma pessoa querida é comum que entrem em desespero. Não foi diferente com Raul, um dos personagens centrais desse romance, que conhece o fundo do poço quando sua jovem esposa parte dessa existência terrena vítima de uma doença fatal. Encontros, esperança, novas oportunidades... Todos nós temos uma luz interior capaz de nos reerguer.

Sucesso da Petit Editora!

Será que podemos reescrever nossa própria história através dos tempos?

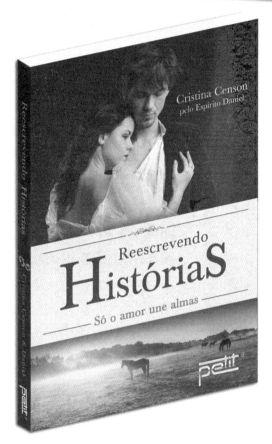

Na roda viva da existência terrena tudo se entrelaça

Santiago, jovem médico criado pelo avô, descobre que é herdeiro de terras em Córdoba. Na busca pela herança, acaba conhecendo um grande amor e um segredo inviolável sobre o passado do avô. Ele então se vê confrontado a acreditar numa realidade espiritual que o levará a um profundo autoconhecimento.

Sucesso da Petit Editora!

Alguém com poderes sobrenaturais pode representar perigo à sociedade?

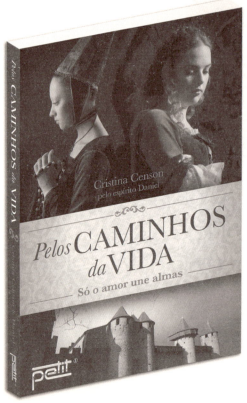

Mulheres fortes e visionárias enfrentam os preconceitos de uma época.

França. Século 14. Adele, uma jovem de apenas 13 anos, se vê obrigada a enfrentar uma intensa jornada pessoal quando seu pai descobre que a filha é capaz de ver e conversar com espíritos. Ao lado de Aimée, jovem de igual sensibilidade e dons, Adele enfrentará a vingança do pai, cujas atitudes resultarão numa tragédia de grandes proporções.

Sucesso da Petit Editora!

Livros da Patrícia

Best-seller

Violetas na janela
O livro espírita de maior sucesso dos últimos tempos – mais de 2 milhões de exemplares vendidos! Você também vai se emocionar com este livro incrível. Patrícia – que desencarnou aos 19 anos – escreve do outro lado da vida, desvendando os mistérios do mundo espiritual.

Vivendo no mundo dos espíritos
Depois de nos deslumbrar com *Violetas na janela*, Patrícia nos leva a conhecer um pouco mais do mundo dos espíritos, as colônias, os postos de socorro, o umbral e muito mais informações que descobrimos acompanhando-a nessa incrível viagem.

A Casa do Escritor
Patrícia, neste livro, leva-nos a conhecer uma colônia muito especial: A Casa do Escritor. Nesta colônia estudam espíritos que são preparados para, no futuro, serem médiuns ou escritores. Mostra-nos ainda a grande influência dos espíritos sobre os escritores.

O voo da gaivota
Nesta história, Patrícia nos mostra o triste destino daqueles que se envolvem no trágico mundo das drogas, do suicídio e dos vícios em geral. Retrata também o poder do amor em benefício dos que sofrem.

Leia e divulgue!
À venda nas boas livrarias espíritas e não espíritas

Psicografados por Vera Lúcia Marinzeck de Carvalho

Tudo sempre se entrelaça, pois a nossa vida é uma sequência, ora no plano material, ora no plano espiritual

Relatos vibrantes de quem já se mudou para o plano espiritual

Esta obra apresenta diversos relatos de pessoas comuns, com virtudes, defeitos e muitos sonhos. Nem sempre essas pessoas perceberam que já não faziam mais parte da vida terrestre, como foi o caso de Tonico. Como será que elas são recebidas do outro lado? E quando são muito crianças? Acompanhe histórias verdadeiras e o que esses homens, mulheres e crianças encontraram na passagem de um plano para o outro.

Mais um sucesso da Petit Editora!